改訂版

耳から覚える日本語能力試験 語彙トレーニング N2

本書で勉強する方へ

日本語を勉強するとき、土台となるのは言葉と漢字と文法です。

言葉は世界を広げます。聞く、話す、読む、書く、どの分野でも、知っている言葉の数が多ければ多いほど、それが力となります。

では、言葉を知るというのはどういうことでしょうか。聞いたり読んだりしたときに意味がわかるというのはもちろんですが、それだけでは十分でないと考えます。その言葉を使って話したり書いたりできて初めて、その言葉が本当に身に付いたと言えるでしょう。

「この名詞は『する』を付けて使えるのか？」「いっしょに使う助詞は？」「他のどんな言葉といっしょに使えるのか？」「意味の範囲は？ 『窓ガラスが破れる』と言えるのか？」「この言葉が使える場面は？ 書くときに使ってもいいのか？」

ふつうの辞書は、あまりこれらの疑問に答えてくれません。本書は日本語能力試験 N2 レベルの勉強をなさる方が、そのレベルの言葉を覚え、そして使えるようになることを願って作りました。

本書の構成

1 品詞別になっています。各ユニットの中では、なるべく関連のある語を近くに置くようにしました。自動詞と他動詞は並んでいます。

2 難易度を４段階に分けてあります。レベルが上がるほど難しくなります。

3 一つ一つの言葉に例文と、英語、中国語、韓国語、ベトナム語の訳が付いています。ただし、多くの意味がある場合には、全部の訳が付いていないこともあります。

4 コロケーション（連語＝よくひとまとまりになって使われる表現）を重視し、**連**にはなるべく多くの情報を盛り込むようにしました。

5 ２種類の問題が付いています。練習問題は、学んだことが身に付いているかどうかを確認する問題、確認問題は日本語能力試験と同じ形式の問題です。

6 分野ごとの言葉を集めた「コラム（1 ～ 23)」を作りました。

※ 音声には、見出し語と最初の例文が入っています。

勉強のアドバイス

1 知っている言葉でも、例文と連語を読んで、使い方を確認しましょう。意味は一つとは限りません。知らない意味があったら、いっしょに覚えましょう。日本語は語彙の多い言語です。対義語、類義語、合成語、関連語を見て、言葉の数を増やしましょう。

2 音声を聞きながら勉強すると効果的です。目、耳、さらに口を使ったほうがよく覚えられますから、聞くだけでなく、声を出してリピートしましょう。

音声の使い方は他にもいろいろ考えられます。例えば、電車の中などで聞いて覚える、何ページか勉強したら、その部分を聞いて、すぐに意味がわかるかどうか確認する、などです。

3 練習問題で自分の力をチェックしましょう。少しレベルが高い問題もありますが、くり返すうちに力がつきます。確認問題は日本語能力試験と同じ形式の問題ですから、受験する方は、直前にもう一度やってみてください。

4 なるべく、漢字もいっしょに覚えましょう。少なくとも、読めるようにしましょう。

5 語彙索引(ごいさくいん)がチェックリストになっています。確認のために利用してください。

記号、表記などについての注意

273 **かんかく** 感覚 sensation; sense／感觉; 想法／감각／cảm giác

①・冷(ひ)えて、手足の**感覚**(かんかく)がなくなってしまった。

関 視覚(しかく)、聴覚(ちょうかく)、嗅覚(きゅうかく)、味覚(みかく)、触覚(しょっかく)、五感(ごかん) ← ①の意味の関連語

②・あの作曲家(さっきょくか)は70歳(さい)の今も、若々(わかわか)しい**感覚**(かんかく)で音楽を作り続けている。

連 ＿が新しい⇔古い　合 バランス＿、色彩(しきさい)＿、金銭(きんせん)＿、＿的な ← ②の意味の連語、合成語

連 ①②＿が鋭(するど)い⇔鈍(にぶ)い ← ①②両方の意味の連語

↑ ここに見出し語が入る　⇒感覚が鋭い

自動詞であることを表す

370 **ちょうか** ガ超過スル excess／超过／초과／sự vượt quá

・彼女の荷物(にもつ)は規定(きてい)の重量(じゅうりょう)を10キロも**超過**(ちょうか)**して**いた。

・計算してみると、予算(よさん)を**超過**(ちょうか)**して**いた。 ← 注意する助詞を表す

合 ＿料金、＿勤務(きんむ)　類 ガオーバースル☞483　関 ガ超(こ)える

↑ 本書483番に「オーバースル」がある

連 連語　よくひとまとまりになって使われる表現

合 合成語　他の語とくっついて、一つになった言葉

対 対義語　反対の意味の言葉

類 類義語　意味がよく似ている言葉

関 関連のある言葉（見出し語と品詞が違うものは、類義語ではなく関連語になっています）

慣 慣用的(かんようてき)な表現

名 名詞(めいし)　動 動詞(どうし)　イ形 イ形容詞(けいようし)　ナ形 ナ形容詞(けいようし)　副 副詞(ふくし)　連体 連体詞(れんたいし)　接 接続詞(せつぞくし)

自 自動詞　他 他動詞

ガ／ヲ　それぞれの動詞が自動詞／他動詞であることを表す（例 ガ倒れる→自動詞、ヲ倒す→他動詞）

ニ　ニがあるときは、人が動作の相手となる（例 ニ＋ヲ注文する）

⇔　対義語であることを表す

★　準見出し語　合成語などの中で、特に重要な言葉など

【漢字表記について】　例文では、N2レベル以上と思われる漢字と固有(こゆう)名詞にふりがながつけてあります。ただし練習問題と確認問題では、そのふりがなをはずした言葉も多くあります。

無料ダウンロード音声について

00 は、そのページの「見出し語＋例文」の音声のトラック番号を表します。
本書の音声はパソコンやスマートフォンに無料でダウンロードできます。

パソコンの場合

アルクダウンロードセンターで、「改訂版　耳から覚える日本語能力試験　語彙トレーニング N2」か、商品コード「7021015」で検索して、音声をダウンロードしてください。

アルクダウンロードセンター

https://portal-dlc.alc.co.jp

スマートフォンの場合

1. 語学学習用アプリ「booco」をダウンロード／インストールする

2. 本書の音声をダウンロードして聞く

ホーム画面下の「さがす」で、商品コード「7021015」で本書を検索して、無料音声をダウンロードして聞いてください。

「booco」のインストール方法と使い方は、以下で確認できます。
https://cdn2.alc.co.jp/sa/booco/pdf/howtoboocoj.pdf

本書は、2011 年発行の『耳から覚える日本語能力試験　語彙トレーニング N2』の内容を一部改め、ベトナム語訳を追加して改訂版として出版したものです。

C O N T E N T S

Unit 01 名詞 A

02

1 じんせい　人生　life／人生／인생／cuộc đời

・幸せな**人生**を送る。　・**人生**経験が豊富な人の話は面白い。

【連】__を送る　【合】__経験、__観　【類】一生、生涯

2 にんげん　人間　human being, man; personality／人, 人类／인간, 인품／con người, người, nhân cách

①・**人間**は皆、平等である。　・この殺人犯に**人間**らしい心はないのだろうか。

【合】__らしい　【類】人　【関】人類

②・あんな大きな失敗をした社員を首にしない、うちの社長は**人間**ができている。

・どんな**人間**かわからない人を信用してはいけない。

【類】人物　【慣】人間ができている

3 ひと　人　human being; (each) person／人, 人类／사람／người

①・「佐藤さんという**人**から電話がありましたよ」

・この店は裕福な**人**たちが買い物に来る。　・「若い**人**は元気でいいね」

②・**人**は酸素がなければ生きられない。

【類】人間、人類

4 そせん　祖先　ancestor／祖先／조상, 선조／tổ tiên

・人類の**祖先**は、アフリカで発生したと考えられている。　・うちの**祖先**は武士だったらしい。

【関】先祖、子孫

5 しんせき　親戚　relative／亲戚／친척／họ hàng

・うちの**親戚**はみな近くに住んでいる。　・彼女は私の遠い**親戚**にあたる。

【連】遠い__　【類】親類、親族

6 ふうふ　夫婦　(married) couple／夫妇, 夫妻／부부／vợ chồng

・小林さん**夫婦**はいつも仲がいい。　・二人は結婚して**夫婦**になった。

【連】__になる、お似合いの__　【合】__愛、__仲、__げんか　【関】夫妻、夫人

7 ちょうなん　長男　oldest son／长子／장남／trưởng nam

・日本では、**長男**は大事にされる傾向があった。

【関】次男、三男、長女、次女、三女、末っ子

8 しゅじん　主人　owner (of a shop); master; husband／店主; 主人; 丈夫／주인, 바깥양반／chủ, chồng

①・あのそば屋の**主人**はまだ若いが、腕はいい。　【対】従業員　【関】マスター☞809

②・犬は**主人**に忠実だと言われる。　・**主人**に仕える。

③・「鈴木さんのご**主人**をご存じですか」　【関】夫

9 **ふたご**　**双子**　twin(s)／孪生子, 双胞胎／쌍둥이／sinh đôi

・私には**双子**の弟がいます。　**類** 双生児

10 **まいご**　**迷子**　lost child／迷路; 走丢的孩子／미아／người bị lạc

・〈アナウンス〉「**迷子**のお知らせをいたします」　・東京駅は広くて**迷子**になりそうだ。

連 ＿になる

11 **たにん**　**他人**　another person; others／陌生人; 别人／타인, 남, 제삼자／người khác

・友だちだと思って声をかけたら、まったくの**他人**だった。

・**他人**にはわからない家族の事情がある。

12 **てき**　**敵**　enemy／敌人; 对手／적, 상대／địch

①・兄弟は**敵**と味方に分かれて戦った。　・彼女は**敵**に回すと怖い。

②・**敵**のチームに大勝した。　・対戦相手は強**敵**だ。

連 ①②ヲ＿に回す、＿味方に分かれる　**合** ①②油断大＿、＿国、＿地、ヲ＿視スル

対 ①②味方

13 **みかた**　**ガ味方スル**　friend, supporter; side／朋友, 伙伴／내 편, 편듦／đồng minh, đứng về phía

・「何があっても、私はあなたの**味方**です」

・私と弟がけんかすると、母はいつも弟{の／に}**味方**をする。

連 ＿になる、＿をする　**対** 敵

14 **ひっしゃ**　**筆者**　author, writer／笔者／필자／tác giả, người viết

・**筆者**の最も言いたいことを下から選びなさい。　・この**筆者**の考え方に私は賛成だ。

関 著者、作者、作家

15 **じゅみょう**　**寿命**　life, life span／寿命; 使用寿命／수명／tuổi thọ

・医学の進歩によって、人間の**寿命**は 100 年前に比べるとずいぶん伸びた。

・この時計は最近よく止まる。20 年も使っているから**寿命**が来たのだろうか。

連 ＿が伸びる・＿を伸ばす、＿が来る　**合** 平均＿

16 **しょうらい**　**将来**　future／将来, 未来, 前途／장래, 미래／tương lai

・**将来**の希望は海外で働くことだ。　・日本の**将来**を考える。

・この子は絵がうまくて今から**将来**が楽しみだ。　・彼女は**将来**有望な新人だ。

副 将来（・「あなたは**将来**何になりたいですか」

・近い**将来**、エイズは完全に治る病気になるだろう。）

連 近い＿　**類** 未来

17 **さいのう**　**才能**　talent, gift／才能, 才华／재능／tài năng, năng khiếu

・彼女には、音楽の**才能**がある。

連 ＿がある⇔ない、＿が豊かだ⇔＿に乏しい、＿に恵まれる

18 **のうりょく**　能力　ability／能力, 才能／능력／năng lực

・私にはこの問題を解決する**能力**はない。　・このホールは100人以上の収容**能力**がある。

連 __がある⇔ない、__が高い⇔低い、__が上がる・__を上げる

合 潜在__、知的__、__試験、__開発、__給　関 性能☞946

19 **ちょうしょ**　長所　good point, merit／优点, 长处／장점／ưu điểm

・「あなたの性格の**長所**と短所を言ってください」　・この車の**長所**は燃費がいいことだ。

連 __を伸ばす、__を生かす　対 短所　関 美点、取り柄

20 **こせい**　個性　personality, identity／个性／개성／cá tính

・子どもたちの**個性**を伸ばすような教育がしたい。

連 __がある⇔ない、__を伸ばす、__が豊かだ　合 __的な

21 **いでん**　ガ遺伝スル　heredity／遗传／유전／sự di truyền

・私の左利きは親からの**遺伝**だ。

合 __子（・**遺伝子**操作、**遺伝子**治療、**遺伝子**組み換え）

22 **どうさ**　動作　movement／动作／동작／động tác

・彼女の**動作**は優雅で美しい。　・体の小さい動物ほど**動作**がすばやいそうだ。

関 身振り、手振り

23 **まね**　ヲまねスル（真似）　imitation, mimicry／模仿, 仿效／모방, 흉내／sự bắt chước

・子どもは何でも親の**まね**をしたがるものだ。　・「あなたの絵は黒田さんの絵の**まね**ですね」

合 もの__　類 ヲ模倣スル　関 ヲコピースル

動 ヲまねる（・先生の発音を**まねて**練習する。）

24 **すいみん**　睡眠　sleep／睡眠／수면／giấc ngủ

・アンケートの結果、**睡眠**時間は平均7時間という人が最も多かった。

・「最近どうも疲れがとれなくて……」「**睡眠**は足りていますか」

連 __をとる、__が深い⇔浅い　合 __時間、__不足　類 眠り　関 ガ眠る、ガ寝る

25 **しょくよく**　食欲　appetite／食欲／식욕／sự thèm ăn

・今、かぜをひいて**食欲**がない。　・食堂のそばを通ると、いいにおいで**食欲**がわいてくる。

連 __がある⇔ない、__がわく、__を満たす　合 __不振、__旺盛な

26 **がいしょく**　ガ外食スル　eating out／在外面吃饭／외식／việc ăn ngoài

・一人暮らしになって、**外食**が増えた。

合 __産業

27 **かじ**　家事　housework／家务／가사／việc nhà

・最近は、**家事**や育児もする男性が増えた。

関 ガ炊事スル、ヲ洗濯スル、ヲ掃除スル、ガ{育児／子育て}スル

28 **しゅっさん**　　ヲ出産スル　　birth, delivery／生孩子, 分娩／출산／sự sinh nở

・先日、姉が女の子を**出産した**。　合 __祝い　関 ヲ産む

29 **かいご**　　ヲ介護スル　　(nursing) care／护理, 看护, 照顾／개호, 간호, 간병／sự chăm sóc y tế

・お年寄りの**介護**をする。

合 __保険、在宅__、__福祉士　関 ヲ世話スル

30 **ともばたらき**　　ガ共働きスル　　working of both of the couple／双职工, 夫妇都工作／맞벌이／việc vợ chồng cùng đi làm

・「結婚20年、ずっと**共働き**です」　・給料が少ないので、**共働きしない**と食べていけない。

合 __世帯　類 共稼ぎ

31 **しゅっきん**　　ガ出勤スル　　going to work／上班／출근／bắt đầu làm việc, đi làm

・毎朝8時に**出勤してい**る。　・多くの会社では、**出勤**時間は9時だ。

合 __時間、休日__、時差__　対 ガ欠勤スル、ガ退勤スル　関 ガ登校スル

32 **しゅっせ**　　ガ出世スル　　success in life／出人头地, 事业成功／출세／sự thăng tiến

・**出世**もしたいが、仕事ばかりの人生も嫌だ。　・同期の中で、山口さんが一番**出世**が早い。

33 **ちい**　　地位　　post, status／地位／지위／địa vị, vị thế

・**地位**が上がるとともにストレスも増える。　・彼女は女性の**地位**の向上に力を尽くした。

連 __が高い⇔低い、__が上がる⇔下がる、__が向上する、～__につく、__を得る⇔失う

合 社会的__　関 立場、身分

34 **じゅけん**　　ヲ受験スル　　examination; taking an examination／报考, 应试, 应考／수험／việc dự thi

・東京の大学を**受験した**。　・司法試験の**受験**のために、5年間も勉強した。

・この試験は**受験**資格は特にない。

合 __勉強、__生、__者、{中学／高校／大学}__、__料、__票　関 ヲ受ける

35 **せんこう**　　ヲ専攻スル　　major／攻读, 以……为专业／전공／chuyên ngành

・私は大学で経済学を**専攻した**。

関 専門

36 **したく**　　ガ支度スル　　preparation／准备, 预备／채비, 준비／sự chuẩn bị

・「出かけるから**支度しなさい**」　・{食事の／旅行の／出かける…}**支度**をする。

・「もう**支度できた**？」

合 身支度　類 ヲ準備スル

37 **ぜんしん**　　全身　　the whole body／全身／전신, 온몸／toàn thân

・玄関に、**全身**を映す大きな鏡が置いてある。　・**全身**傷だらけになった。

38 **しわ**　　wrinkle／皱纹, 皱褶／주름, 구김살／nếp nhăn

・年をとると顔の**しわ**が増える。　・洗濯物の**しわ**をアイロンで伸ばす。

連 __ができる、__がよる、__が伸びる・__を伸ばす、__をとる　合 __くちゃ(な)

04

39 ふくそう　服装　clothes, dress／服装，穿着／복장, 옷차림／trang phục, quần áo

・「面接にはきちんとした**服装**で行きなさい」

・父は**服装**に構わずどこへでも出かけるので、一緒に歩くのが恥ずかしい。

連 __にかまわない

40 れい　礼　thank; bow; courtesy／谢辞，感谢；行礼；礼法／감사의 말, 사례, 절, 인사, 예의／sự cảm ơn, nghi lễ

①・親切にしてもらった**礼**を述べる。　・お**礼**の品を贈る。

連 ニ__を言う

②・お客様が部屋に入ってきたら、立って**礼**をすること。

連 ニ__をする　類 おじぎ

③・日本の伝統的な武道は**礼**を重んじる。

類 礼儀

41 (お)せじ　(お)世辞　(empty) compliment; flattery／恭维，应酬话／아첨, 입에 발린 소리／sự nịnh nọt

・「いいネクタイですね」と**お世辞**を言った。　・彼の作品は**お世辞**抜き{に／で}すばらしい。

連 ニ__を言う

慣 お世辞にも～とは言えない（・その料理は**お世辞にも**おいしい**とは言えなかった**。）

42 いいわけ　ガ言い訳スル　excuse／辩解，分辩／변명／lý do lý trấu

・田中さんはいつも**言い訳**ばかり言って、自分の失敗を認めようとしない。

類 ガ弁解スル　関 口実☞904

43 わだい　話題　subject, topic／话题，谈话材料／화제／chủ đề nói chuyện

・野中さんはとても**話題**が豊富な人で、話していて楽しい。

・初対面の人とは、共通の**話題**を探すのに苦労する。　・最近は政治が**話題**になることも多い。

連 __になる・__にする、__にのぼる、__が豊富だ　関 トピック

44 ひみつ　秘密　secret／秘密／비밀／bí mật

・「あなたを信用して私の**秘密**を打ち明けます」　・「あなたは**秘密**を守れますか」

・応募の**秘密**は厳守します。

連 __がもれる・__をもらす、__を守る、ニ__を打ち明ける　合 __厳守

45 そんけい　ヲ尊敬スル　respect／尊重，敬仰／존경／sự kính trọng

・マザー・テレサは世界中の人々に**尊敬されて**いる。

連 __を集める、ニ__の念を抱く　合 __語　関 ヲ敬う☞1090、敬意、敬語、謙譲

46 けんそん　ガ／ヲ謙遜スル　modesty／谦逊，谦虚／겸손／sự khiêm tốn

・ほめられたとき、**謙そんして**「そんなことはありません」と言う人も多い。

47 **きたい** ヲ期待スル expectation／期待, 指望／기대／sự kỳ vọng

・山本選手の活躍を**期待して**いたが、**期待**はずれの結果に終わった。

・**期待される**のはうれしいが、**期待**が大きすぎるとプレッシャーを感じる。

・子どもの将来を**期待する**。　・新社長に赤字解消を**期待して**いる。

連ニ__をかける、__に応える⇔__を裏切る、__が大きい、__に添う　合__はずれ

48 **くろう** ガ苦労スル trouble, worry／操劳, 辛苦／고생, 수고／sự cực khổ

・父の死後、母は**苦労して**私たちを育ててくれた。　・母には本当に**苦労**をかけた。

・アメリカに留学した１年目は、言葉に**苦労した**。

連ニ__をかける、__を重ねる

49 **いし** 意志／意思 will, mind／意志, 志向/意思, 想法／의지, 고집/의사, 생각／ý chí, quan điểm

・彼女は**意志**が{固い／強い}から、きっと目的を達成するだろう。

・両親はいつも私の{**意志**／**意思**}を尊重してくれる。

・恋人はいるが、今のところ結婚の**意思**はない。

・賛成・反対の**意思**表示ははっきりした方がいい。

連意志が固い、意志が強い⇔弱い、{〜する／の}意思がある⇔ない、意思を示す

合ガ意思表示スル

50 **かんじょう** 感情 emotion; feeling(s)／情绪, 感情／감정／cảm xúc, tình cảm

・田中さんはすぐに**感情**が顔に出る。　・**感情**を込めて歌う。

・相手があまりひどいことを言うので、**感情**を抑えられず、なぐってしまった。

連__を出す⇔抑える、__に走る　合__的な　対理性

★ナ形 **感情的な**

・鈴木さんは**感情的な**人で、すぐに泣いたり怒ったりする。

・間違いを指摘され、つい**感情的に**なって反論してしまった。

対理性的な、冷静な

コラム 1 **記号** Signs／记号, 符号／기호／Ký hiệu

○：まる　×：ばつ　※：米印　☆：星印　＊：アステリスク　→：矢印

。：句点／まる　、：読点／点

？：疑問符／クエスチョンマーク　！：感嘆符／エクスクラメーションマーク

(　)<　>{　}[　]：かっこ

「　」：かぎかっこ　『　』：二重かぎかっこ

<u>○○○</u>：下線／アンダーライン　○○○：二重線　○○○：波線

Unit 01 名詞A

練習問題

1〜50

レベル ★

Ⅰ　(　　)に助詞を書きなさい。

1．私は大学で日本文学(　　)専攻した。
2．家族(　　)苦労(　　)かけた。
3．京都(きょうと)大学(　　)受験することにした。
4．田中(たなか)選手はファンの期待(　　)こたえて活躍(かつやく)した／期待(　　)裏切(うらぎ)った。

Ⅱ　「する」が付く言葉に○を付けなさい。

敵　味方(みかた)　まね　尊敬　家事　出勤　したく　苦労　期待　礼
遺伝(いでん)　おせじ　言(い)い訳(わけ)

Ⅲ　「〜になる」が付く言葉に○を付けなさい。

夫婦　子孫(しそん)　迷子(まいご)　秘密　話題　苦労　味方(みかた)

Ⅳ　「〜がある」が付く言葉に○を付けなさい。

才能　遺伝(いでん)　食欲　睡眠(すいみん)　個性

Ⅴ　「〜的」が付く言葉に○を付けなさい。

個性　専攻　期待　動作　感情　けんそん　全身

Ⅵ　正しい言葉を〔　　　〕の中から一つ選びなさい。

1．寿命(じゅみょう)が〔　あがる　こえる　のびる　〕。
2．食欲が〔　あがる　ふえる　わく　〕。
3．能力が〔　高い　強い　深い　〕。
4．地位が〔　大きい　重い　高い　〕。
5．しわが〔　くる　出る　よる　〕。
6．秘密が〔　出る　抜ける　もれる　〕。
7．意志が〔　低い　やわらかい　弱い　〕。
8．睡眠(すいみん)を〔　行う　とる　寝る　〕。
9．おせじを〔　言う　しゃべる　話す　〕。
10．お礼の言葉を〔　しゃべる　のべる　話す　〕。
11．幸せな人生を〔　おくる　くらす　すごす　〕。
12．きちんとした服装を〔　着る　する　とる　〕。

Ⅶ　反対の意味の言葉を書きなさい。

1．敵　　⇔（　　　　　）
2．長所　⇔（　　　　　）
3．理性的 ⇔（　　　　　）的

Ⅷ　次の説明に合う言葉を書きなさい。

1．同じときに生まれた二人の兄弟姉妹（きょうだいしまい）（　　　　　　　）
2．その文章を書いた人（　　　　　　　）
3．夫も妻も仕事をして収入を得ていること（　　　　　　　）
4．社会や会社で高い地位にのぼること（　　　　　　　）
5．レストランなどで食事をすること（　　　　　　　）
6．子どもを生むこと（　　　　　　　）
7．家族でも親戚（しんせき）でもなく、自分とは関係のない人（　　　　　　　）

Ⅸ　（　　　）に入る言葉を下から選んで書きなさい。

1．昨日の作文のテーマは「（　　　　　　　　）の夢」だった。
2．「（　　　　　　　　）にものを聞くときは、もっとていねいな言葉を使いなさい」
3．私はそれほどがんこな（　　　　　　　　）ではないつもりだ。
4．受験のときは、東京（とうきょう）の（　　　　　　　　）の家に泊めてもらった。
5．人類の（　　　　　　　　）はアフリカ大陸（たいりく）で誕生したと言われている。
6．あの店の（　　　　　　　　）はとても商売が上手だ。
7．お年寄りの（　　　　　　　　）は大変だ。
8．日本人女性の平均（　　　　　　　　）は約 87 歳だ。
9．話すときに大きな（　　　　　　　　）をする日本人は少ない。
10．私たち（　　　　　　　　）は 2000 年に結婚し、次の年に（　　　　　　　　）が生まれた。

かいご	しゅじん	じゅみょう	しょうらい	しんせき	
そせん	どうさ	ちょうなん	にんげん	ひと	ふうふ

05

51 **ざいりょう　材料**　ingredient, material; data／原料; 素材, 资料／재료／nguyên liệu, dữ liệu

①・スーパーへ夕食の**材料**を買いに行った。

・伝統的な日本の家の**材料**は、木・竹・土など、自然のものが多い。

関 原料、素材

②・A案がいいのかB案がいいのか、判断の**材料**が足りない。

合 判断__、不安__

52 **いし　石**　stone／石头／돌／đá

・グラウンドに落ちている**石**を拾った。　・**石**につまずいて転んだ。

関 土、泥、砂、岩

53 **ひも**　string, cord, lace／绳子／끈／dây

・古新聞を**ひも**で縛る。　・靴の**ひも**を結ぶ。

連 __を結ぶ⇔ほどく、__で縛る、__でくくる　関 縄、ロープ、綱、鎖

54 **けん　券**　ticket／券, 票子／표, 권／vé, phiếu

・あの店はいつも混んでいて、入るのに整理**券**が必要だ。

合 入場__、整理__、__売機　関 チケット、切符

55 **めいぼ　名簿**　list, roll／名单, 名册／명부／danh sách

・クラスの**名簿**を作る。

合 同窓会__、会員__

56 **ひょう　表**　list, table／表格, 图表／표／bảng

・成績を**表**にする。　・学生の携帯の番号がこの**表**に載っている。

連 __に載る・__に載せる　合 {予定／成績／統計／一覧…}表　関 グラフ、リスト

57 **はり　針**　needle; stinger／缝纫针; 刺, 针状物／바늘, 침／kim

①・**針**に糸を通す。　・**針**で縫う。

②・ハチは**針**で人を刺す。　・{時計／注射／ホチキス…}の**針**

58 **せん　栓**　cap; tap／瓶塞, 盖子; 龙头, 开关／마개, 꼭지／nắp

①・ビールの**栓**を抜く。　・風呂に**栓**をする。

連 __を抜く、ニ__をする　合 __抜き　類 ふた

②・水道の**栓**を閉める。

連 __を閉める⇔開ける、__を緩める　合 水道__、ガス__、消火__、元__

関 レバー、ノブ、ハンドル、コック、取っ手

59 **ゆげ　湯気**　steam／热气, 蒸汽／김, 수증기／hơi nước

・うどんの**湯気**で眼鏡がくもってしまった。　・大浴場は**湯気**で向こうの方が見えなかった。

連 __が立つ

60 **ひあたり**　　**日当たり**　　exposure to the sun／向阳／볕이 듦／sự tiếp xúc với ánh mặt trời

・私の部屋は南向きで**日当たり**がいい。

連 __がいい⇔悪い

61 **から**　　**空**　　empty／空／(속이) 빔／trống rỗng

・昨夜は一人でワイン一びんを**空**にした。

合 空っぽ(・**空っぽ**の{さいふ／本棚／部屋／頭…})

62 **ななめ**　　**斜め**　　inclined; diagonal／歪, 倾斜; 斜对面／비스듬함, 비뚤어짐／nghiêng

①・地震で家が**斜め**に傾いた。　・壁にかかっているカレンダーが**斜め**になっている。

②・**斜め**向かいの店は客がよく入っている。　・**斜め**に線を引く。

合 ①②ご機嫌__

63 **りれき**　　**履歴**　　history, record／履历／이력／lý lịch

・会社に応募するにあたり、**履歴**書を書いた。

合 __書、{着信／送信}__

64 **ごらく**　　**娯楽**　　entertainment／娱乐, 娱乐活动／오락／trò giải trí

・うちの父は、釣りを**娯楽**として楽しんでいる。

・「この辺は**娯楽**が少ないから、若い人は街へ出て行ってしまうんです」

合 __施設、__費

65 **しかい**　　**司会**　　master of ceremonies, chair／主持; 司仪, 主持人／사회／người dẫn chương trình

・友人に結婚式の**司会**を頼んだ。　・{会議／番組…}の**司会**をする。

連 __をする　合 __者

66 **かんげい**　　**ヲ歓迎スル**　　welcome／欢迎／환영／sự đón tiếp

・新入社員を**歓迎する**会が開かれた。　・宇宙飛行士たちはどこへ行っても**大歓迎**を受けた。

・「どんどん意見を言ってくれ。議論はいつでも**歓迎**だ」

連 ニ／カラ__を受ける　合 ヲ大__スル、__会

67 **まどぐち**　　**窓口**　　window; contact／(银行、医院等的) 窗口; (对外联系的) 窗口, 途经／창구／cửa sổ giao dịch, đầu mối liên hệ

①・{銀行／役所／病院…}の**窓口**には大勢の人が並んでいた。

②・○○友好協会は、A国との文化交流の**窓口**となっている。

68 **てつづき**　　**ガ手続きスル**　　procedure／手续／수속, 절차／thủ tục

・入学の**手続き**をする。　・正規の**手続き**を経て商品を輸入した。

・**手続き**には時間がかかる。

69 **とほ**　　**徒歩**　　walk, on foot／徒步／도보／việc đi bộ

・駅からうちまで、**徒歩**10分です。　・会社に**徒歩**で通っている。

06

70 **ちゅうしゃ**　　ガ駐車スル　　parking／停车／주차／việc đỗ xe

・日曜日の都心は**駐車**するところがない。　・**駐車**違反で捕まった。　・家の前に**駐車**する。

合 __場、__禁止、__違反　　関 ガ停車スル

71 **いはん**　　ガ違反スル　　violation, offense／违反／위반／sự vi phạm

・{規則／法律…}に**違反する**。

合 スピード__、法律__、選挙__　　関 ガ反する☞749

72 **へいじつ**　　平日　　weekday(s)／平时, 平日／평일／ngày thường

・あの店は、**平日**は9時まで営業している。

対 土日、週末、祝祭日、休日　　類 ウィークデー☞507

73 **ひづけ**　　日付　　date／日期／날짜／ngày tháng năm

・**日付**を書く。　・**日付**のない書類は無効だ。

合 __変更線　　関 日時

74 **にっちゅう**　　日中　　daytime／白天／대낮, 한낮／trong ngày

・朝晩は冷え込むが、**日中**は穏やかな天気が続いている。

対 夜間　　類 昼間

75 **にってい**　　日程　　schedule／日程, 计划安排／일정／lịch trình

・急な用事で、旅行の**日程**を変えた。　・仕事の**日程**がぎっしり詰まっている。

合 __表　　関 予定、スケジュール

76 **ひがえり**　　日帰り　　going and getting back in a day／当天来回／당일치기／việc đi về trong ngày

・日光は東京から**日帰り**で行けます。　・休みに**日帰り**旅行をしよう。

・福岡から東京まで**日帰り**で出張した。

合 __旅行　　関 一泊二日、二泊三日

77 **じゅんじょ**　　順序　　order／顺序, 次序／순서, 차례／tuần tự

・子どもたちが教室に**順序**よく並んで入っていく。

・セットアップの**順序**を間違えたのか、パソコンがうまく動かない。

合 __よく　　類 順番、順

78 **じき**　　時期　　time; point, stage／期间; 时期／시기／thời kỳ, giai đoạn

①・3月から4月は、うちの会社にとって忙しい**時期**だ。

②・この計画は時間がかかるので、実行に移すのはまだ**時期**が早い。

　・不況の今は、株を買うには**時期**が悪い。

連 __が早い⇔遅い、__がいい⇔悪い

79 **げんざい**　**現在**　present; as of ~／现在, 目前; 当时, 截至（某时）／현재／hiện tại

①・駅前は昔は畑だったが、**現在**は大きなショッピングセンターになっている。

・〈天気予報〉「**現在**、台風は時速 40 キロのスピードで進んでいます」

対 過去、未来　類 今

②・A 国の失業率は、2020 年 9 月**現在**で 3.0%だ。

合［時点］＋現在（・午前 9 時**現在**、7 月 7 日**現在**）

80 **りんじ**　**臨時**　temporarily, provisionally／临时／임시／lâm thời, tạm thời

・急病人が出たため、列車は**臨時**にこの駅に停車した。

合 __ニュース、__列車、ガ__停車スル、ガ__休業スル、ガ__休校スル

81 **ひよう**　**費用**　expense, cost／费用, 开支／비용／chi phí

・旅行の**費用**をためる。　・子どもを育てるのには**費用**がかかる。

・新学期はいろいろと**費用**がかさむ。　・親が留学の**費用**を負担してくれる。

連 __がかかる・__をかける、__がかさむ、__を負担する　関 ～費、～金、経費☞ 93

82 **ていか**　**定価**　fixed price／定价／정가／giá cố định

・本はどこでも**定価**で売られている。　・日本のデパートは**定価**販売をしている。

83 **わりびき**　**ヲ割引スル**　discount／打折, 减价／할인／sự giảm giá

・「まとめて買うから、少し**割引して**ください」

・「セール期間中は、全商品を 30%**割引します**」

関 ヲ値引きスル、ヲまける　動 ヲ割り引く

84 **おまけ**　**ヲおまけスル**　give [get] a discount; free gift／减价; 赠品／덤, 할인, 경품／sự giảm giá, sự khuyến mại

①・4 個 550 円のりんごを、**おまけして**もらって 500 円で買った。

類 ヲ値引きスル、ヲサービススル☞ 508

②・子ども向けのお菓子には、よく**おまけ**が付いている。

連 ニ__が付く・ニ__を付ける　類 景品

85 **むりょう**　**無料**　free (of charge)／免费／무료／miễn phí

・「ただ今、**無料**で試供品をさしあげております」　・6 歳未満の子どもは入場**無料**だ。

類 ただ　対 有料

86 **げんきん**　**現金**　cash／现金／현금／tiền mặt

・彼は新車を買って、なんと**現金**で支払ったそうだ。

合 __払い、__自動支払機（＝ ATM）　類 キャッシュ☞ 815　関 ローン

87 **ごうけい**　**ヲ合計スル**　sum／合计, 共计／합계／tổng

・東京の面積を**合計する**と、2,187 ㎢になる。　・食事代は、3 人で**合計** 1 万円だった。

合 __額　関 計

07

88 **しゅうにゅう　収入**　income／收入／수입／thu nhập

・彼は喫茶店を経営して**収入**を得ている。

連 __がある⇔ない、__が高い⇔低い、__が上がる・__を上げる、__が下がる、__を得る
合 臨時__、__源、高__　対 支出　関 年収、月収、所得

89 **ししゅつ　支出**　expenses／支出, 开支／지출／khoản chi

・今年は**支出**が収入を上回って赤字になった。　・予算オーバーだ。少し**支出**を減らそう。

連 __を抑える、__を削る　対 収入

90 **よさん　予算**　budget／预算／예산／ngân sách

・来年度の**予算**を立てる。　・車を買い替えたいのだが、**予算**が足りない。

連 __を立てる　合 __案　関 決算

91 **りえき　利益**　profit／利润; 利益／이익／lợi nhuận

・企業が**利益**を追求するのは当然だ。　・政治家には国全体の**利益**を考えてもらいたい。

連 __を得る、__が出る、__が上がる・__を上げる、〜の__になる　対 損失、損害、不利益
関 利害

92 **あかじ　赤字**　deficit／赤字／적자／lỗ

・今月は支出が多く、家計は**赤字**{だった／になった}。

連 __になる、__が出る・__を出す　合 財政__　対 黒字

93 **けいひ　経費**　expenses, cost／经费, 开支／경비／kinh phí

・宣伝に**経費**をかけたので、売り上げが伸びた。　・**経費**の削減が求められている。

連 ニ__がかかる・ニ__をかける、__がかさむ　合 __削減、必要__　類 コスト
関 費用☞81

94 **かんじょう　ヲ勘定スル**　calculation; payment, bill; consideration／计数, 计算; 结账, 买单; 考虑, 估计／(수량의) 셈, 계산, 대금 지불, 고려／tính toán, thanh toán, tính đến

①・{金／人数…}を**勘定する**。

・今月の支出をチェックしているのだが、何度やっても**勘定**が合わない。

連 __が合う⇔合わない　類 ヲ計算スル

②・**勘定**を済ませて帰る。　・〈飲食店で〉「お**勘定**、お願いします」
類 会計

③・計画を立てるときは、リスクも**勘定**に入れておいた方がいい。
連 ヲ__に入れる

95 **べんしょう　ヲ弁償スル**　compensation／赔, 赔偿／변상／sự bồi thường

・隣の家の窓ガラスを割ってしまったので、修理代を**弁償した**。

関 ヲ補償スル、ヲ賠償スル

96 **せいきゅう**　　ヲ請求スル　　request, demand／要求, 索取, 账单／청구／sự yêu cầu

・大学に資料を**請求する**。　・彼は離婚するとき、1,000 万円の慰謝料を**請求された**。

・今月は携帯電話をよく使ったので、**請求**がいつもの倍になった。

合 __書　　関 ヲ要求スル☞ 291

97 **けいき**　　景気　　business, economy／景气／경기／tình hình kinh tế

・**景気**が悪くなると、倒産する会社が増える。

・**景気**が{回復する／後退する／低迷する／上向く…}。

連 __がいい⇔悪い　　合 好__⇔不__　　関 経済状況、好況⇔不況

98 **ぼきん**　　ガ募金スル　　fundraising; collection of contributions／募捐／모금／sự quyên góp tiền

・地震の被災者のために**募金した**。　　合 共同__、街頭__

99 **ぼしゅう**　　ヲ募集スル　　recruitment, collection／招募, 募集／모집／sự tuyển mộ, sự thu thập

・アルバイトを**募集して**いたので、応募した。

・会社は社員から新しい企画のアイデアを**募集した**。

関 ヲ募る

100 **かち**　　価値　　value／价值／가치／giá trị

・情報は新しいほど**価値**が高い。　・商品に傷がつくと、**価値**が下がる。

・成功するかどうかわからないが、その方法はやってみる**価値**があると思う。

連 __が高い⇔低い、__がある⇔ない、__が上がる⇔下がる

合 __観（・**価値観**の相違から離婚することもあるそうだ。）→__が合う⇔合わない

コラム 2　時の表現　日常的な言葉と改まった言葉

Expressions for time／时间的表达方式／시간의 표현／Cách nói về thời gian　Từ ngữ thông thường và từ ngữ trang trọng

例にならって、空欄に言葉を入れなさい。

あした	例　みょうにち(明日)
あさって	①
きょう	②
きのう	③
④	いっさくじつ(一昨日)
ことし	⑤
きょねん	⑥
おととし	⑦

例　このあいだ	先日
⑧	最近
⑨	今後
(その)前の日	⑩
(その)次の日	⑪
(その)前の年	⑫
(その)次の年	⑬

解答：①みょうごにち(明後日)　②ほんじつ(本日)　③さくじつ(昨日)　④おととい　⑤ほんねん(本年)　⑥さくねん(昨年)　⑦いっさくねん(一昨年)　⑧このごろ　⑨これから　⑩前日　⑪翌日　⑫前年　⑬翌年

Unit 01 名詞A 51 ～ 100

練習問題

レベル ★☆☆☆

Ⅰ （　　）に助詞を書きなさい。

1. 石（　　）つまずく。
2. 現金（　　）払う。
3. 針（　　）糸（　　）通す。
4. 日帰り（　　）温泉に行った。
5. くつのひも（　　）結ぶ。／荷物（　　）ひも（　　）しばる。

Ⅱ 「する」が付く言葉に○を付けなさい。

徒歩　駐車　娯楽（ごらく）　歓迎　費用　おまけ　勘定（かんじょう）　赤字　割引　募金（ぼきん）

Ⅲ 正しい言葉を〔　　〕の中から一つ選びなさい。

1. 日程が〔 忙しい　こんでいる　つまっている 〕。
2. 費用が〔 かかる　下がる　払う 〕。
3. 予算を〔 数える　立てる　作る 〕。
4. 支出を〔 おさえる　下げる　出す 〕。
5. 宣伝に経費を〔 かける　する　払う 〕。
6. 勘定（かんじょう）が〔 合わない　かからない　決まらない 〕。
7. 利益が〔 得ない　立たない　出ない 〕。
8. 価値が〔 大変だ　高い　激しい 〕。

Ⅳ （　　）に下から選んだ語を書いて、一つの言葉にしなさい。

A

1. 司会（　　）　2. 歓迎（　　）　3. 入場（　　）　4. 請求（　　）
5. ガス（　　）　6. 価値（　　）　7. 駐車（　　）　8. 予定（　　）

会　観　券　者　書　場　栓（せん）　表

B

1. 娯楽（ごらく）（　　）　2. 必要（　　）　3. 臨時（りんじ）（　　）
4. 会員（　　）　5. 着信（　　）　6. 法律（　　）

違反　休業　経費　施設　名簿（めいぼ）　履歴（りれき）

Ⅴ 反対の意味の言葉を書きなさい。

1．支出 ⇔(　　　　)　2．無料 ⇔(　　　　)　3．赤字 ⇔(　　　　)

4．夜間 ⇔(　　　　)　5．休日（きゅうじつ） ⇔(　　　　)　6．過去／未来 ⇔(　　　　)

7．不景気 ⇔(　　　　)　8．ひもを結ぶ ⇔ ひもを(　　　　)

Ⅵ (　　　)に入る言葉を下から選んで書きなさい。

A

1．ガスを使い終わったら、元(　　　　　　)を閉めること。

2．その温泉は広く、向こうの方は(　　　　　　)でくもって見えなかった。

3．時計の(　　　　　　)が 12 時を指している。

4．学校に(　　　　　　)で通えるアパートを探している。

5．19 時までにこのポストに入れれば、その日の(　　　　　　)の消印（けしいん）が押される。

6．壁にかかっている絵が(　　　　　　)になっていたので直した。

7．暑い日だったので、水筒（すいとう）は半日で(　　　　　　)になってしまった。

8．「料理を始める前に、(　　　　　　)をそろえておきましょう」

9．住民登録の(　　　　　　)をしに市役所へ行った。4 月なので(　　　　　　)はとても混んでいた。

から	ざいりょう	せん	てつづき	とほ
ななめ	はり	ひづけ	まどぐち	ゆげ

B

1．「あなたが壊したのだから、(　　　　　　)してください」

2．花粉症（かふんしょう）の私にとって、2 月から 3 月はつらい(　　　　　　)だ。

3．市役所がスポーツ大会のボランティアを(　　　　　　)している。

4．人の車に傷を付けてしまい、修理代（しゅうりだい）を(　　　　　　)された。

5．ものごとには(　　　　　　)がある。まず、すぐ上の上司に相談するべきで、もっと上の人に言うのはその後だ。

6．(　　　　　　)が悪くなると、(　　　　　　)の出張が増えるそうだ。

7．(　　　　　　) 1 万円のバッグを 7,000 円に(　　　　　　)してもらった。

けいき	じき	じゅんじょ	せいきゅう	ていか
ひがえり	べんしょう	ぼしゅう	わりびき	

Unit 01 名詞A 1～100

確認問題

Ⅰ （　　　）に入れるのに最もよいものを、a・b・c・dから一つ選びなさい。

1．ガスの（　　　）栓を閉める。
　a　始　　b　起　　c　源　　d　元

2．（　　　）景気が続き、会社の利益も上がっている。
　a　優　　b　良　　c　好　　d　高

3．うちの（　　　）向かいは鈴木さんの家だ。
　a　ななめ　　b　横　　c　後ろ　　d　前

Ⅱ （　　　）に入れるのに最もよいものを、a・b・c・dから一つ選びなさい。

1．大学では経営学を（　　　）した。
　a　専門　　b　専攻　　c　学問　　d　学科

2．大きな事件があると、（　　　）ニュースが流れることが多い。
　a　急行　　b　特別　　c　非常　　d　臨時

3．アルバイトに応募するため、（　　　）書を書いた。
　a　履歴　　b　報告　　c　説明　　d　経験

4．ハンガーにかけておかなかったので、服に（　　　）がよってしまった。
　a　しわ　　b　波　　c　線　　d　折り

5．この子には音楽の（　　　）があると思う。
　a　天才　　b　可能　　c　才能　　d　学力

6．店員は客にていねいに（　　　）をした。
　a　おせじ　　b　おじぎ　　c　礼儀　　d　お礼

7．自分の会社を作りたいと思っているが、今はまだ、その（　　　）ではない。
　a　順序　　b　季節　　c　日程　　d　時期

Ⅲ ＿＿＿＿の言葉に意味が最も近いものを、a・b・c・dから一つ選びなさい。

1．旅行の<u>したく</u>はもうできましたか。
　a　計画　　b　準備　　c　プラン　　d　スケジュール

2．遅刻の理由を説明しようとしたら、<u>いいわけ</u>をするなと怒られた。
　a　理由　　b　返事　　c　弁解　　d　解答

3．旅行会社に行ったら、パンフレットを<u>ただで</u>くれた。
　a　無料で　　b　おまけして　　c　割引して　　d　大量に

4．卵を食べると<u>体じゅう</u>がかゆくなった。

a　心身　　b　身体　　c　全体　　d　全身

5．寝たきりの高齢者が増え、その<u>世話</u>をする人が不足している。

a　応援　　b　介護　　c　救助　　d　めんどう

Ⅳ　次の言葉の使い方として最もよいものを、a・b・c・dから一つ選びなさい。

1．人間

a　あの<u>人間</u>はとてもやさしい人だ。

b　私はよく考えてから行動する<u>人間</u>だと思う。

c　先ほど、太田（おおた）さんという<u>人間</u>からお電話がありました。

d　<u>人間</u>の未来について考えてみよう。

2．外食

a　今度の日曜日、公園で<u>外食</u>しませんか。

b　忙しいときは、サンドイッチなどを買って<u>外食</u>する。

c　昨日は帰りが遅かったので、<u>外食</u>して帰った。

d　最近自分で料理をせず、<u>外食</u>をたのむことが多い。

3．ひも

a　この<u>ひも</u>を引くと、電気がつくようになっている。

b　山登りの途中で疲れてしまい、<u>ひも</u>で引っ張ってもらった。

c　ボタンが取れてしまったので、針と<u>ひも</u>があったら、貸してください。

d　自転車をとられないように、<u>ひも</u>をかけておいた。

4．感情

a　父がそのとき、どういう<u>感情</u>をしていたかはわからない。

b　この小説を読んで、深い<u>感情</u>を持った。

c　この曲はもっと<u>感情</u>を込めてひいてください。

d　子どもがいたずらすると、母はすぐに<u>感情</u>して怒った。

5．材料

a　明日の会議の<u>材料</u>はもうできましたか。

b　あの人の話は<u>材料</u>が豊富でおもしろい。

c　プラスチックは石油を<u>材料</u>として作られる。

d　私の趣味はバッグを作ることで、<u>材料</u>はたいていAデパートで買う。

Unit 02 動詞 A

101 ～ 220

レベル ★☆☆☆

08

101 このむ　ヲ好む　like, love／喜欢, 爱好／좋아하다, 즐기다／thích

・一般にお年寄りはあっさりした味を**好む**。

・納豆は嫌いではありませんが、**好んで**は食べません。

・この薬には、虫の**好まない**成分が含まれている。

対 ヲ嫌う　類 ヲ好く　※受身形で使う。（・彼女はだれからも**好かれて**いる。）

関 好きな　名 好み（・人の**好み**はそれぞれ違う。）

102 きらう　ヲ嫌う　dislike, hate; have to be kept away from／厌恶, 讨厌; 避免, 忌讳／싫어하다／ghét

①・彼女は彼を**嫌って**いるようだ。　・「そんなことをしたら、恋人に**嫌われる**よ」

対 ヲ好く

②・この植物は乾燥を**嫌う**。

対 ヲ好む

関 ①②嫌いな

103 ねがう　ヲ願う　wish; ask, please ～／祈求, 希望; 恳求, 恳请／기원하다, 부탁하다／nguyện cầu, nhờ

①・世界平和を**願う**。　・「あなたの健康と成功を**願って**います」

名 願い

②・「もう一度**お願いします**」　・「間違いのないよう、**お願いします**」

名 お願い

104 あまえる　が甘える　be petted, nestle up to, behave like a baby; depend on, avail oneself of／撒娇; 承情, 利用／응석 부리다, 호의를 받아들이다／làm nũng, thuận theo

①・子どもが母親に**あまえる**。

関 ヲ甘やかす　名 甘え

②・「どうぞ、このかさをお使いください」「では、お言葉に**甘えまして**……」

105 かわいがる　ヲかわいがる　pet, cherish／宠爱, 疼爱／귀여워하다／chiều chuộng

・息子は妹をとても**かわいがって**いる。　・彼は上司に**かわいがられて**いる。

106 きづく　が気付く（←気が付く）　notice; become conscious／注意到, 发觉; 清醒过来／눈치채다, 정신이 들다／nhận ra

①・犯人は刑事に**気付いて**逃げてしまった。

・ゲームに夢中だったので、父が帰って来たことにも**気付かなかった**。

②・車にはねられ、**気付いた**ときは病院のベッドの上だった。

関 気を失う、意識を取り戻す

107 **うたがう** ヲ疑う suspect; doubt／怀疑; 猜疑／혐의 두다, 의심하다／nghi ngờ

①・警察は私を犯人ではないかと**疑っている**らしい。

②・小さな子どもは人を**疑う**ことを知らない。 ・私は彼の成功を**疑った**ことはない。

連 良識を__ 対 ヲ信じる 慣 目を疑う(・あり得ない光景を見て、自分の**目を疑った**。)

名 ①②疑い→__を持つ、～__がある⇔ない(・ガンの**疑いがある**。)

108 **くるしむ** ガ苦しむ be troubled (with), suffer (from)／难受; 受折磨; 烦恼, 苦于／괴로워하다／khổ sở

・学校でいじめられて**苦しんでいる**子どもが大勢いる。

・私は長年腰痛{に／で}**苦しんで**きた。

連 理解に__ 名 苦しみ

他 ヲ苦しめる(・父は家族を大切にせず、母を**苦しめた**。)

109 **かなしむ** ヲ悲しむ feel sad, be sorrowful／悲哀, 伤心／슬퍼하다／buồn

・娘はペットの死を**悲しんで**、１日中泣いていた。

対 ヲ喜ぶ 名 悲しみ

110 **がっかりする** ガがっかりする be disappointed／失望, 灰心／실망하다／thất vọng

・試験に落ちて、**がっかりした**。 ・この結果には{**がっかりしている／がっかりだ**}。

111 **はげます** ヲ励ます encourage／鼓励／격려하다／an ủi, khích lệ

・受験に失敗した友人を**励ました**。 ・「皆さんの応援に**励まされました**」

関 ヲ激励する 名 励まし

112 **うなずく** ガうなずく nod; nod in agreement／首肯; 同意／고개를 끄덕이다, 수긍하다／gật đầu, đồng ý

①・祖父は何も言わずに**うなずいた**。

②・何度頼んでも、父は**うなずいて**くれない。

113 **はりきる** ガ張り切る work hard, be eager／干劲十足, 精神抖擞／의욕이 충만되다／hăng hái, cố hết sức

・入社第一日目、娘は**張り切って**出勤した。

・今年も運動会で優勝しようと、クラス全員**張り切って**いる。

114 **いばる** ガ威張る act big, be arrogant／自高自大, 摆架子／뽐내다, 으스대다／kiêu căng

・自分ができるからといって、すぐに**いばる**人は嫌われる。

115 **どなる** ガ怒鳴る shout, yell／大声喊叫, 大声斥责／소리치다, 고함치다／hét, quát

・「そんなに大声で**どならなくても**聞こえますよ」 ・父親に「出て行け！」と**どなられた**。

合 ヲ怒鳴りつける、怒鳴り声

116 **あばれる** ガ暴れる act violently, rampage／闹, 乱闹／난폭하게 굴다, 날뛰다／nổi loạn

・弟は気が短く、子どものころはすぐに**暴れて**、よく物を壊したものだ。

・酒に酔って**暴れる**なんて最低だと思う。

合 ガ大暴れスル

117 **しゃがむ** ガしゃがむ squat／蹲，蹲下／쪼그리고 앉다／ngồi xổm

・子どもが道に**しゃがんで**地面の虫を見ている。

合 ガしゃがみ込む

118 **どく** ガどく move out of the way, step aside／躲开，让开／비키다／tránh ra

・「ちょっとそこを**どいて**ください」

119 **どける** ヲどける get ~ out of the way, remove／挪开，移开／치우다／dẹp sang, chuyển đi

・「通行のじゃまになるので、自転車を歩道から**どけて**ください」

・机の上に積んだ本をわきに**どけて**仕事をした。 類 ガ／ヲよける☞1009

120 **かぶる** ヲかぶる put on; be poured; take ~ upon oneself, shoulder／戴（帽子）；浇；承担，蒙受／쓰다，뒤집어쓰다／đội, gánh, chịu (tội)

①・帽子を**かぶる**。

②・頭から水を**かぶる**。

③・父親は子どもの罪を**かぶって**刑務所に入った。

121 **かぶせる** ヲかぶせる cover; pour; place [throw] ~ (on somebody else)／盖上；浇上；嫁祸，推委／덮다，끼얹다，뒤집어씌우다／trùm, đổ (tội)

①・ぬれないように、自転車にシートを**かぶせて**おいた。

②・人に罪を**かぶせる**なんて、ひどい人間だ。

関 ニぬれぎぬを着せる

122 **かじる** ヲかじる gnaw, bite; have a smattering of ~, dip into ~／咬，啃；略懂，学过一点 ／갉아먹다，조금 알다／gặm, nhấm, học chút ít

①・りんごを丸ごと**かじる**。 ・ねずみが柱を**かじって**困る。

②・若いころ、フランス語を**かじった**ことがある。

123 **うつ** ヲ撃つ shoot／射击，开枪／쏘다／bắn

・警官が犯人をピストルで**撃った**。 ・{銃／大砲…}を**撃つ**。

124 **こぐ** ヲ漕ぐ pedal, row／划（船），蹬（车）／밟다，젓다，발을 구르다／đạp, chèo

・自転車(のペダル)を**こぐ**。 ・{舟／ブランコ…}を**こぐ**。

125 **しく** ヲ敷く lay; spread, build; have policies, install／铺，铺上；铺设；施行／깔다，부설하다，널리 펴다／trải, xây dựng, thiết lập

①・床にふとんを**敷く**。 ・桜の下にビニールシートを**敷いて**花見をした。

合 敷きぶとん、敷きもの、ふろ敷

②・国中に鉄道が**敷かれて**いる。

③・この国は軍政を**敷いて**いる。

126 **つぐ** ヲつぐ pour／斟，倒入，盛饭／붓다，따르다，떠 담다／đổ

・水をコップに**つぐ**。 ・茶わんにご飯を**つぐ**。

合 ヲつぎ足す 関 ヲ注ぐ☞995

127 くばる　ニ＋ヲ配る　distribute; see, be careful／发, 分发; 注意到／나누어 주다, 배부하다, 고루 미치게 하다／phân phát, quan tâm, để mắt đến

①・先生が生徒にプリントを**配った**。　・駅前で新しい店のチラシを**配っている**。

類 ヲ配布する、ヲ配付する☞345

②・服装に気を**配る**。　・教師は、教室の全ての学生に目を**配る**ことが必要だ。

合 気配り→ニ__をする、__がある⇔ない（・あの人は**気配りのある**人だ。）

128 ほうる　ヲ放る　throw; give up; leave ~ alone／抛, 扔; 放弃; 不理睬／던지다, 포기하다, 내버려 두다／ném, từ bỏ, mặc kệ

①・ボールを**ほうる**。　・ゴミ箱にごみを**ほうり**投げた。

②・日記をつける習慣が続かず、途中で**放り**出してしまった。

合 ①②ヲ放り出す☞399、ヲ放り投げる　関 ヲ投げる、ヲ投げ出す☞396

③・「私のことにかまわないで。**ほっといて（←ほうっておいて）**」

129 ほる　ヲ掘る　dig; dig up, mine／挖, 掘; 刨, 挖出／구멍을 뚫다, 파다, 캐다／đào, khai thác

①・地面に穴を**掘る**。　・井戸を**掘る**。　・トンネルを**掘る**。

②・畑で芋を**掘る**。　・化石燃料が**掘り**つくされる日がいずれ来るだろう。

130 まく　ヲまく　plant; distribute; give one's pursuers the slip／播（种）, 洒（水）; 撒; 甩掉, 摆脱／뿌리다, 따돌리다 ／gieo, tưới, tung ra, che giấu

①・畑に野菜の種を**まく**。　・庭に水を**まく**。　・節分の日に豆を**まいた**。

慣 自分でまいた種（・このけんかは**自分でまいた種**だから自分で刈るしかない。）

②・駅前でビラを**まいて**いた。

合 ①②ヲばら__

③・容疑者は刑事の尾行をうまく**まいて**逃げ去った。

131 はかる　ヲ計る／測る／量る　time; measure; weigh／计算; 测量; 称／재다, 달다／đo lường

［計］・時間を**計る**。　・お湯を入れて３分**計る**。　・体温を**計る**。

類 ヲ計測する

※時間や数値で表せるものを、時計など小さい計器を使って調べるときに使うことが多い。

［測］・山の高さを**測る**。　・地熱を**測る**。　・水深を**測る**。

類 ヲ測定する

※深さや高さなど数値で表せるものを、やや大きい器械を使って調べるときに使うことが多い。

［量］・荷物の重さを**量る**。　・ダムの貯水量を**量る**。

類 ヲ測量する

※重さや量などをはかりを使って調べるときに使うことが多い。

132 うらなう　ヲ占う　divine; predict／占卜, 算命／점치다, 예언하다／bói, tiên lượng

・来年の運勢を**占って**もらった。　・経済の動向を**占う**のは専門家にも難しい。

名 占い→［名詞］＋占い（・星**占い**、血液型**占い**）

10

133 **ひっぱる**　ヲ引っ張る　pull; persuade (a person) to join ~／拉, 拽; 拉拢／끌다, 당기다, 끌어들이다／kéo, thu hút

①・このひもを**引っ張る**と電気がつく。
・おもちゃ売り場から離れない子どもの手を**引っ張って**、外に出た。

②・「新入生をたくさん、うちのクラブに**引っ張って**こよう」

134 **つく**　ヲ突く　stab, prick; walk on ~, put one's seal on ~; attack; pierce／戳, 刺; 撑, 拄, 按; 说中; (味道) 冲鼻, 受刺激／치다, 찍다, 찌르다, 떠밀다, 짚다, 괴다／tấn công, đâm, xiên, chống, đóng (dấu), nhằm vào, xộc vào, nhói (tim)

①・けんかして相手の胸を手で**突いた**。　・フォークで肉を**突く**。
・針で指を**突いて**しまった。

②・転んでとっさに地面に手を**突いた**。　・つえを**ついて**歩く。　・書類に判を**つく**。

③・話の{核心／矛盾…}を**突く**。　・相手の不意を**突く**。

④・悪臭が鼻を**突いた**。　・母の涙に胸を**突かれた**。

135 **つきあたる**　ガ突き当たる　come to the end (of a street); run into, run up against／走到尽头; 碰到(困难, 问题)／막다르다, 부딪치다／đi kịch đường, đối mặt với

①・「この道をまっすぐ行って、**突き当たったら**左に曲がってください」
名 突き当たり☞コラム 5「道案内」

②・計画は予算不足という問題に**突き当たった**。

136 **たちどまる**　ガ立ち止まる　stop, stand still／站住, 停步／멈추어 서다／dừng lại

・道で声をかけられて**立ち止まった**。
・自分の人生はこのままでいいのか、少し**立ち止まって**考えてみたい。

137 **ちかよる**　ガ近寄る　approach／挨近, 靠近／다가가다, 가까이하다／đến gần, lại gần

・物音がしたので窓に**近寄って**外を見た。　・「この川は危険なので**近寄らないで**ください」
類 ガ近づく　合 近寄りがたい(・あの先生は立派すぎて**近寄りがたい**。)

138 **よこぎる**　ガ横切る　cross, traverse／横穿; 横过, 挡住／가로지르다, 스치다／đi ngang qua, chạy qua trước mắt

・道を**横切って**向こう側に渡った。　・何か黒いものが視界を**横切った**。

139 **ころぶ**　ガ転ぶ　fall (over); (things) turn out／跌倒, 摔跟头; 事态变化／넘어지다, 추세가 변하다／ngã, xoay vần, thay đổi

①・雪道ですべって**転んで**しまった。
合 ガ寝__(・ソファーに**寝転んで**テレビを見た。)

②・状況がどう**転んでも**、この計画には影響はない。

140 **つまずく**　ガつまずく　stumble; fail／绊倒, 摔倒; 受挫／발이 걸려 넘어질 뻔하다, 실패하다, 차질이 생기다／vấp, thất bại

①・道で石に**つまずいて**ころんでしまった。

②・映画製作は、資金集めの段階で**つまずいて**いる。　名 つまずき

141 **ひく**　ヲひく　run over／(车) 轧人, 撞车／치다／đâm (xe)

・車に**ひかれて**骨折した。
・線路内に入り込んで遊んでいた子どもが、電車に**ひかれて**死亡した。

142 おぼれる　　ガ溺れる　　drown; be addicted to, lose oneself in／溺水, 落水; 沉溺于, 迷恋／물에 빠지다, 빠지다／đuối nước

①・川に落ちて**おぼれて**いる子どもを助けた。

②・{酒／賭け事…}に**おぼれる**。

143 いたむ　　ガ痛む　　hurt, pain／痛, 疼／아프다, 괴롭다／đau, đau xót

・{歯／頭／足…}が**痛む**。　・苦しんでいる友人のことを思うと、心が**痛む**。

名 痛み

144 かかる　　ガかかる　　catch, suffer from／患病, 染病／(병에) 걸리다／mắc (bệnh)

・インフルエンザに**かかって**、学校を休んだ。

145 よう　　ガ酔う　　get drunk; feel sick; be intoxicated by／醉; 晕 (车、船等) ; 陶醉／술에 취하다, 멀미하다, 도취하다／say (rượu, tàu xe), say mê, mê man

①・酒に**酔う**。　・**酔った**勢いで、好きな人に告白した。

名 酔い→__が回る、__が覚める

合 二日酔い、ガ酔っぱらう(・夫はぐでんぐでんに**酔っぱらって**帰ってきた。)、酔っぱらい(・駅前で**酔っ払い**が騒いでいる。)

②・車に**酔う**ので、バス旅行に行けないのが残念だ。　・{船／飛行機…}に**酔う**。

合 乗り物酔い、船酔い、酔い止め(の薬)

③・観客はその歌手のすばらしい歌に**酔って**いた。　・彼は成功に**酔った**。

類 ガうっとりする

146 はく　　ヲ吐く　　breathe; vomit; blow; express／吐, 吐出; 呕吐; 喷出; 吐露／뱉다, 내쉬다, 토하다, 뿜어내다, 토로하다／thở ra, nôn

①・息を吸って**吐く**。

対 ヲ吸う

②・悪いものを食べたのか、胃の中のものを全部**吐いて**しまった。

合 ①②ヲ吐き出す(・火山が煙を**吐き出して**いる。)　慣 弱音を吐く、本音を吐く

147 みる　　ヲ診る　　examine, make a diagnosis／诊察, 看 (病) ／진찰하다／khám bệnh

・体の調子が悪いので医者に**診て**もらおう。　・医者が患者を**診る**。

類 ヲ診察する

148 みまう　　ヲ見舞う　　(go to the hospital and) visit; hit／探病, 访问; 遭受, 受害／문병하다, 찾아오다／thăm người ốm, ghé thăm, gặp phải

①・入院中の友だちをみんなで**見舞った**。

名 (お)見舞い

②・ここはたびたび台風に**見舞われる**地域だ。　・{災害／災難…}に**見舞われる**。

※受身形で使うことが多い。

149 つとめる　　ガ勤める　　work; be employed／工作, 任职／근무하다／làm việc

・会社に**勤める**。　・定年まで無事に**勤め**上げた。

合 勤め先、勤め口、勤め人、ガ／ヲ勤め上げる　類 ガ勤務する

名 勤め(・「お**勤め**はどちらですか」)→__に出る、__をやめる

11

150 **かせぐ**　　ヲ稼ぐ　　earn; gain; play for (time)／赚钱; 获得; 争取／벌다, 점수를 올리다, 시간을 끌다／kiếm (tiền), kiếm (điểm), câu (giờ)

①・大学時代はアルバイトで学費を**稼いだ**。　・1日1万円**稼ぐ**のは大変だ。

名稼ぎ→＿がいい⇔悪い　　合出稼ぎ→＿に行く

②・読解は苦手なので、日本語能力試験では、聴解で点を**稼ごう**と思う。

連点を＿

③・出演者の到着が遅れ、その間、司会者が話をして時間を**稼いだ**。

連時間を＿

151 **しはらう**　　ヲ支払う　　pay／支付, 付款／지불하다, 치르다／chi trả, trả

・買い物の代金をカードで**支払う**。　・給料は銀行振り込みで**支払われる**。

類ヲ払う　　名支払い

152 **うけとる**　　ヲ受け取る　　receive, get; take, understand／领取, 接收; 理解, 领会／받다, 해석하다／nhận, hiểu

①・着払いの荷物を、代金を払って**受け取った**。　・大学から合格通知を**受け取った**。

名受け取り

②・上司からの注意は、自分への期待だと**受け取る**ことにしている。

153 **はらいこむ**　　ニ＋ヲ払い込む　　pay in／缴纳, 交纳／납부하다／thanh toán vào

・今期の授業料を銀行に**払い込んだ**。　関ニ＋ヲ払う　　名払い込み→＿用紙

154 **はらいもどす**　　ニ＋ヲ払い戻す　　pay back; refund／退还, 付还／환불하다／trả lại

・電話会社は過大請求額を利用者の口座に**払い戻した**。

名払い戻し（・コンサートが中止になったのでチケット代の**払い戻し**が行われた。）

155 **ひきだす**　　ヲ引き出す　　withdraw; draw out／零钱, 提款; 引导出, 诱出／인출하다, 끌어내다／rút ra, xin, khơi gợi

①・銀行から生活費を**引き出した**。　・スポンサーから資金を**引き出す**のに成功した。

②・やっと社長からOKの返事を**引き出した**。　・コーチは選手の才能を**引き出した**。

名引き出し（・現金の**引き出し**　・机の**引き出し**にしまう。）

156 **もうかる**　　ガもうかる　　make a profit; be profitable／赚钱, 有赚头／벌리다, 벌이가 되다／có lời, lãi

・株で100万円**もうかった**。　・この商売は**もうかる**。

157 **もうける**　　ヲもうける　　make a profit; have (a child/children)／赚钱, 发财; 生（孩子）／벌다, 얻다／kiếm lời, kiếm được, có được

①・彼は株で100万円**もうけた**。　・事業で**もうけた**金を市に寄付した。

名もうけ→＿がある⇔ない

②・結婚して子どもを3人**もうけた**。

158 **おちこむ**　　ガ落ち込む　　decline, fall; feel depressed／跌落, 下降; （心情）郁闷／뚝 떨어지다, 빠지다, 침울해지다／đi xuống, giảm sút, buồn rầu

①・景気が**落ち込んで**、失業率が上がった。　・{業績／成績…}が**落ち込む**。

名落ち込み

②・仕事でミスをして**落ち込んだ**。　・「そんなに**落ち込まないで**」

159 **うれる** が売れる sell; be popular, be famous／卖出去, 脱手; 畅销, 出名／팔리다, 인기가 있다／bán được, bán chạy, nổi tiếng

①・このCDは100万枚**売れた**そうだ。　・その新商品は飛ぶように**売れた**。

合 売れ行き→＿がいい⇔悪い（・この商品は**売れ行き**がいい。）

②・M氏は今最も**売れている**{作家／歌手…}の一人だ。

合 売れっ子

160 **うりきれる** が売り切れる be sold out／全部售完, 脱销／다 팔리다, 매진되다／bán hết

・そのコンサートのチケットは1時間で**売り切れた**そうだ。

名 売り切れ

コラム 3 病院・病気・医療

Hospitals/Diseases/Medical treatment／医院・病, 生病・医疗／병원・병・의료／Bệnh viện, Bệnh tật, Y tế

◆**病院** hospital／医院／병원／Bệnh viện

【診療科目】 departments of medical examination／诊疗项目／진료과목／Khoa khám bệnh

内科	(department of) internal medicine／内科／내과／Khoa nội
循環器科	(department of) cardiovascular medicine／心血管科／순환기과／Khoa tim mạch
小児科	(department of) pediatrics／小儿科／소아과／Khoa nhi
外科	(department of) surgery／外科／외과／Khoa ngoại
整形外科	(department of) orthopedics／整形外科／정형외과／Khoa ngoại chỉnh hình
皮膚科	(department of) dermatology／皮肤科／피부과／Khoa da liễu
耳鼻咽喉科	(department of) otolaryngology／耳鼻喉科／이비인후과／Khoa tai mũi họng
眼科	(department of) ophthalmology／眼科／안과／Khoa mắt
精神神経科	(department of) psychiatry and neurology／神经科／신경정신과／Khoa tâm thần kinh
産婦人科	(department of) obstetrics and gynecology／妇产科／산부인과／Khoa sản
東洋医学科	(department of) Oriental medicine／中医科／동양의학과／Khoa Đông y
歯科	(department of) dentistry／牙科／치과／Khoa răng

◆**症状** symptom, condition／症状／증상／triệu chứng

熱がある	have a fever [temperature]／发烧／열이 있다／bị sốt
{頭／のど／筋肉／関節／腰／目／歯…}が痛い	feel pain, hurt／疼／아프다／đau
鼻水が出る	have a runny nose／流鼻涕／콧물이 나오다／chảy nước mũi
鼻がつまる	have a stuffy nose／鼻塞／코가 막히다／ngạt mũi
かゆい	itchy／痒／가렵다／ngứa
はれる	swell, get swollen／肿／붓다／sưng lên
むくむ	swell, become swollen [puffy]／浮肿／부어오르다／sưng, tấy
擦り傷	scratch／擦伤／찰과상／vết xước
切り傷	cut, incised wound／刀伤, 割伤, 砍伤／창상, 베인 상처／vết cắt
あざ	birthmark, bruise／青斑, 痣／멍／vết bớt
打ち身	bruise／青肿, 跌打损伤／타박상／vết bầm
足がつる	get a cramp／腿抽筋／다리에 쥐가 나다／chuột rút chân
肩がこる	have a stiff shoulder／肩头酸痛／어깨가 결리다／mỏi vai
耳鳴り(がする)	have a buzzing in one's ears／耳鸣／이명이다, 귀울음이 울리다／ù tai
体調をくずす	fall ill, be in bad health／身体欠佳／건강 상태가 나빠지다／bị ốm

◆**薬** medicine, drug／药, 药品／약／thuốc

かぜ薬	medicine for cold, cold remedy／感冒药／감기약／thuốc cảm cúm
解熱剤	antifebrile, antipyretic／退烧药／해열제／thuốc hạ sốt
鎮痛剤	painkiller; analgesic／止痛药／진통제／thuốc giảm đau
胃腸薬	digestive medicine／肠胃药／위장약／thuốc tiêu hóa
目薬	eye lotion [drops]／眼药水／안약／thuốc mắt
漢方薬	Chinese medicine, herbal medicine／中药／한방약, 한약／thuốc bắc
錠剤	pill, tablet／药丸, 药片／정제, 알약／thuốc viên
粉薬	powdered medicine／药粉, 面药／가루약／thuốc bột
カプセル	capsule／胶囊／캡슐／viên con nhộng
座薬	suppository／坐药／좌약／thuốc đặt
塗り薬	ointment, liniment／涂剂／바르는 약／thuốc mỡ bôi
湿布	poultice, fomentation／膏药／습포, 찜질／miếng vải ẩm
傷テープ	plaster／创伤胶带／반창고／băng vết thương
マスク	mask／假面；面罩；口罩；面具／마스크／khẩu trang

Unit 02 動詞A 練習問題 101～160

レベル ★☆☆☆

Ⅰ （　）に助詞を書きなさい。

1．この植物は乾燥（　）好む。
2．高熱（　）苦しむ。
3．変化（　）気（　）つく。
4．人（　）疑う。
5．石（　）つまずく。
6．友人（　）励ます。
7．友だち（　）見舞う。
8．会社（　）勤める。
9．商品（　）売れる。
10．服装（　）気（　）配る。
11．母の言葉（　）うなずく。
12．ゆか（　）手（　）突く。
13．道（　）横切る。
14．乗り物（　）酔う。
15．酒（　）おぼれる。
16．病気（　）かかる。
17．子どもが親（　）甘える。／親が子ども（　）甘やかす。

Ⅱ 「ます形」が名詞になる言葉に○を付けなさい。

例：占う→占い

好む　嫌う　かわいがる　願う　甘える　疑う　悲しむ　励ます
いばる　どなる　痛む　酔う　吐く　勤める　稼ぐ　支払う
転ぶ　つまずく　おぼれる　もうかる　もうける

Ⅲ 下から選んだ語といっしょにして、一つの言葉にしなさい。

例：引く＋出す→（引き出す）

1．立つ　→（　　　　）
2．突く　→（　　　　）
3．売る　→（　　　　）
4．受ける　→（　　　　）
5．払う　→（　　　　／　　　　）

当たる　切れる　込む　止まる　取る　戻す

Ⅳ いっしょに使う言葉を選びなさい。（　）の数字は選ぶ数です。

1．〔　さら　ふとん　カーペット　レール　ルール　〕を敷く。（3）
2．〔　数　年　時間　温度　重さ　〕をはかる。（3）
3．〔　つえ　はん　人の足　ベル　〕をつく。（2）
4．〔　あな　いも　水　石炭　川　〕を掘る。（3）
5．〔　息　うそ　呼吸　本音　食べた物　〕を吐く。（3）

Ⅴ　反対の意味の動詞を書きなさい。

1. 好む ⇔(　　　　　　)　2. 疑う ⇔(　　　　　　)　3. 悲しむ ⇔(　　　　　　)

Ⅵ　いっしょに使う言葉を下から選んで書きなさい。11、12は適当な形にすること。

1. ピストルを(　　　　　　)。　2. ボールを(　　　　　　)。
3. ボートを(　　　　　　)。　4. りんごを(　　　　　　)。
5. 種を(　　　　　　)。　6. 運勢を(　　　　　　)。
7. ひもを(　　　　　　)。　8. コップにビールを(　　　　　　)。
9. 金を(　　　　／　　　　)。　10. 頭から水を(　　　　　　)。
11. 医者に(　　　　　　)もらう。　12. 災害に(　　　　　　)。

うつ	うらなう	かじる	かせぐ	かぶる	こぐ	つぐ
ひっぱる	ほうる	まく	みまう	みる	もうける	

Ⅶ　(　　　)に入る言葉を下から選び、適当な形にして書きなさい。

1. 「ミスをしたからといって、そんなに(　　　　　　)ください」
2. 好きなチームが負けて、本当に(　　　　　　)。
3. 川に落ちて、(　　　　　　)そうになった。
4. これくらいの傷、(　　　　　　)おいても自然に治るだろう。
5. 「すみません、その荷物、じゃまなので、(　　　　　　)ください」
6. 道で、車に(　　　　　　)死んでいるネコを見て気分が悪くなった。
7. 田口(たぐち)さんは仕事を(　　　　　　)帰ってしまった。無責任だ。
8. 道に(　　　　　　)込んでいるお年寄りに、「だいじょうぶですか」と声をかけた。
9. 雪の日に道で(　　　　　　)足の骨を折ってしまった。
10. 先日の地震のとき、動物園では動物たちが(　　　　　　)大変だったそうだ。
11. 「あぶないから、事故現場には(　　　　　　)ようにしてください」
12. 「これ、田舎のおみやげです。どうぞ」
　「ありがとうございます。それでは、お言葉に(　　　　　　)……」
13. 初めて試合に出られることになり、弟は毎日(　　　　　　)練習している。

あばれる	あまえる	おちこむ	おぼれる	がっかりする	ころぶ	
しゃがむ	ちかよる	どける	はりきる	ひく	ほうりだす	ほうる

12

161 **くっつく** ガくっ付く　stick (to); follow around／紧贴在一起／들러붙다, 바싹 붙어 가다／dính liền, bám

・磁石と磁石が**くっついて**離れない。　・靴の底にガムが**くっついて**しまった。

・３才の娘はいつも私に**くっついて**離れようとしない。

類 ガ付く

162 **くっつける** ヲくっ付ける　stick, locate ~ close together／把……贴上／붙이다／ghép, áp sát

・机と机を**くっつけて**並べた。　・ソファーが小さいので互いに体を**くっつけて**座った。

類 ヲ付ける

163 **かたまる** ガ固まる　harden, jell; gather; consolidate, solidify／凝固, 固定; 达成一致; 稳固, 稳定／굳다, 한데 모이다, 뭉치다, 확고해지다／đông, cứng, tập trung, vững, chắc

①・液体にゼラチンを入れると**固まって**ゼリーになる。

名 固まり

②・この町では、公共施設は駅の東側に**固まっている**。

・「クラスでは同じ国の人同士で**固まらず**、いろいろな国の人と話すようにしましょう」

③・基礎が**固まって**から、難しいことに挑戦した方がいい。

・{方針／考え／決心／結束／容疑…}が**固まる**。

164 **かためる** ヲ固める　make hard, gather; consolidate, fortify; collect／使……凝固; 使……固定; 定下; 巩固, 加强／굳히다, 한데 모으다, 굳히다, 굳게 지키다, 구성하다／làm đông, tập trung, tạo, xây dựng, thiết lập

①・ジュースを**固めて**ゼリーを作った。

②・みんなの荷物を部屋の隅に**固めて**置いておいた。

③・{基礎／決心／結束／方針…}を**固める**。

④・{守り／国境…}を**固める**。

⑤・チームのメンバーをベテランで**固める**。

165 **ちぢむ** ガ縮む　shrink, shorten／缩, 收缩, 退缩／줄다, 작아지다, 움츠러들다／co lại, rút ngắn

・洗濯したらセーターが**縮んで**しまった。　・年を取ると背が**縮んで**くる。

合 ガ縮み上がる（・あまりの恐さに**縮み上がった**。）　対 ガ伸びる　名 縮み

慣 身が縮む（・人前で大失敗して**身が縮む**思いだった。）

166 **ちぢまる** ガ縮まる　shrink, shorten／缩小, 缩短／줄어들다／bị thu hẹp

・マラソンの世界記録はだんだん**縮まっている**。　・トップとの差が**縮まって**きた。

対 ガ伸びる

167 **ちぢめる** ヲ縮める　shorten／使……收缩, 使……变小／줄이다, 단축시키다, 움츠리다／rút ngắn

・ズボンが長すぎたので少し丈を**縮めた**。　・２位のランナーが１位との{距離／差}を**縮めた**。

対 ヲ伸ばす

慣 身を縮める（・寒さで**身を縮める**。）、命を縮める（・酒で**命を縮める**。）

168 **しずむ**　　**が沈む**　　sink; set; cave in; get depressed／下沉; 太阳落山; 下降; 消沉／가라앉다, 지다, 침울해지다, 차분하다／chìm, lặn, lún, lắng xuống, trầm

①・台風で船が海に**沈んだ**。　・ダムの建設で村が水に**沈んだ**。

合 浮き沈み（・**浮き沈み**の激しい人生）　対 が浮く☞687、が浮かぶ☞685

関 が沈没する

②・太陽が**沈む**。

対 が昇る

③・地下水をくみ上げすぎて地盤が**沈んだ**。

④・{気持ち／気分／気}が**沈む**。　・**沈んだ**{表情／声／色…}

169 **しずめる**　　**ヲ沈める**　　sink; sink ~ into ~／弄沉; 使……陷入, 沉入／가라앉히다, 몸을 깊이 묻다／nhấn chìm, đặt xuống

①・台風が船を海に**沈めて**しまった。　・このガラスは、水に**沈める**と見えなくなる。

②・ソファーに深く体を**沈めて**座った。

170 **さがる**　　**が下がる**　　be hanged; drop／垂悬, 悬挂; 降低, 下降／드리워지다, 늘어지다, 처지다／được treo, tụt xuống

①・電灯からひもが**下がっている**。　・店のドアに「営業中」の札が**下がっている**。

合 がぶら__（・たこが木の枝に**ぶら下がっている**。）

②・壁にかけた絵の、右の方が少し**下がっていた**。

171 **さげる**　　**ヲ下げる／提げる**　　lower, bow; hang; carry／放低, 降下; 低下头; 吊, 挂; 提, 挎／드리우다, 매달다, 낮추다, 숙이다, 들다, 차다／hạ, cúi, treo, mang, vác

①・日差しが強いので、ブラインドを**下げた**。　・「すみません」と頭を**下げた**。

②・窓のそばに風鈴を**下げた**。　・店のドアに「本日休業」の札を**下げた**。

③・荷物を手に**提げて**持つ。　・肩からかばんを**提げる**。

※③の意味では「提げる」と書くことが多い。

合 ②③ヲぶら__

コラム 4　あいさつ　　Salutations／寒暄语／인사／lời chào

・久しぶりに話すとき／手紙を書くとき……「お久しぶりです」「ご無沙汰しております」

・先に行く／帰るとき……「お先に(失礼します)」

・お祝いを言うとき……「おめでとうございます」

・世話をしてもらったとき／帰国、転勤、引っ越しなどのとき……「お世話になりました」

・相手に頼んで何かを調べてもらったり、してもらったりしたとき……「お手数をおかけしました」

・目下の人に何かをしてもらったとき……「ご苦労様」　※目上には使えない。

・相手を待たせたとき……「お待たせしました」「お待ちどおさまでした」

・１年の初め……「明けましておめでとうございます」

・年末最後の別れのとき……「良いお年を」

・宅配業者や集金人などに……「お世話様でした」

・頼むときの前置き……「ごめん」「悪いけど」「すみませんが」「申し訳ありませんが」「恐れ入りますが」

172 **ころがる**　ガ転がる　roll; lie (down); lie around／滚; 倒下; 扔着／구르다, 넘어지다, 눕다, 아무렇게나 놓여 있다, 얼마든지 있다／lăn, nằm, lăn lóc, lan truyền

①・ボールが**転がる**。　・坂道を**転がって**落ちた。

合 ガ転がり落ちる　類 ガ転げる→ガ転げ落ちる、ガ転げ回る、ガ笑い転げる

②・ベッドに**転がって**本を読んだ。

合 ガ寝＿

③・山道に石がたくさん**転がっている**。　・そんな話はどこにでも**転がっている**。

173 **ころがす**　ヲ転がす　roll; roll over; leave／使……滚动; 翻倒; 放下／굴리다, 넘어뜨리다, 아무렇게나 놓다／ném, làm lăn, để

①・ボーリングの球を**転がして**ピンを倒す。　・さいころを**転がす**。

②・手が当たってビールびんを**転がして**しまった。

③・「荷物は適当にその辺に**転がして**おいてください」

174 **かたむく**　ガ傾く　lean, tilt; sink; lean (in favor of ~); decline／倾斜; 日头偏西; 倾向于……; 衰落／비스듬해지다, 지려고 하다, 기울다／nghiêng, lặn, lao đao

①・地震で塀が**傾いて**しまった。

名 傾き

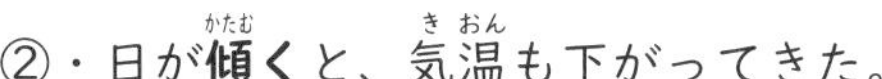

②・日が**傾く**と、気温も下がってきた。

③・議論するにつれ、人々の意見は反対に**傾いて**きた。

④・経営の失敗により、会社が**傾いた**。　・{家／国…}が**傾く**。

175 **かたむける**　ヲ傾ける　lean, tilt; devote oneself to ~／使……倾斜; 倾注／기울이다, 쏟다／nghiêng, dồn sức

①・あの子はわからないことがあると、首を**傾ける**くせがある。

・びんを**傾けて**中身を出した。

②・彼は若いころから研究に情熱を**傾けて**いた。

慣 耳を傾ける（・学生たちは先生の話に**耳を傾けた**。）

176 **うらがえす**　ヲ裏返す　turn over／翻过来／뒤집다／lật ngược

・「この書類を書き終わったら、**裏返して**机の上に置いてください」

類 ヲひっくり返す☞734　名 裏返し（・セーターを**裏返し**に着て外出してしまった。）

自 ガ裏返る（・机に置いた紙が風で**裏返った**。）

177 **ちらかる**　ガ散らかる　litter; be in a mess／零乱, 放得乱七八糟／흩어지다, 널브러지다／bừa bộn, lộn xộn

・兄の部屋はいつも**散らかっている**。　・部屋に雑誌が**散らかっている**。

178 **ちらかす**　ヲ散らかす　litter, scatter; mess up／弄得乱七八糟／어지르다, 흩뜨리다／làm bừa, làm lộn xộn

・うちの子はすぐに部屋を**散らかして**しまう。　・部屋に雑誌が**散らかして**ある。

179 **ちらばる**　ガ散らばる　scatter, spread, disperse／分散; 分布／어질러지다, 흩어지다, 산재하다／rải rác, phân tán, tản mát

①・路上にごみが**散らばっている**。　・夜空に星が**散らばっている**。

類 ガ散乱する

②・彼の子孫は日本中に**散らばっている**。

180 **きざむ　ヲ刻む**　cut (a thing) into fine pieces; tick away; engrave, carve; engrave [stamp] (on one's mind)／切细, 剁碎; 刻画时间; 雕刻／잘게 썰다, 잘게 구분 짓듯 진행되어 가다, 새기다／cắt nhỏ, kêu tích tắc, khắc, khắc ghi

①・キャベツを**刻んで**いためる。

②・時計が時を**刻む**。

③・石に文字を**刻む**。　・大きな岩を**刻んで**仏像を彫る。

　関 ヲ彫刻する

④・父の言葉を胸に**刻む**。　・祖母の顔には深いしわが**刻まれて**いた。

181 **はさまる　　が挟まる**　get caught; be caught in a dilemma／卡; 夹, 处／사이에 끼이다／bị kẹp, bị mắc kẹt

①・コートが電車のドアに**挟まって**抜けない。

②・会社で上司と部下の間に**挟まって**、彼女は苦労しているようだ。

182 **はさむ　　ヲ挟む**　sandwich, put; catch; break in／夹; 插嘴／끼우다, 말참견하다／kẹp, nói chen vào

①・「電車のドアに**はさまれない**ようご注意ください」　・パンにハムと卵を**はさむ**。

②・彼はすぐ人の話に横から口を**はさむ**ので困る。

　慣 口を挟む

183 **つぶれる　が潰れる**　be crushed; collapse; go bankrupt; waste (time)／压坏; 告吹; 倒闭; (时间) 浪费／찌부러지다, 깨지다, 부서지다, 파산하다, 소비되다, 손상되다／vỡ, sụp đổ, thất bại, lãng phí (thời gian)

①・箱が落ちて、中のケーキが**つぶれて**しまった。

②・資金不足で計画が**つぶれて**しまった。　・せっかくのチャンスが**つぶれて**しまった。

③・会社が**つぶれた**。

　類 が倒産する

④・会議で半日**つぶれて**しまった。

慣 {顔／面子}がつぶれる

184 **つぶす　ヲ潰す**　crush; collapse; bankrupt; kill (time); waste (time)／捣碎; 错过 (机会); 使破产; 打发 (时间)／으깨다, 찌그러뜨리다, 망치다, 파산시키다, 시간을 보내다, 손상하다／nghiền, làm bẹp, làm hỏng, giết (thời gian)

①・ゆでたじゃがいもを**つぶして**サラダを作った。

　・空き缶やペットボトルは、**つぶして**からゴミに出すとよい。

　合 ヲ踏み＿、ヲ握り＿、ヲ押し＿

②・せっかくのチャンスを**つぶして**しまった。

　連 チャンスを＿

③・彼は、経営力のなさから会社を**つぶして**しまった。

④・友だちを待っている間、本屋で時間を**つぶした**。

　連 時間を＿

慣 {顔／面子}をつぶす

185 **へこむ　　がへこむ**　dent; get depressed／凹陷; 垂头丧气／우그러들다, 움푹 들어가다, 낙담하다／bẹp, lõm, chán nản

①・木にぶつかって車が**へこんだ**。

　名 へこみ

②・試験を受けても次々に落ちるので**へこんで**しまった。

186 **ほどける**　　　ガほどける　　come untied; (tension) is released／松开; 解开／풀리다／tuột, được giải tỏa

①・靴のひもが**ほどけた**。

②・彼女の冗談で、みんなの緊張が**ほどけた**。

類 ガ解ける

187 **ほどく**　　　ヲほどく　　untie; unravel; untangle／解开; 拆开; 解除／풀다, 뜯다／tháo, tháo gỡ, tháo ra

①・荷物のひもを**ほどいて**中のものを出す。　・彼女は結んであった髪をパラリと**ほどいた**。

・両国間のからまった糸を**ほどいて**、友好関係を築く。

類 ヲ解く

②・古い服を**ほどいて**縫い直す。

188 **かれる**　　　ガ枯れる　　wither, die／凋零, 枯萎／시들다／khô héo

・害虫のせいで、木が**枯れて**しまった。

189 **からす**　　　ヲ枯らす　　wither ~／使……枯萎／시들게 하다, 말려 죽이다／làm khô héo

・病気が発生し、多くの木を**枯らして**しまった。

190 **いたむ**　　　ガ傷む　　be damaged; spoil／腐败, 变坏／(음식이) 상하다／hỏng

・生魚は**傷み**やすいから、早く食べた方がいい。

名 傷み→__が早い、__が激しい

191 **しめる**　　　ガ湿る　　become damp; moisten／潮湿／눅눅해지다, 축축해지다／ẩm, ẩm ướt

・朝干した洗濯物がまだ**湿っている**。　・{空気／部屋／服／髪…}が**湿る**。

合 湿り気、湿っぽい　　関 湿気、湿度、ガ乾燥する☞299　　名 湿り

192 **こおる**　　　ガ凍る　　freeze／冻, 结冰／얼다／đông đá

・水が**凍る**。　・水道(管)が**凍る**。　・冷凍庫の中でパンがかちかちに**凍っている**。

関 氷

193 **ふるえる**　　　ガ震える　　tremble, shake; vibrate／发抖, 哆嗦; 震动／떨리다, 흔들리다／run, run rẩy

①・寒さ{に／で}手足がぶるぶる**震えた**。　・{恐怖／怒り…}に体が**震える**。

・{喜び／期待／感動…}で胸が**震える**。　・緊張で{声／手…}が**震える**。

合 ガ震え上がる　　名 震え

②・道路工事の振動で窓ガラスががたがた**震えた**。

194 **かがやく**　　　ガ輝く　　shine; look bright／放光, 闪耀; 洋溢／빛나다, 반짝이다／tỏa sáng, nhìn rạng ngời

①・空に太陽が**輝いている**。　・彼女の指には大きなダイヤモンドが**輝いていた**。

②・優勝した選手の顔は喜びに**輝いていた**。

名 ①②輝き

195 **あふれる**　　　　　ガあふれる　　flood; be crowded; be full of／溢出; 挤满; 充满／흘러 넘치다, 넘칠 만큼 많다／tràn, ngập tràn

①・大雨で川の水が**あふれた**。　・悲しくて、目から涙が**あふれ**そうになった。

②・祭りの前なので、町には観光客が**あふれて**いる。

③・大統領は自信に**あふれた**態度でスピーチをした。　・喜びに**あふれた**表情

196 **あまる**　　　　　ガ余る　　be left (over)／余, 剩下／남다／thừa

・作り過ぎて料理が**余って**しまった。　・10を3で割ると1**余る**。　・時間が**余る**。

名 余り

197 **めだつ**　　　　　ガ目立つ　　be outstanding; remarkably／显眼, 引人注目; 明显／눈에 띄다, 두드러지다／nổi bật, nổi, đáng kể

①・彼女は背が高いので**目立つ**。　・この洋服は白いので汚れが**目立ち**やすい。

・彼は教室では**目立たない**存在だった。

②・最近彼女は**目立って**日本語が上達した。

※「目立って」は副詞的に使う。

198 **みおろす**　　　　　ヲ見下ろす　　look down／俯视, 往下看／내려다보다／nhìn xuống

・このビルの屋上から町が**見下ろせる**。　・木の上からカラスが私を**見下ろして**いた。

対 ヲ見上げる☞384

199 **たたかう**　　　　　ガ戦う／闘う　　make war; fight; fight (in a court); struggle with ～／打仗; 竞争, 比赛; 抵抗, 作斗争／싸우다, 겨루다, 다투다, 맞서다／tranh đấu, thi đấu, đấu tranh

①・国と国とが領土をめぐって**戦う**。

類 ガ／ヲ争う、ガ戦争する　　関 武力、武器

②・オリンピックでは各国が正々堂々と**戦った**。　・選挙で10人の候補が**戦った**。

類 ガ／ヲ争う　　関 ①②[名詞]＋戦（・決勝**戦**、優勝**戦**、選挙**戦**、地上**戦**）

③・賃金をめぐって労働者側と会社側が**闘った**。　・裁判で**闘って**勝った。

類 ガ／ヲ争う、ガ闘争する

④・{悪／不正／困難／偏見／病気／眠気…}と**闘う**。

※「戦」は戦争・試合・選挙などに、「闘」は抽象的な対象や小さい範囲の争いに用いることが多い。

名 ①～④戦い／闘い

200 **やぶれる**　　　　　ガ敗れる　　be defeated／输, 败北／지다, 패하다／bại trận, thua

・試合に**敗れる**。　・選挙で現職が新人に**敗れた**。

類 ガ負ける、ガ敗北する

他 ヲ破る（・強敵を**破って**2回戦に進んだ。）

201 **にげる**　　　　　ガ逃げる　　run away, escape; evade／逃, 逃脱; 避开, 逃避／도망치다, 피하다／bỏ trốn, tảng lờ, trốn tránh

①・犯人は海外に**逃げた**らしい。　・〈ことわざ〉**逃げる**が勝ち

②・社長に給料値上げを交渉したが、うまく**逃げられた**。

・「つらいことから**逃げず**に、立ち向かっていこう」

類 ①ガ逃亡する　①②ガ逃れる

15

202 **にがす** ヲ逃がす

set ~ free; let ~ escape; miss／放, 放掉; 放跑, 没抓住／놓아주다, 놓치다／làm tuột mất, bỏ lỡ

①・魚を釣ったが、小さいので**逃がして**やった。

②・犯人を追いかけたが、混雑の中で**逃がして**しまった。

・せっかくのチャンスを**逃がして**しまった。

類ヲ逃す　関ヲ見逃す

203 **もどる** ガ戻る

return (to); go back to; recover／回; 回去, 返回; 恢复／되돌아가다, 되돌아오다／quay về, trở về, quay lại

①・忘れ物をしたのに気付いて、家に**戻った**。

類ガ引き返す☞1017

②・「席に**戻って**ください」　・サケは生まれた川に**戻る**。

・{旅行／買い物／会社／学校／出先…}から**戻る**。

類①②ガ帰る

③・記憶が**戻る**。　・意識が**戻る**。　・事故で乱れていたダイヤが平常に**戻った**。

204 **もどす** ヲ戻す

put back; set back; vomit／放回; 使……倒退; 吐／되돌리다, 토하다／đưa về, quay trở lại, trả lại

①・「物は元にあった場所に**戻しなさい**」　・「話を元に**戻す**と、……」　・計画を白紙に**戻す**。

・{わかめ／しいたけ…}を水で**戻す**。

連白紙に__

②・時計の針を**戻せる**ものなら**戻したい**。

③・車酔いで食べたものを全部**戻して**しまった。

類ヲ吐く☞146

205 **はまる** ガはまる

fit (in ~); get stuck, fall into ~; fall into ~; be addicted to ~／套上, 扣上; 正好合适; 陷入, 掉进; 中计; 上瘾, 迷上／꼭 끼이다, 들어맞다, 빠지다／nằm ở, bị mắc kẹt, sập, nghiện, mê mải

①・彼の薬指には指輪が**はまっていた**。　・{ボタン／手袋…}が**はまらない**。

・{型／枠／条件…}に**はまる**。

②・車のタイヤが溝に**はまって**動けなくなった。　・{池／水たまり／穴…}に**はまる**。

③・わなに**はまる**。

④・最近ゲームに**はまっている**。

合ガ当て__☞754

206 **はめる** ヲはめる

fasten, put on ~; fit ~ into ~; entrap／扣上, 戴上, 装上; 欺骗, 使人上当／끼다, 끼우다, 채우다, 빠뜨리다／đóng, kẹp, bẫy, đưa vào

①・寒いので、上着のボタンを全部**はめた**。　・{手袋／指輪／キャップ…}を**はめる**。

②・窓枠にガラスを**はめる**。

③・相手をわなに**はめる**。

合ヲ当て__☞754

207 **あつかう** ヲ扱う handle; treat; sell; deal with／使用; 对待; 经营, 管; 处理／다루다, 취급하다, 대하다／sử dụng, đối xử, bán, áp dụng

①・「壊れやすいものですから、ていねいに**扱って**ください」

②・〈商店で〉「○○、ありますか」「すみません、当店では**扱って**おりません」

・この雑誌で芸能ニュースを**扱う**ことはめったにない。

類①②ヲ取り扱う

③・教師は学生たちを公平に**扱わなければ**ならない。

④・交通費の面では、中学生は大人として**扱われる**。

・受験のために欠席した場合は、出席として**扱われる**のがふつうだ。

名①～④扱い→④[人]＋扱い(・子ども**扱い**、老人**扱い**、病人**扱い**)

208 **かかわる** ガ関わる have to do with ~; affect／与……有关, 涉及到／관계되다, 관여하다, 상관하다／liên quan, ảnh hưởng

①・将来は子どもの教育に**関わる**仕事がしたい。　・もうあの人とは**関わり**たくない。

類ガ関係する、関係がある　名関わり→__がある⇔ない

②・検査の結果、命に**関わる**病気ではないことがわかった。

209 **めざす** ヲ目指す head, go toward; aim for／向着; 以……为目标／목표로 하다, 노리다／phấn đấu, hướng đến

①・選手たちはゴールを**目指して**走り出した。

②・彼はT大学を**目指して**いる。　・彼が**目指して**いるのは首相の座だ。

類ヲ狙う☞1043　関目標

210 **たつ** ガ立つ(発つ) leave／离开, 出发／출발하다／rời, xuất phát

・8月末に海外赴任でヨーロッパへ**立つ**予定だ。　・10時30分の便で成田空港を**発った**。

類ガ出発する

211 **むかえる** ヲ迎える welcome; take; install; reach／欢迎; 迎接; 聘请; 迎来／맞다, 맞아들이다, 모시다／đón, chào đón, bầu, bổ nhiệm

①・あの店はいつも客を笑顔で**迎える**。　・優勝チームは拍手で**迎えられた**。

名迎え(・**迎え**の車が来た。)

②・彼は妻を**迎えた**。　・転校生を温かく**迎えよう**。

③・田中氏を{学長／理事長／会長…}に**迎える**。

④・{新年／春／誕生日／老い／死…}を**迎える**。

212 **もてる** ガ持てる (ability) that one has; be popular with／能持有; 受欢迎／가질 수 있다, 인기가 있다／có được, được ưa thích

①・「**持てる**力を十分に発揮してください」

②・彼は女性に**もてる**。

※②はひらがなで書く。

213 **たとえる** ヲ例える compare, liken／比喻／비유하다／ví von

・人生はよく旅に**たとえられる**。　・恋人を太陽に**たとえる**。

名たとえ

16

214 **つとめる**　　ガ努める　　try, endeavor; make an effort to／努力; 尽力／노력하다, 힘쓰다／nỗ lực, gắng sức

①・できるかぎり問題の解決に**努めたい**。

②［副 努めて］・心配ごとがあっても、**努めて**明るくふるまった。

215 **つとまる**　　ガ務まる　　be fit (for)／能担任, 胜任／맡은 바 임무를 할 수 있다／phù hợp

・こんな難しい役が私に**務まる**だろうか。　・{役職／仕事…}が**務まる**。

216 **つとめる**　　ヲ務める　　serve as／担任／역할을 하다, 맡다／làm

・会議で議長を**務めた**。　・4年間首相を**務めた**。

名 務め(・子どもの教育は親の**務め**だ。)→__を果たす

217 **とりけす**　　ヲ取り消す　　cancel, take back／取消, 撤销／취소하다／hủy, rút lại

①・仕事が忙しくなり、飛行機の予約を**取り消した**。

類 ヲキャンセルする☞826

②・「ただ今申し上げたことは**取り消します**」

名 ①②取り消し

218 **おえる**　　ヲ終える　　finish／做完, 结束／끝내다, 마치다／hoàn tất

・今日は6時までに仕事を**終えて**退社するつもりだ。

・新入社員たちは研修を**終える**と、各地の支店に配属された。

・祖父は家族に見守られて90年の生涯を**終えた**。

自・他 終わる　　対 ヲ始める

219 **よびかける**　　ガ／ヲ呼びかける　　call, address; appeal to／呼唤; 号召／말을 걸다, 부르다, 호소하다／gọi, kêu gọi

①・意識不明の母に**呼びかけた**。

②・仲間に**呼びかけて**、寄付金を集めた。　・平和の大切さを世界に**呼びかけ**よう。

名 ①②呼びかけ

220 **よびだす**　　ヲ呼び出す　　summon; call up／传唤; 叫出来／불러내다／triệu hồi, gọi ra

①・学費を払っていなかったので、事務局に**呼び出された**。

②・急ぎの用事だったので、学校に電話をして子どもを**呼び出して**もらった。

名 ①②呼び出し(・「お客様のお**呼び出し**を申し上げます」　・学校から**呼び出し**を受けた。)

道案内

Guidance／路标; 向导／길 안내／chỉ dẫn đường

【道】 road, street, way／道路／길 , 도로／đường

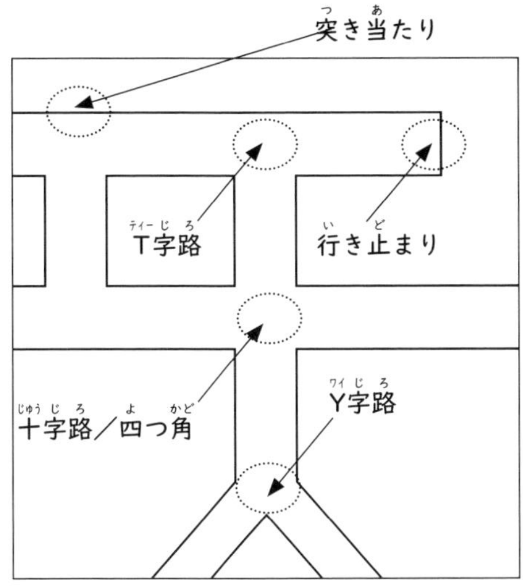

横道 side road／岔道, 歧路／횡도 , 가로로 난 길／đường phụ

脇道 side road, byroad／岔道／옆길 , 샛길／đường phụ

路地 lane, alley／胡同, 小巷／골목길／ngõ

交差点 intersection／十字路口／교차점／ngã tư

ロータリー rotary／交通岛, 环形交叉／로터리／vòng xoay, bùng binh

一方通行 one-way traffic／单行道／일방통행／đường một chiều

通り street／大街, 马路／길 , 도로／đường, phố

大通り main street, avenue／大道, 大路, 马路／큰길 , 대로／đại lộ

バス通り bus lane／公共汽车道／버스가 다니는 길／làn xe buýt

車道 roadway／车道, 机动车道／차도／làn ô tô

歩道 sidewalk／人行道／보도／vỉa hè

自転車道 bicycle path／自行车道, 非机动车道／자전거 도로／đường dành cho xe đạp

近道 shortcut／近路, 抄道／지름길／đường tắt

回り道 detour／绕道, 绕远／돌아가는 길 , 우회로／đường vòng

う回路 detour, bypass／迂回路／우회로／đường vòng

遠回り detour, roundabout way／绕道／멀리 돎／đi vòng vèo

・〈～を〉右に曲がる／右折する

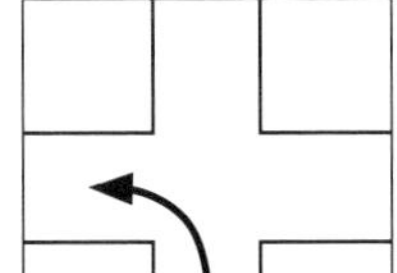

・〈～を〉左に曲がる／左折する

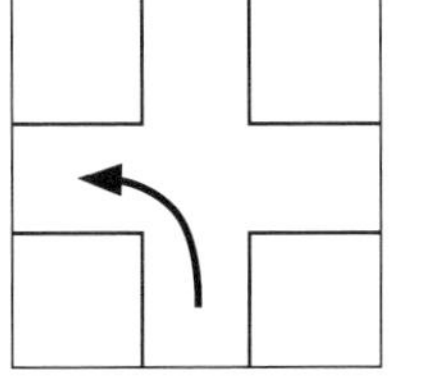

・〈～を〉まっすぐ進む／直進する

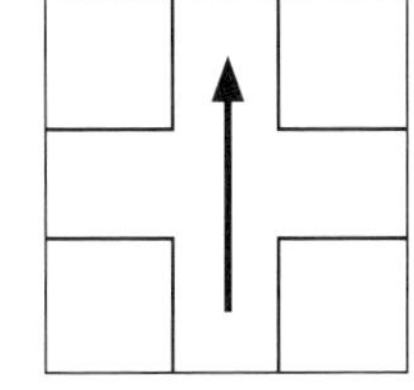

・〈～を〉道なりに進む

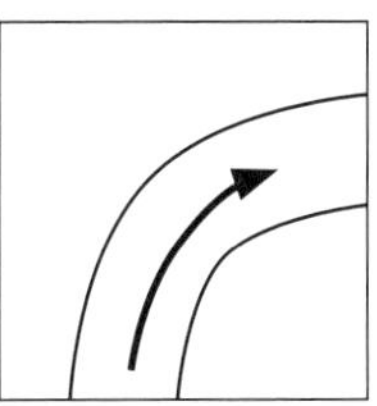

・〈～に〉沿って進む

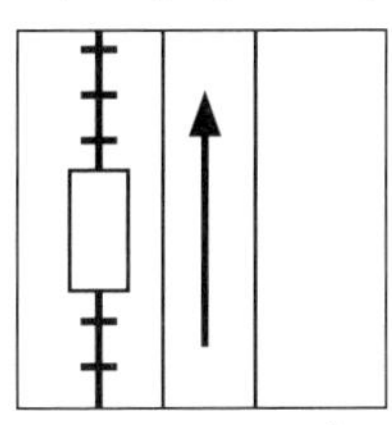

・〈～に〉出る(例. 狭い道から大通りに出る。)

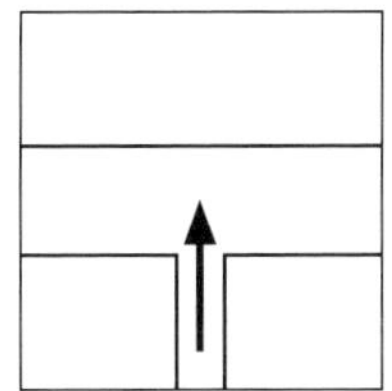

・〈～に〉それる(例. 大通りから脇道にそれる／大通りをそれて脇道に入る。)

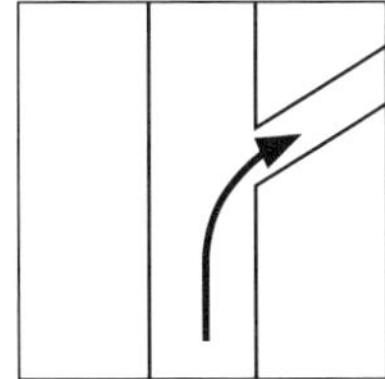

【設備】 equipment, facilities／设备／설비／thiết bị, cơ sở vật chất

信号 traffic lights／信号灯／신호등／đèn hiệu giao thông

(道路／交通)標識 road sign/traffic sign／道路标志 / 交通标志／도로 표지 / 교통 표지／biển báo (đường, giao thông)

歩道橋／陸橋 pedestrian overpass/overhead bridge／人行过街天桥 / 高架桥, 步道桥／보도교 / 육교／cầu đi bộ, cầu vượt

横断歩道 pedestrian crossing／人行横道／횡단보도 , 건널목／đường cắt ngang để đi bộ

ガードレール guardrail, crash barrier／道路护栏／가드레일／barie rào chắn

カーブミラー road mirror／道路转弯处的凸面镜／도로 반사경／gương cầu lồi

中央分離帯 median strip, divider／上下车道分界处／중앙분리대／dải phân cách giữa

Unit 02 動詞A 練習問題 161 ～ 220

レベル ★☆☆☆

Ⅰ （　）に助詞を書きなさい。

1．机（　）机（　）くっつける。
2．船が海（　）沈む。
3．目（　／　）涙（　）あふれる。
4．敵（　）戦う。
5．感動（　／　）胸が震えた。
6．研究（　）情熱（　）傾ける。
7．穴（　）はまる。
8．相手チーム（　）敗れる。
9．家（　）戻る。／旅行（　）戻る。／意識（　）戻る。
10．優勝（　）目指す。
11．人生（　）旅（　）例える。
12．命（　）関わる病気
13．彼女は男性（　）もてる。
14．解決（　）努める。
15．議長（　）務める。
16．子ども（　）呼びかける。
17．子ども（　）電話で呼び出す。

Ⅱ 下の表を完成させなさい。

自動詞	他動詞	自動詞	他動詞
沈む	1．	はさまる	5．
はまる	2．	務まる	6．
3．	つぶす	戻る	7．
逃げる	4．	8．	ほどく

Ⅲ 「ます形」が名詞になる言葉に○を付けなさい。　例：余る→余り

扱う　傷む　ほどける　固まる　傾く　輝く　目立つ　つかまる
戦う　はまる　目指す　裏返す　呼び出す　へこむ　務める

Ⅳ ＿＿＿の言葉と反対の意味の言葉を書きなさい。

1．縮む　⇔（　）
2．終える　⇔（　）
3．敗れる　⇔（　）
4．ひもをほどく　⇔（　）
5．水に沈む　⇔（　）
6．太陽が沈む　⇔（　）
7．道が乾いている　⇔（　）
8．空気が乾いている　⇔（　）

Ⅴ いっしょに使う言葉を選びなさい。（　）の数字は選ぶ数です。

1．〔　空気　液体　決心　基礎　緊張　〕が固まる。（3）
2．〔　絵　札（ふだ）　バッグ　頭　手　〕をさげる。（3）
3．〔　時間　会社　おなか　空き缶　チャンス　天気　〕をつぶす。（4）

Ⅵ　いっしょに使う言葉を下から選びなさい。

1．（　　　　　　）が転がる。　　2．（　　　　　　）が凍る。
3．（　　　　　　）が枯れる。　　4．（　　　　　　）が輝く。
5．（　　　　　　）を細かく刻む。　6．地震で（　　　　　　）が傾く。
7．（　　　　　　）を取り消す。　8．試験が易しいと（　　　　　　）が余る。
9．（　　　　　　）を呼びかける。　10．（　　　　　　）が傷む。

家　食べ物　木　寄付　時間　太陽　ボール　水　野菜　予約

Ⅶ　正しい言葉を〔　　　〕の中から一つ選びなさい。

1．1位と2位の差が〔　縮めた　縮まった　縮んだ　〕。
2．ズボンの丈を〔　縮めた　縮まった　縮んだ　〕。
3．机の上がいつも〔　散らかって　散らばって　散らかして　〕いる。
4．財布が落ち、小銭があちこちに〔　散らかって　散らばって　散らかして　〕しまった。
5．節約に〔　勤める　務める　努める　〕。
6．「本日司会を〔　勤めます　務めます　努めます　〕新井と申します」

Ⅷ　（　　　）に入る言葉を下から選び、適当な形にして書きなさい。

1．ドアに指を（　　　　　　）しまった。痛い。
2．パーティーでは友だちどうしで（　　　　　　）で、大勢の人と話しましょう。
3．中の空気が抜けて、ボールが（　　　　　　）しまった。
4．妹は（　　　　　　）のが嫌いで、いつもおとなしくしている。
5．「絶対に勝ちます」と、井上(いのうえ)選手は自信に（　　　　　　）態度で言った。
6．屋上から（　　　　　　）と、車がおもちゃのように見えた。
7．「苦しいからといって、（　　　　　　）はだめだよ」
8．「あまり乱暴に（　　　　　　）と、壊れてしまいますよ」
9．東京(とうきょう)を1時に（　　　　　　）ば、京都には3時半ごろ着く。
10．ペットの犬は、いつもしっぽを振って私を（　　　　　　）くれる。
11．私は美術教師として、子どもを型に（　　　　　　）ように注意している。

あつかう　あふれる　かたまる　たつ　にげる　はさむ はめる　へこむ　みおろす　めだつ　むかえる

Unit 02 動詞A
確認問題

I （　　）に入れるのに最もよいものを、a・b・c・dから一つ選びなさい。

1．クラスの問題を解決するため、みんなに呼び（　　）話し合うことにした。
a　かけて　　b　出して　　c　集めて　　d　たって

2．私が落ち（　　）いると、友人たちがはげましてくれた。
a　きって　　b　さげて　　c　くだって　　d　こんで

II （　　）に入れるのに最もよいものを、a・b・c・dから一つ選びなさい。

1．「せきがひどいですね。医者に（　　）もらった方がいいですよ」
a　みて　　b　みまって　　c　かかって　　d　はかって

2．川に落ち、（　　）死にそうになったことがある。
a　ころんで　　b　ひかれて　　c　おぼれて　　d　つまずいて

3．小さな子どもがお母さんにくっついて（　　）いる。
a　あまやかして　　b　あまえて　　c　かわいがって　　d　かかわって

4．待ち合わせの時間まで20分ほどあったので、本屋に入って時間を（　　）。
a　かせいだ　　b　つぶした　　c　もどした　　d　もうけた

5．りんごを切らずに丸ごと（　　）食べた。
a　うって　　b　ついで　　c　ついて　　d　かじって

6．「あなたまで私を（　　）んですか」
a　にげる　　b　うなずく　　c　うたがう　　d　このむ

7．「私があまり旅行に行かないのは、乗り物に（　　）からなんです」
a　きらう　　b　はく　　c　いたむ　　d　よう

8．サークルの新しい会長になって、上田（うえだ）君はとても（　　）いるようだ。
a　はりきって　　b　ひっぱって　　c　あばれて　　d　みおろして

9．母の調子が悪いと、昨日姉から（　　）声で連絡があった。
a　いばった　　b　しずんだ　　c　どなった　　d　泣いた

10．「しおり」というのは、どこまで読んだかわかるように、本の間に（　　）おくものです。
a　かぶせて　　b　ほどいて　　c　はさんで　　d　くばって

III ＿＿＿の言葉に意味が最も近いものを、a・b・c・dから一つ選びなさい。

1．生活費は必要な分だけ、少しずつ<u>おろす</u>ことにしている。
a　払い戻す　　b　受け取る　　c　振り込む　　d　引き出す

2．夜はベッドに<u>転がって</u>、音楽を聞いていることが多い。
a　回って　　b　横になって　　c　座って　　d　眠って

3．忙しくても、なるべく早く帰るようにつとめています。

a　はたして　　b　はたらいて　　c　努力して　　d　勤務して

4．まさかAチームがやぶれるとは、思ってもいなかった。

a　勝つ　　b　負ける　　c　戦う　　d　固まる

5．彼はいつも自分から好んで危険な場所に行こうとする。

a　頼んで　　b　突き当たって　　c　進んで　　d　傾いて

Ⅳ　次の言葉の使い方として最もよいものを、a・b・c・dから一つ選びなさい。

1．ほうる

a　地面を10メートルほどほうってみると、水が出てきた。

b　雨が全然降らないので、毎日畑に水をほうっている。

c　これくらいのけがが、ほうっておいても治るだろう。

d　ごみは燃えるものと燃えないものに分けてほうってください。

2．縮まる

a　A社の売り上げはまだB社より下だが、その差は縮まっている。

b　洗濯機でセーターを洗濯したら、縮まってしまった。

c　秋になると、日はだんだん縮まっていく。

d　この町では、商店は駅の周りに縮まっている。

3．散らかる

a　この服には花もようが散らかっていて、かわいい感じがする。

b　部屋がずいぶん散らかってきたから、そろそろ片付（かたづ）けよう。

c　強い風に、咲いたばかりのさくらの花が散らかってしまった。

d　この大学の卒業生は、全世界に散らかって活躍している。

4．かれる

a　ペットの犬がかれたときは、一日中泣き続けた。

b　環境が悪化したせいで、多くの木がかれた。

c　このくだものは、冷蔵庫に入れておかないとすぐかれてしまう。

d　皿洗いのアルバイトをしているので、手がかれてしまった。

5．あまる

a　止めるのを忘れたので、おふろのお湯があまってしまった。

b　どうしても留学したいという気持ちがあまって、両親に頼み込んだ。

c　「時間があまっていたら、明日、引っ越しを手伝ってもらえませんか」

d　16人のクラスを3人ずつのグループに分けると、一人あまってしまう。

Unit 03 形容詞 A

221 ～ 270

レベル ★☆☆☆

17

221 ありがたい　有難い　appreciate, thank; welcome／感激的, 难得的, 可贵的／고맙다, 다행스럽다, 반갑다／biết ơn, chào đón

・「病気の私の元へ来てくれたあなたの気持ちが**ありがたい**」

・**有難い**ことに友だちに恵まれている。　・給料が上がったのは**有難い**ことだ。

・〈店で〉「あの人たちはコーヒーだけで５時間も大声で話し続けている。**有難くない**客だ」

合 ありがたさ、ありがたみ

222 もうしわけない　申し訳ない　sorry／十分对不起, 非常抱歉／미안하다／xin lỗi

・「ご迷惑をおかけして、**申し訳ありません**でした」

合 申し訳なさ

223 めでたい　happy／可喜的, 喜庆的／경사스럽다／đáng mừng

・子どもたちの大学合格や結婚など、今年は**めでたい**ことが多かった。

合 めでたさ

224 さいわいな　幸いな　happy; fortunate／幸福的; 幸运的／행복하다, 다행이다, 운이 좋다／may mắn, hạnh phúc

①・いい友人に恵まれて**幸いだ**。　・「皆様のご意見をいただければ**幸い**です」

類 幸せな、幸福な、幸運な

名 幸い（・「今後の**幸い**をお祈りしています」）⇔災い

②・交通事故に遭ったが、{**幸い（に／にも）**／**幸いな**ことに}けがはなかった。

類 幸運な、運がいい

動 ガ幸いする（・交通事故に遭ったが、シートベルトをしていたのが**幸いして**、けがはなかった。）

名 幸い（・事故で大けがをしたが、命が助かったのはせめてもの**幸い**だった。　・不幸中の**幸い**）

225 こいしい　恋しい　miss, long for／令人想念, 令人怀念／그립다, 간절히 바라다／nhớ nhung

・{国の両親／恋人／ふるさと…}が**恋しい**。　・ビールが**恋しい**季節になった。

合 恋しさ

226 なつかしい　懐かしい　dear; homesick (for)／令人怀念, 令人眷恋／그립다, 정겹다／nhớ (về), hoài niệm

・子どものころが**なつかしい**。　・家族と旅行したのは**なつかしい**思い出だ。

・電話から**なつかしい**声が聞こえてきた。

・アルバムを見ると学生時代を**なつかしく**思い出す。

合 懐かしさ　動 ヲ懐かしむ

227 **おさない**　　**幼い**　　young; childish; immature／幼小; 幼稚／어리다, 미숙하다／thơ ấu, trẻ con

①・**幼い**子どもが遊んでいる。
　合 幼なじみ、幼友達

②・彼は体は大人だが、考え方は**幼い**。
　関 幼稚な、未熟な

合 ①②幼さ

228 **こころぼそい**　　**心細い**　　lonely, helpless／心中没底, 不安的／불안하다／lo lắng, cô đơn

・初めて来日したときは、言葉もわからず知り合いもなく、とても**心細かった**。
　合 心細さ　　対 心強い　　類 不安な

229 **かわいそうな**　　poor, pitiful／可怜, 凄惨的／가엾다, 불쌍하다／thương cảm, tội nghiệp

・子どもを叱ったが、泣いているのを見て**かわいそうに**なった。

・「犬がひかれて死んでるよ」「**かわいそうに**……」
　類 哀れな　　関 気の毒な

230 **きのどくな**　　**気の毒な**　　pitiful, regrettable／悲惨的, 可怜的／딱하다, 안되다, 불쌍하다／bi thảm, không may

・「彼女、先日お父さんを事故で亡くされたそうだよ」「お**気の毒に**……」

・彼は確かに失敗したが、あんなに非難されては**気の毒だ**。
　関 かわいそうな

231 **まずしい**　　**貧しい**　　poor, needy／贫穷, 贫乏的／가난하다, 빈약하다／nghèo nàn

・私は**貧しい**家に育った。　・**貧しい**{生活／食事／家庭／国…}
　連 心が＿　　合 貧しさ　　対 豊かな、裕福な　　関 貧乏な

232 **おしい**　　**惜しい**　　be a pity; be a great loss／遗憾的, 可惜的; 值得珍惜的／아깝다／đáng tiếc, tiếc

①・あと一つ問題ができていれば合格だったのに。**惜しかった**。
　類 残念な

②・今までがんばったのだから、ここでやめるのは**惜しい**。
　・まだ使える物を捨てるのは**惜しい**。　・時間が**惜しい**。　・**惜しい**人を亡くした。
　類 もったいない

合 ①②惜しさ

233 **しかた(が)ない　仕方(が)ない**　cannot help (doing); have to accept; hopeless; that's the way it goes／没办法, 只好; 迫不得已; 不象话; 没用／달리 방법이 없다, 틀려 먹다, 어찌할 수 없다／không còn cách nào khác, bó tay

①・借金を返すには、休日も働く{よりほかに／より}**しかたない**。

・仕事が間に合わず、**しかたなく**後輩に手伝ってもらった。

②・社長の命令なら**しかたがない**。

・「**仕方ない**よ。できるのは私たちだけなんだから」

類①②やむを得ない

③・「田中はまた彼女と別れたんだって。**しかたない**やつだな」

④・終わった後で悔やんでも**しかたがない**。

・「ぐずぐず迷っていても**しかたがない**。早く決めろ」

類①～④しようがない、しょうがない

234 **やむをえない　　やむを得ない**　unavoidable; inevitable／不得已, 无可奈何／어쩔 수 없다, 부득이 하다／đành phải

・この嵐では休校も**やむを得ない**。

副やむを得ず（・お金が足りなくなり、**やむを得ず**国の両親に送ってもらった。）

類仕方がない　　※「やむを得ない」の方が硬い言葉。

235 **めんどうくさい　面倒くさい**　troublesome, tiresome／非常麻烦, 极其费事／번거롭기 짝이 없다, 몹시 귀찮다／phiền toái, nhiễu

①・ごみの分別は**めんどうくさい**が、環境のためにはしかたがない。

②・「彼女は、いろいろ文句ばかり言う。本当に**めんどうくさい**人だなあ」

合①②めんどうくささ　　類①②わずらわしい、めんどうな

236 **しつこい**　persistent; heavy ; obstinate／执拗, 过重的; 油腻; 顽固／집요하다, 산뜻하지 않다, 개운하지 않다／dai dẳng, đậm, nặng

①・店で店員に**しつこく**勧められて困った。　・先生が学生に**しつこく**注意する。

②・この料理は油っこくて**しつこい**。

対①②あっさりした☞1115　　類①②くどい

③・**しつこい**風邪

類頑固な☞265

合①～③しつこさ

237 **くどい**　long-winded, wordy; heavy／冗长, 啰嗦; 过浓的, 油腻的／집요하다, 느끼하다, 칙칙하다, 지나치다／dài dòng, nặng nề, rườm rà

①・あの先生の注意はいつも**くどくて**うんざりする。　・あの作家の文章は**くどい**。

②・この料理は**くどくて**好きではない。　・「その洋服、リボンが**くどい**よ」

合①②くどさ　　対①②あっさりした☞1115　　類①②しつこい

238 **けむい　　　　煙い**　smoky／呛人, 熏人／냅다／đầy khói

・**煙い**と思ったら、魚が焦げていた。　・部屋中タバコの煙で**けむい**。

合煙さ　　類煙たい　　関煙

239 **じゃまな**　　**邪魔な**　　bothersome／碍事的／방해가 되다／vướng

・仕事をするため、まず机の上の**じゃまな**物を片づけた。

・前の人の頭が**じゃまで**、スクリーンがよく見えない。

合 邪魔者

名 ヲ邪魔スル（・「どうぞお入りください」「お**じゃまします**」
・大事な商談中、**じゃま**が入らないように携帯電話を切っておいた。
・「そこに立っていると掃除の**じゃま**になるよ」）

240 **うるさい**　　noisy; wordy; fastidious／吵人的; 讨厌的; 挑剔; 让人心烦的／시끄럽다, 잔소리가 많다, 까다롭다, 거추장스럽다／mất trật tự, nhiều lời, kỹ tính, phiền

①・「テレビの音が**うるさい**から、ちょっと小さくして」　・「**うるさい**！　黙れ！」

対 静かな　　類 騒々しい

②・私は課長にいつも言葉づかいを**うるさく**注意されている。

合 口＿＿

③・彼女はプロだけあって、料理の味に**うるさい**。

合 ①～③うるささ　　類 ①～③やかましい

④・前髪が長くなって、**うるさい**。

241 **そうぞうしい**　　**騒々しい**　　noisy; turbulent／吵闹的, 喧嚣; 不安宁／떠들썩하다, 뒤숭숭하다／ồn ào, hỗn loạn

①・先生が怒ったら、**騒々しかった**教室は静かになった。

・外が**騒々しい**ので見てみると、パトカーが来ていた。

対 静かな　　類 うるさい

②・世の中が**騒々しく**なり、犯罪も増えた。

対 平穏な、穏やかな ☞851

合 ①②騒々しさ　　類 ①②騒がしい

242 **あわただしい**　　**慌しい**　　busy; hurried,／慌张的, 匆忙的／분주하다, 황급하다／bận rộn, hối hả

・今日は急な用事や来客が重なって、**あわただしい**一日だった。

・子どもが生まれて以来、**あわただしい**毎日を送っている。

・娘は遅刻しそうになって、**あわただしく**出かけていった。

合 慌しさ

243 **そそっかしい**　　careless／举止慌张的, 粗心大意的／덜렁대다／bất cẩn

・片方ずつ違った靴下をはくなんて、**そそっかしい**人だ。

合 そそっかしさ

244 **おもいがけない**　　**思いがけない**　　unexpected／意想不到的, 意外的／뜻밖이다, 예상 밖이다／không ngờ

・道で**思いがけない**人に会った。　・叔父が亡くなって**思いがけない**遺産が入った。

副 思いがけず（・外国で**思いがけず**以前の恋人と再会した。）

合 思いがけなさ

245 なにげない　何気ない　casual, without intention／无意的, 无心的, 假装没事的／무심하다, 아무렇지도 않다／vô ý, không chủ đích, thản nhiên

・**何気ない**一言が、相手を傷つけることもある。　・**何気なく**外を見ると、雪が降っていた。

・彼は**何気なさ**そうな顔をしていたが、本当はショックだったに違いない。

合 何気なさ

246 とんでもない　outrageous; impossible, Don't be silly.／不合情理, 出乎意料; 哪儿的话／터무니없다, 천만에／không thể tin, không có gì

①・「このリンゴが 3,000 円！　**とんでもない**値段だ」

・**とんでもない**ことになった。会社が倒産した。

・息子が**とんでもない**ことをして警察に捕まった。

②・「お礼だなんて**とんでもない**。当然のことをしたまでです」

・「あの人って有名な学者だよね」「**とんでもない**。テレビにばかり出ていて、今ではすっかりタレントだよ」

※会話的な言葉。

247 くだらない　worthless; trifling／无聊的, 没有价值的／쓸데없다, 시시하다／vặt vãnh, vô giá trị

・「**くだらない**ことばかり言っていないで、早く仕事をしろ」

・この番組はまったく**くだらない**。

合 くだらなさ　類 ばかばかしい　関 つまらない

248 ばかばかしい　ridiculous; nonsense, silly／无聊的; 荒谬的; 愚蠢的／몹시 어리석다, 어처구니없다／ngớ ngẩn, ngu ngốc

①・この番組は**ばかばかしい**が、おもしろいのでつい見てしまう。

②・「**ばかばかしい**。そんな話は聞いたことがない」

③・安い給料でこんなに働くなんて、**ばかばかしい**。

合 ①〜③ばかばかしさ　類 ①〜③くだらない　※「ばかばかしい」は人には使えない。

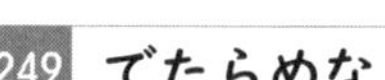

249 でたらめな　nonsense, unreasonable／瞎写, 胡说八道／아무렇게나 하다, 엉터리이다／tùy tiện, vô nghĩa

・テストで答えを**でたらめに**書いたら、偶然合っていた。　・**でたらめな**話をする。

合 でたらめさ　類 いい加減な

名 でたらめ（・この翻訳はまったくの**でたらめ**だ。　・**でたらめ**を言う。）

250 だらしない　untidy／衣冠不整的; 不检点, 邋遢／단정하지 않다, 칠칠하지 못하다／cẩu thả, bừa bãi

①・「暑いからと言って、そんな**だらしない**格好をするな」

②・彼は**だらしない**。部屋もきたないし、時間に遅れるし、借りたものもすぐなくす。

合 ①②だらしなさ　対 ①きちんとした　②きちょうめんな　類 ②ルーズな☞835

251 ずうずうしい　impudent／不要脸的, 厚颜无耻的／뻔뻔스럽다／trơ trẽn

・レジの列に**ずうずうしく**割り込む人がいる。

・前に借りた金も返していないのに、また借りに来るなんて、**ずうずうしい**。

合 ずうずうしさ　類 あつかましい

252 ずるい

cunning, dishonest／狡猾, 耍滑头／교활하다／láu cá, khôn vặt

・うちの上司はずるくて、いつも部下の成果を自分のものにしてしまう。
・他の人が必死に働いているのに、自分だけ楽をしようなんて、ずるい考えだ。
・「お兄ちゃんだけパパにプレゼントをもらって、ずるい！」

合 ずるさ　関 卑怯な

253 にくらしい　憎らしい

hateful; painfully／讨厌的, 可憎的; 让人妒嫉的／밉살스럽다, 얄밉다／đáng ghét, đau

①・わが子はかわいいが、反抗的な態度をとると**憎らしい**ときもある。

②・彼女は**憎らしい**ほど才能がある。

合 ①②憎らしさ

254 にくい　憎い

hateful; detestable／可憎的, 可恨的／밉다／đáng ghét

・父を殺した犯人が**憎い**。

合 憎さ　動 ヲ憎む

255 けわしい　険しい

steep; severe; difficult／险峻的, 崎岖的;（表情）严厉的; 艰险, 险恶的／험하다, 험상궂다, 위태롭다／dốc, khó, nghiêm trọng

①・**険しい**山道を登る。
　対 なだらかな、緩やかな　類 急な

②・売り上げ減の報告を受けた社長は、**険しい**表情になった。　・上司から**険しい**声で呼ばれた。
　対 穏やかな　類 厳しい

③・不況の中、資格も経験もなければ、前途は**険しい**。
　類 厳しい、暗い

合 ①～③険しさ

コラム 6　生理現象

Physiological phenomena／生理现象／생리 현상／hiện tượng sinh lý

（　　）に適当な動詞を書きましょう。

① 汗　が（　　　）／を（　　　）
sweat, perspiration／汗, 汗水／땀／mồ hôi

② つば　が（　　　）
spit, saliva／唾沫, 唾液／침／nước bọt

③ よだれ　が（　　　）／を（　　　）
slobber／口水／침, 군침／nước miếng

④ あくび　が（　　　）／を（　　　）
yawn／呵欠／하품／ngáp

⑤ くしゃみ　が（　　　）／を（　　　）
sneeze／喷嚏／재채기／hắt hơi

⑥ しゃっくり　が（　　　）／を（　　　）
hiccup／打嗝儿／딸꾹질／nấc cụt

⑦ げっぷ　が（　　　）／を（　　　）
belch／嗳气, 打嗝儿／트림／ợ

⑧ いびき　を（　　　）
snore／鼾声, 打呼噜／코 고는 소리／ngáy

⑨ おなら　が（　　　）／を（　　　）
gas, fart／屁, 放屁／방귀／đánh hơi, trung tiện

解答：①出る／かく　②出る　③出る／出す　④出る／する　⑤出る／する　⑥出る／する　⑦出る／する　⑧かく　⑨出る／する

256 **つらい** 辛い

painful; harsh／痛苦的, 艰难的; 刻薄的, 残酷的／괴롭다, 가혹하다／khổ sở, đau đớn

①・子どもは**つらい**経験を乗り越えて成長する。 ・花粉症なので、春は本当に**つらい**。

・どんなに**つらく**ても、最後までがんばるつもりだ。

②・いらいらして、つい子どもに**つらく**当たってしまった。

合①②辛さ 類①苦しい ②きつい

257 **きつい**

tight; hard; severe; strong; unyielding／紧, 尺寸小; 苛刻的; 累人的; 严格的; (味道) 冲, 厉害; 严厉／꼭 끼다, 단단하다, 고되다, 엄하다, 기질이 강하다／chật, kín, nặng nhọc, nặng nề

①・太ってしまってズボンが**きつくなった**。 ・{靴／服／スケジュール…}が**きつい**。

対緩い 類きゅうくつな

②・ほどけないように荷物を**きつく**しばった。

対緩い 類固い

③・肉体労働などの**きつい**仕事は、今人気がない。 ・運動不足で階段を上るのが**きつい**。

類辛い、苦しい

④・先生が学生を**きつく**注意した。 ・我が校の校則は**きつい**。

類厳しい

⑤・**きつい**{タバコ／酒／におい…} ・家の前の坂は傾斜が**きつい**。

・「君は冗談が**きつい**よ」

⑥・彼女は優しそうだが、性格は**きつい**。

合①～⑥きつさ

258 **ゆるい** 緩い

loose; slow; slack／尺寸大; (势) 缓; 松／헐렁하다, 완만하다, 느슨하다／lỏng, thoai thoải

①・やせてスカートが**ゆるく**なった。

対きつい

②・靴のひもが**ゆるく**て、ほどけてしまった。

③・「この道をまっすぐ行くと、**ゆるい**カーブがあります」

対急な 類緩やかな

合①～③緩さ

259 **にぶい** 鈍い

dull; slow; slow (reflexes); dim; have fewer (customers)／钝, 不快; 迟缓; 迟钝; 气势不振; 暗淡／무디다, 둔하다, 적다, 희미하다／cùn, chậm chạp, lờ đờ, lờ mờ, ít ỏi

①・このナイフは切れ味が**にぶい**。

②・佐藤選手は、今日は動きが**にぶい**。

③・{勘／運動神経…}が**にぶい**。 ・**にぶい**痛み。

対①～③鋭い

④・古い銀のネックレスが**にぶく**光っている。

⑤・雨の日は客足が**にぶい**。

合①～⑤鈍さ

260 するどい　　鋭い　　sharp; stabbing; keen／尖利, 锐利; 锋利; (意见) 尖锐／날카롭다, 예리하다, 예민하다／sắc, sắc bén

①・熊は**するどい**爪を持っている。　・彼は**するどい**目で私をにらんだ。

②・ナイフで切られたような**するどい**痛みを感じた。　・感受性が**鋭い**。

③・彼の意見はいつも**鋭い**。

合 ①～③鋭さ　対 ②鈍い

261 あらい　　荒い／粗い　　violent; rough, hard／粗暴; 剧烈, 凶猛／거칠다, 헤프다, 성기다, 꺼칠꺼칠하다／thô, gấp, lớn, ráp

[荒]①・彼は気性が**荒い**。　・金遣いが**荒い**。

②・呼吸が**荒い**。　・冬の日本海は波が**荒い**。

合 荒さ

対 ①②穏やかな　類 ①②激しい　関 ①荒っぽい、①②荒々しい

[粗]・このセーターは編み目が**粗い**。　・きめの**粗い**肌

合 粗さ　対 細かい

262 ごういんな　　強引な　　forcible／强行, 蛮干／억지로 하다, 막무가내이다／áp đặt

・与党は国会で**強引に**法案を通した。　・**強引な**{人／性格／態度／やり方…}

合 強引さ　関 無理やり

263 かってな　　勝手な　　selfish; on its own; situation; convenience／随意的, 为所欲为的; 自动的; 情况; 方便／제멋대로 굴다, 자유, 저절로, 상황, 사용하기 편리한 정도／tùy tiện, tùy ý, hoàn cảnh, sự tiện lợi

①・**勝手な**言動は他の人の迷惑になる。　・彼は人の物を**勝手に**使うので困る。

・「こんなうち、出て行ってやる！」「**勝手に**しろ！」

合 勝手さ、自分勝手(な)、身勝手(な)、好き勝手(な)　関 わがままな、自己中心的な

慣 ～の勝手(・「彼とは結婚しない方がいい」「だれと結婚しようと私**の勝手**です」)

②・このパソコンは、ときどき**勝手に**シャットダウンしてしまう。

関 ひとりでに、自動的に

③ [名 勝手]・転勤したばかりで、まだ事務所の**勝手**がよくわからない。

・外国へ行くと何もかも**勝手**が違う。

関 状況、事情、様子

④ [名 勝手]・この台所は**勝手**が悪くて料理がしにくい。

連 ＿がいい⇔悪い　合 使い勝手

264 つよきな　　強気な　　firm; aggressive ／要强的; 强硬的／아귀차다, 적극적이다, 강경하다／mạnh mẽ, vững vàng

①・彼女は**強気な**性格で、ときどき周りと衝突する。

対 気弱な　関 勝気な

②・首相は、政策は必ず成功させると{**強気な**／**強気の**}発言を繰り返した。

・「あと3年で売り上げを10倍に伸ばすぞ」「社長、**強気**ですねえ」

対 弱気な

名 ①②強気→＿になる、＿に出る(・あの人は相手が弱いとみると**強気**に出る。)

265 **がんこな**　頑固な　stubborn; tough／顽固, 固执; 难去掉的／완고하다, 끈질기다／ngoan cố, dai dẳng

①・妹は**頑固で**、一度言い出したら後へは引かない。

対 素直な☞845　類 強情な、かたくなな

②・何度洗っても落ちない。まったく**頑固な**汚れだ。　・**頑固な**風邪

類 しつこい☞236

合 ①②頑固さ

266 **かじょうな**　過剰な　excessive／过剩, 过量／과잉이다／quá mức

・塩分を**過剰に**取ると体に悪い。　・**過剰な**期待はしない方がいい。

・入試の前は「落ちる」という言葉に**過剰に**反応してしまう。

合 過剰さ、自信＿、自意識＿、過剰反応、過剰摂取

267 **じゅうだいな**　重大な　serious／重大的, 严重的／중대하다, 중요하다／to lớn, quan trọng

・政治の混乱を招いた首相の責任は**重大だ**。　・この問題はそれほど**重大に**考えなくてよい。

・**重大な**{問題／ミス／責任／影響／発表…}

合 重大さ、重大問題、重大事件、重大発表、責任＿、ヲ重大視スル

268 **しんこくな**　深刻な　grave; serious／严重的; 严肃的／심각하다／nghiêm trọng, lo lắng

①・猛暑によって**深刻な**水不足が起きた。　・**深刻な**{事態／問題／被害／悩み／話…}

・若者の活字離れが**深刻に**なってきている。　・地球温暖化の問題は**深刻だ**。

連 ＿事態に陥る　合 深刻さ、ガ深刻化スル

②・彼はものごとをすぐ**深刻に**考える癖がある。　・**深刻な**{顔／表情／悩み…}

・「子どもの反抗に悩んでいます」「あまり**深刻に**ならず、ゆっくり見守りましょう」

連 深刻になる、ヲ深刻に受け止める　合 深刻さ

269 **きらくな**　気楽な　carefree; comfortable／舒适的, 放松的, 安逸的／속 편하다, 홀가분하다／thoải mái

・寮に住むより一人暮らしの方が、お金はかかるが**気楽で**いい。

・深刻になっても問題は解決しない。もっと**気楽に**考えよう。

・**気楽に**{やる／いく／暮らす／生きる…}　・**気楽な**{暮らし／生き方…}

合 気楽さ

270 **あんいな**　安易な　easy; easygoing／简单的／안이하다, 손쉽다／dễ dãi, dễ dàng

①・今だけ楽しければいいというのは**安易な**考え方だ。

②・インターネットの情報は**安易に**信用しない方がいい。

類 簡単な、たやすい

合 ①②安易さ

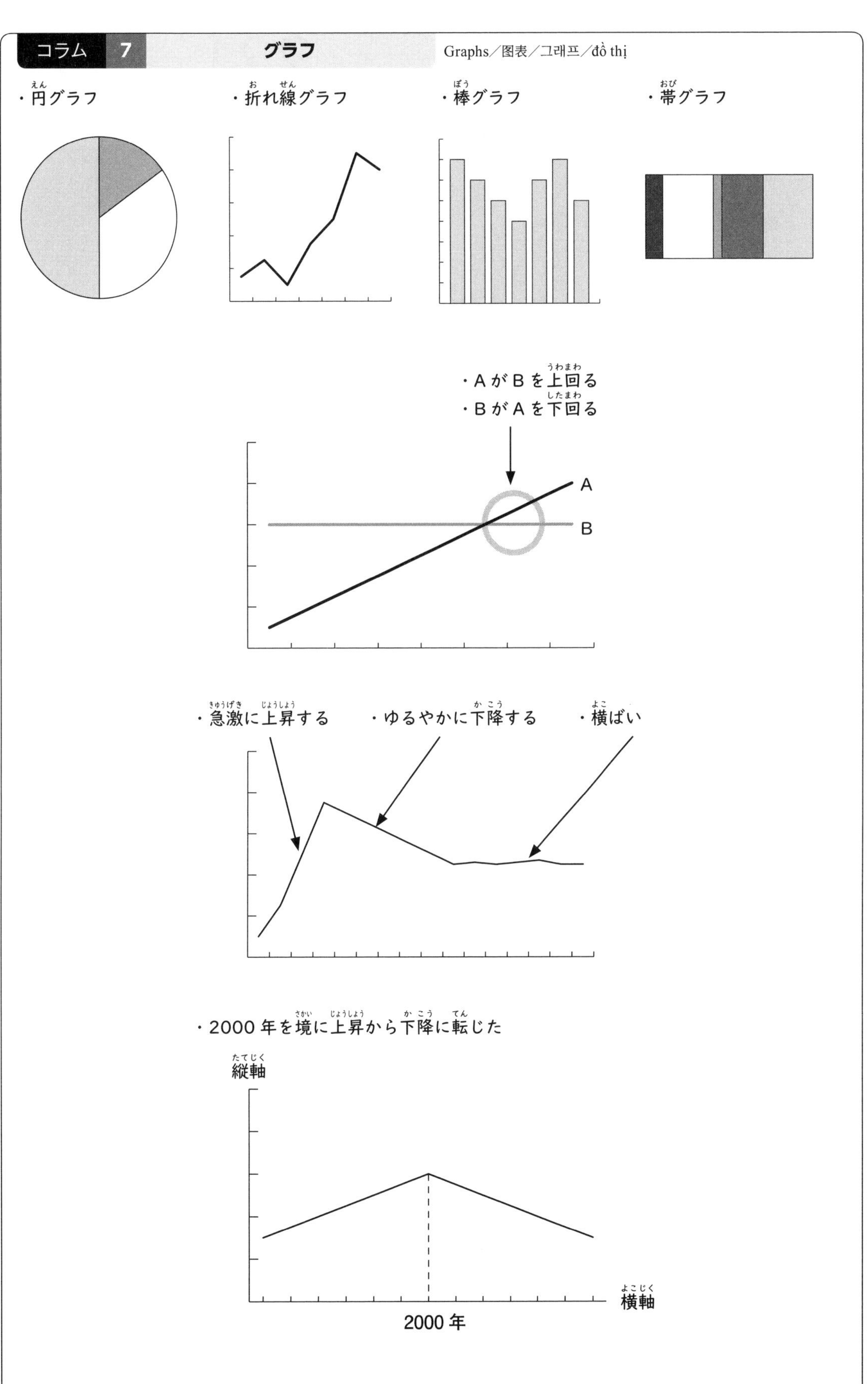

コラム 7 グラフ
Graphs／图表／그래프／đồ thị
・円グラフ
・折れ線グラフ
・棒グラフ
・帯グラフ
・A が B を上回る
・B が A を下回る
A
B
・急激に上昇する
・ゆるやかに下降する
・横ばい
・2000 年を境に上昇から下降に転じた
縦軸
横軸
2000 年

Unit 03 形容詞A 練習問題

221 ～ 270

レベル ★☆☆☆

Ⅰ （　　）にひらがなを書きなさい。

1．過剰《かじょう》(　　)期待はしない方がいい。

2．この台所は使い勝手《がって》(　　)いい。

3．調査の結果(　　)深刻《しんこく》(　　)受け止める。

4．交通事故(　　)遭《あ》ったが、幸《さいわ》い(　　)(　　)けがはなかった。

5．あの人は、相手が弱いと見ると強気(　　)出る。

6．彼は何気《なにげ》なさ(　　)(　　)な顔をしていたが、本当はショックだったに違いない。

7．6歳の息子は憎《にく》(　　)(　　)(　　)ことも言うが、寝顔《ねがお》はかわいい。

Ⅱ ＿＿＿＿の言葉と反対の意味の言葉を書きなさい。

1．きめが<u>あらい</u> ⇔(　　　　　　)

2．<u>鋭《するど》い</u>痛み ⇔(　　　　　　)

3．<u>貧《まず》しい</u>食事 ⇔(　　　　　　)

4．<u>強気な</u>発言《はつげん》 ⇔(　　　　　　)発言

5．<u>急な</u>カーブ ⇔(　　　　　　)

6．運動神経が<u>いい</u> 。⇔(　　　　　　)。

7．一人で<u>心細い</u>。⇔ みんながいて(　　　　　　)。

8．彼は<u>几帳面《きちょうめん》で</u>、部屋もきれいだ。⇔ 彼は(　　　　　　　　)、部屋も汚い。

Ⅲ ＿＿＿＿の言葉と意味が近い言葉を選び、適当な形にして書きなさい。

1．妹は<u>頑固《がんこ》だ</u>。(　　　　　　)

2．道で<u>意外な</u>人に会った。(　　　　　　)

3．金遣《づか》いが<u>荒い</u>。(　　　　　　)

4．ひもで<u>きつく</u>縛《しば》る。(　　　　　　)

5．前途《ぜんと》は<u>険《けわ》しい</u>。(　　　　　　)

6．<u>きつい</u>仕事は人気がない。(　　　　　　)

7．時間が<u>もったいない</u>。(　　　　　　)

8．与党《よとう》は<u>無理やり</u>法案を通した。(　　　　　　)

9．この番組は<u>ばかばかしい</u>が、おもしろい。(　　　　　　)

10．レジの列に割り込むなんて<u>あつかましい</u>。(　　　　　　)

11．子どもが泣いているのを見て、<u>かわいそうに</u>なった。(　　　　　　)

12．このパソコンは<u>ひとりでに</u>シャットダウンする。(　　　　　　)

おしい	かたい	つらい	かってな	きびしい	はげしい	きのどくな
くだらない	ごういんな	ごうじょうな	ずうずうしい	おもいがけない		

Ⅳ　より適切な言葉を選びなさい。ただし、答えは一つとは限りません。

＜懐かしい・恋しい＞

1．子どものころを（　懐かしく・恋しく　）思う。

2．おでんが（　懐かしい・恋しい　）季節になった。

3．学生時代が（　懐かしい・恋しい　）。

＜仕方（が）ない・やむを得ない＞

1．泣いてばかりで（　仕方ない・やむを得ない　）子だ。

2．政治的判断が下ったのなら、従うのは（　仕方がない・やむを得ない　）と存じます。

3．どうしてもできないのなら、手伝ってもらうより（　仕方がない・やむを得ない　）。

4．台風で飛行機の欠航が続いているそうだ。こうなったら、あせっても（　仕方がない・やむを得ない　）。

＜しつこい・くどい・めんどうくさい＞

1．2週間たってもよくならない。（　しつこい・くどい・めんどうくさい　）風邪だ。

2．「おばあちゃんの話は長くて（　しつこい・くどい・めんどうくさい　）んだよ」

3．疲れていて（　しつこい・くどい・めんどうくさい　）ので、出前で済ませよう。

4．この料理は少し（　しつこくて・くどくて・めんどうくさくて　）、飽きてくる。

＜うるさい・そうぞうしい＞

1．試験中、隣の人の鉛筆の音が（　うるさくて・そうぞうしくて　）集中できなかった。

2．世の中が（　うるさく・そうぞうしく　）なり、犯罪が増えてきた。

3．彼は料理の味に（　うるさい・そうぞうしい　）。

4．外が（　うるさい・そうぞうしい　）と思ったら、交通事故が起こって人が集まっていた。

Ⅴ　（　　　）に入る言葉を下から選び、適当な形にして書きなさい。

1．彼は体は大人だが、考え方は（　　　　　　　）。　　　　2．98点。（　　　　　　　）！

3．こんなミスをするなんて（　　　　　　　）て、申し訳ありません。

4．子どもたちの大学入学や結婚など、今年は（　　　　　　　）ことが多かった。

5．「お姉ちゃんだけプレゼントをもらって、（　　　　　　　）」

6．「お礼だなんて（　　　　　　　）。当然のことをしただけです」

7．前の人の頭が（　　　　　　　）で、スクリーンがよく見えない。

8．（　　　　　　　）と思ったら魚がこげていた。

9．子どもが生まれて以来、（　　　　　　　）毎日を送っています。

10．答えを（　　　　　　　）書いたら、偶然合っていた。

11．（　　　　　　　）暮らせればいい、というのは少し安易な考え方ではないだろうか。

おしい	けむい	ずるい	にくい	おさない	きらくな	じゃまな	めでたい
ありがたい	でたらめな	あわただしい	ずうずうしい	そそっかしい	とんでもない		

Unit 04 名詞B　271 ～ 370

レベル ★★☆☆

22

271 **うん**　運　luck, fortune／运气, 命运／운／vận may

・「中村さんは３回続けて宝くじに当たったそうだ。なんて**運**のいい人だろう」

・駅に着くと、**運**悪く電車は出たばかりで、30分も待たなければならなかった。

・「できるだけのことはした。あとは**運**を天に任せよう」

連 __がいい⇔悪い、__がない、__が向く　合 幸運(な)⇔不運(な)、__良く⇔__悪く

272 **かん**　勘　intuition／直觉, 感觉／직감, 육감／trực giác

・母は**勘**がよくて、うそをついてもすぐばれてしまう。

・わからなくて、**勘**で選んだ答えが合っていた。

連 __がいい⇔悪い、__が当たる⇔はずれる、__が働く・__を働かせる、__が鋭い⇔鈍い

合 ヲ__違いスル　関 第六感

273 **かんかく**　感覚　sensation; sense／感觉; 想法／감각／cảm giác

①・冷えて、手足の**感覚**がなくなってしまった。

関 視覚、聴覚、嗅覚、味覚、触覚、五感

②・あの作曲家は70歳の今も、若々しい**感覚**で音楽を作り続けている。

連 __が新しい⇔古い　合 バランス__、色彩__、金銭__、__的な　類 センス☞837

連 ①②__が鋭い⇔鈍い

274 **しんけい**　神経　nerve; nerves／（体内）神经; 精神作用／신경／tủy, thần kinh

①・虫歯が痛いので**神経**を抜いた。

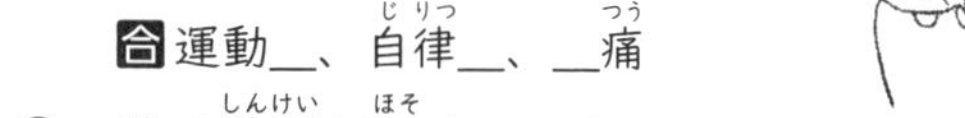

合 運動__、自律__、__痛

②・彼は**神経**が細くて、ちょっとしたことでもすぐに傷つく。

・彼女は**神経**が太いので、人前でもほとんど緊張しない。

・重要な講演なので、**神経**を集中させて聞いた。

連 __が鋭い⇔鈍い、__が細かい、__が細い⇔太い、__にこたえる、__に障る、ニ__を{集中する／させる}、__を逆なでする

合 __質な、__過敏(な)、無__な（・人の気持ちを考えないで言いたいことを言うのは**無神経だ**。）

275 **きおく**　ヲ記憶スル　memory／记忆, 记得／기억／trí nhớ, ký ức

・そのときのことは全く**記憶**にない。　・少女は事故の前のことを**記憶していなかった**。

・佐藤選手が金メダルを取ったことは、まだ**記憶**に新しい。

連 __にない、__に新しい、__に残る　合 __喪失

276 **ようす** 様子 situation, state; sign／情况, 样子; 迹象／상태, 모습, 상황, 기색／tình hình, trạng thái

・手術を受けた母のことが心配で、何度も**様子**を見に行った。

・10年ぶりに帰省したら、街の**様子**がすっかり変わっていた。

・姉は目撃した事故の**様子**を細かく語った。　・父は最近疲れている**様子**だ。

関状態、状況

277 **ふんいき** 雰囲気 atmosphere／氛围／분위기／bầu không khí

・この店は**雰囲気**がいい。　・{知的な／芸術的な／宗教的な…}**雰囲気**

・会議のときは、とても反対意見を言えるような**雰囲気**ではなかった。

連＿がある、＿がいい⇔悪い　類ムード

278 **みりょく** 魅力 charm, appeal／魅力／매력／sự hấp dẫn

・初めて歌舞伎を見て、その**魅力**に引かれた。　・彼女は**魅力**的な女優だ。

連＿がある⇔ない、＿にあふれる　合＿的な

279 **きげん** 機嫌 mood; health／心情, 情绪／심기, 기분, 비위, 안부／tâm trạng, sức khỏe

・父は**きげん**が悪いらしく、何を聞いても返事もしない。

・「ごめん。謝るから、**きげん**直して」　・あの人はいつも上司の**機嫌**を取っている。

・〈あいさつ〉「お久しぶりです。ご**きげん**いかがですか」

連＿がいい⇔悪い、＿が直る・＿を直す、＿を取る

合ごきげんな(・父はお酒を飲んで**ごきげんだ**。)、ごきげんななめ

280 **かんしん** 関心 interest／感兴趣／관심／quan tâm

・私はスポーツにはあまり**関心**がない。　・国民の、政治への**関心**が高まっている。

連＿がある⇔ない、＿を持つ、＿が高まる　関興味

281 **いよく** 意欲 will, eagerness／热情, 积极性／의욕／ý muốn, mong muốn

・働く**意欲**はあるのだが、仕事が見つからない。　・彼には勉強の**意欲**が感じられない。

・若者たちは新しい国を作ろうという**意欲**に燃えていた。

連＿がある⇔ない、＿がわく⇔わかない、＿に燃える　合＿的な　関やる気、欲求

282 **ぜんりょく** 全力 best, all one's strength／全力以赴, 竭尽全力／전력, 온 힘／toàn lực

・ボールを**全力**で投げた。　・与党は法案の成立に**全力**を尽くした。

・政府は国の復興に**全力**をあげて取り組んだ。

連＿を出す、＿をあげる、＿を尽す　合＿投球

283 **ほんき** 本気 seriousness／真的, 认真的／진심, 제정신 ／thật sự

・あの学生はやっと**本気**になって勉強し始めた。　・父は**本気**で怒ると怖い。

・「会社を辞めて独立しようと思うんだ」「それ、**本気**？」

連＿になる、＿を出す　関真剣な☞852　慣冗談を本気にする

23

284 **いしき** ヲ意識スル consciousness, awareness, be conscious of／意识, 神志; 自觉; 认识到, 意识到／의식／ý thức, nhận thức

①・頭を打って**意識**を失った。 ・**意識**ははっきりしていたが、体が動かなかった。

連 __がある⇔ない、__を失う⇔{取り戻す／回復する}、__が戻る　合 __不明

②・あの子は人を傷つけたのに、悪いことをしたという**意識**がないようだ。

・環境問題に対する国民の**意識**を高める必要があると思う。

連 〜__がある⇔ない、__が高まる・__を高める

③・決勝戦では優勝を**意識して**固くなってしまった。

・若いころは、だれでも異性を**意識し**がちだ。

285 **かんげき** ガ感激スル (deep) emotion／感激／감격／sự xúc động, sự cảm động

・めったに人をほめない教授にほめられて、**感激した**。

・人々の温かい気持ちに**感激し**、涙が出てきた。

関 ガ感動スル

286 **どうじょう** ガ同情スル sympathy, compassion／同情／동정／sự đồng tình, sự đồng cảm

・苦しんでいる人々に**同情する**。 ・被害者に**同情**{○する／×だ}。

連 __が集まる・__を集める、__を引く　合 __的な　関 思いやり、哀れみ

287 **どうい** ガ同意スル agreement, consent／同意／동의／sự đồng ý

・大勢の人が私の意見に**同意して**くれた。 ・提案に**同意**{○する／×だ}。

連 __を求める　類 ガ賛成スル

288 **どうかん** ガ同感スル sympathy, agreement／同意, 同感／동감／sự đồng cảm, sự đồng ý

・中山さんの話に私も**同感した**。

・「最近、年齢より若々しい人が増えましたね」「**同感**です」

関 ガ共感{○する／×だ}

289 **たいりつ** ガ対立スル opposition／对立／대립／sự đối lập

・国会は与党と野党の**対立**が激しくなった。

・親の残した財産をめぐって、兄と弟が**対立して**いる。

連 __が激しい

290 **しゅちょう** ヲ主張スル insistence, assertion／主张／주장／sự khẳng định, quan điểm

・会社側に労働者の権利を**主張する**。 ・会議で自分の**主張**を堂々と述べた。

合 ガ自己__スル(・あの人は**自己主張**が激しい。)

291 **ようきゅう** ニ＋ヲ要求スル demand, request／要求, 需要／요구／sự yêu cầu, nhu cầu

・労働組合が会社に賃金の値上げを**要求した**。しかし会社側はその**要求**を受け入れそうもない。

・学校は学生の**要求**に応えて、図書館の開館時間を延ばした。

連 __に応える、__を受け入れる　類 ニ＋ヲ要望スル、ニ＋ヲ要請スル

関 ニ＋ヲ求める☞744、ニ＋ヲ請求スル☞96

292 とく　得　profit; advantage／利益, 赚头; 合算／이득, 이익, 유리함／lãi, sự có lợi

①・株を買ったらすぐに値上がりして**得**をした。

・「今お買い上げになると、２割引で 2,000 円のお**得**です」

連＿をする、＿になる　合お買い得　対損　類利益

②［ナ形 得な］・社長には逆らわない方が**得だ**。

293 そん　損　loss; coming out on the losing end／赔, 亏损; 吃亏／손해, 불리함, 성과가 없음／lỗ, sự thiệt thòi

①・株が下がって**損**をした。　・この商品は買って**損**はない。

連＿をする、＿になる　合大損、＿得　対得ナ　類損失

②［ナ形 損な］・私は、誤解されやすい**損な**性格だ。

294 しょうぶ　ガ勝負スル　game; victory or defeat／比赛; 输赢, 胜负／승부, 승패／sự thi đua, sự phân thắng bại

①・どちらがテストでいい点を取るか、友だちと**勝負**をした。

・{すもう／柔道／剣道…}の**勝負**

合真剣＿　関競争、戦い、試合

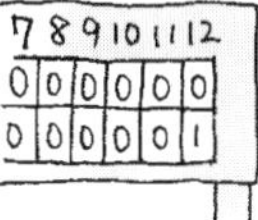

②・延長戦でやっと**勝負**がついた。

連ニ＿がつく・ニ＿をつける、＿が決まる・＿を決める　類勝敗

295 いきおい　勢い　force, vigor／势头, 气势, 趋势, 劲头／기세, 힘, 기운／khí thế, thanh thế

・選手たちはすごい**勢い**で私の前を走り過ぎていった。

・蛇口をひねると、**勢い**よく水が出てきた。

・明日の試合は、**勢い**のあるＡチームが勝つと思う。

・酔った**勢い**で上司に文句を言ってしまった。

連＿がある⇔ない、＿がつく・＿をつける、＿がいい　合＿よく

296 ばくはつ　ガ爆発スル　explosion; outburst／爆炸; 爆发, 迸发／폭발／sự nổ, sự bùng nổ

①・ガスタンクが**爆発して**大きな被害が出た。　・ダイナマイトを**爆発させる**。

②・妻は勝手な夫に対して、ついに怒りを**爆発させた**。　・不満が**爆発する**。

297 さいがい　災害　disaster／灾害／재해／thảm họa

・地震や火事などの**災害**にあったときのために、保険に入っておこう。

連＿にあう　合自然＿　関天災、火災、防災、被災　☞コラム８「災害」

298 てんこう　天候　weather／天气／날씨／thời tiết

・今日の運動会は**天候**にも恵まれて、とてもいいものだった。

・悪**天候**をついて登山したパーティーが、行方不明になった。

連＿に恵まれる　合悪＿、＿不順　※「天気→天候→気候」の順に意味が広くなる。

299 かんそう　ガ乾燥スル　dryness／干燥／건조／sự khô

・草を**乾燥させて**家畜のえさにする。　・**乾燥した**{空気／肌…}

類ガ乾く　関ガ湿る☞ 191

300 **かんそく**　ヲ観測スル　observation; prediction／观测; 观察／관측／sự quan trắc, sự dự đoán

①・地震の 15 分後に、高さ 30 センチの津波が**観測された**。

・{星／雲の様子…}を**観測する**。

合 天体__　関 ヲ観察スル

②・{経済／政治／ファッション…}の動向を**観測する**。

合 希望的__

301 **そうなん**　ガ遭難スル　distress／遇难／조난／sự gặp nạn

・{山／海}で**遭難する**。　・船が**遭難する**。　・雪崩で５人が**遭難した**。

合 __事故、__者☞コラム 10「事故」

302 **はっせい**　ガ発生スル　occurrence, appearance／发生, 出现／발생／sự phát sinh

・事故が**発生し**、電車がストップした。　{事件／害虫／伝染病…}が**発生する**。

関 ガ起こる、ガ／ヲ生じる☞ 1066

※他動詞として使うこともある。(・これは燃やすと有毒ガスを**発生する**。)

303 **とうじょう**　ガ登場スル　entrance, appearance／上场, 出演, 登场／등장／sự xuất hiện

・舞台に俳優が**登場する**。　・この作家はすい星のように**登場した**。

・この話には二人の母親が**登場する**。

合 __人物　対 ガ退場スル

304 **かいふく**　ガ／ヲ回復スル　recovery／恢复, 康复／회복／sự hồi phục

・経済状況が**回復する**。　・重い病気から**回復した**。

・一度失った信用を**回復する**のは難しい。

合 __力、疲労__

305 **えんじょ**　ヲ援助スル　assistance, support／帮助, 资助, 援助／원조／sự giúp đỡ, sự hỗ trợ

・親戚の**援助**で大学を卒業できた。

・発展途上国へは経済的な**援助**だけではなく、技術**援助**も大切だ。

類 ヲ支援スル　関 ヲ救援スル（・**救援**を求める。　・**救援**物資を送る。）

306 **ほけん**　保険　insurance／保险／보험／bảo hiểm

・子どもが生まれたので、生命**保険**に入った。

連 ニ__をかける、__に入る　合 生命__、損害__、自動車__、__金、__会社

307 **ついか**　ヲ追加スル　addition ／追加／추가／sự bổ sung

・飲み会でビールを**追加する**。　・「さっきの注文に**追加し**たいんですが」

合 __料金

308 **おうよう**　ガ応用スル　application／应用／응용／ứng dụng

・この技術はいろいろな機械に**応用できる**。　合 __問題、__力

309 **かいとう** ガ解答／回答スル response, answer／回答, 答复, 解答／해답/회답／lời giải, câu trả lời

[解答]・10問のうち5問**解答できない**と失格になります。

合 模範＿、＿用紙

[回答]・アンケートに**回答して**プレゼントをもらった。　・「明日中にご**回答**ください」

310 **けつろん** 結論 conclusion／结论／결론／kết luận

・3時間議論しても、**結論**は出なかった。

連 ＿が出る・＿を出す、＿に至る　合 ヲ＿づける　関 結果

311 **あん** 案 idea, plan／方案, 计划／안, 생각, 계획／ý tưởng, phương án

・新製品について、**案**を出すように言われた。　・これはまだ**案**であって、決定ではない。

連 ＿を練る、＿が出る・＿を出す　合 予算＿、原＿、具体＿、名＿

312 **しゅうちゅう** ガ／ヲ集中スル concentration／集中／집중／sự tập trung

・人口は大都市に**集中している**。　・心配事があって、仕事に**集中できなかった**。

合 ＿力、＿的な、＿豪雨

313 **くべつ** ヲ区別スル distinction／分清, 辨别／구별／sự phân biệt

・レポートを書くときは、事実と意見を**区別して**書かなければならない。

・あの双子はとてもよく似ていて、**区別**がつかない。

連 ＿がつく・＿をつける　関 ヲ差別スル

314 **さべつ** ヲ差別スル distinction; discrimination／区别, 区分; 歧视, 区别对待／차별／sự phân biệt, sự khác biệt

①・**差別**のない社会をつくりたい。　・給料で男女を**差別する**ことは許されない。

合 男女＿、性＿、人種＿、＿待遇、＿的な

②・新商品の開発にあたっては、他との**差別**化が必要だ。

合 ヲ＿化する　関 ヲ区別スル

315 **ちゅうかん** 中間 middle／中间, 二者之间／중간／giữa

・名古屋は東京と大阪の**中間**にある。　・二国間の意見の**中間**を取った声明が発表された。

合 ＿試験、＿報告、＿色、＿管理職　類 間

316 **ぎゃく** 逆 contrary, opposite／逆, 倒, 相反／거꾸로임, 반대／ngược lại

・鏡では左右が**逆**になる。　・予想と**逆**の結果が出た。

連 ＿になる・＿にする　合 ガ＿転スル、ガ＿戻りスル、逆光、＿方向、＿効果

類 反対、さかさま、あべこべ

317 **よそ** some other place, (look) away／其他的, 别处／타처, 딴 곳, 남／khác, ngoài

・方言は**よそ**の土地の人にはわかりにくい。　・**よそ**の国に住んでみたい。

・「**よそ**の人にお菓子をもらってはだめよ」　・「テスト中に**よそ**見をするな！」

合 ＿見　関 ほか

25

318 **ほか** 他 someone (else); something (else); other than; as well as ／其他; 别的; 另外的; 除了……以外／딴것, 그 밖, 이외, 딴 곳, 밖에／khác, ngoài ra

・「私にはわかりませんので、**ほか**の人に聞いてください」 ・「**ほか**に質問はありませんか」
・〈店で〉「**ほか**の物を見せてください」
・英語の**ほか**、スペイン語も話せる。
・ここより**ほか**に行くところはない。
・山田課長(やまだかちょう)**ほか**２名(めい)が出席した。

319 **さかい** 境 boundary／界线, 分界／경계／ranh giới

・隣(となり)の家との**境**(さかい)には塀(へい)がある。 ・秋分(しゅうぶん)の日を**境**(さかい)に、急に涼(すず)しくなった。
連 ト／ニ＿を接(せっ)する 合 ＿目、県境(けんざかい) 類 境界(きょうかい) 関 国境(こっきょう) 慣 生死(せいし)の境(さかい)をさまよう

320 **なかば** 半ば half; middle／一半; 中央, 中间／절반, 거의, 중간／một nửa, giữa

①・彼女の話の**半ば**(なか)はうそだ。
副 半(なか)ば(・試験ができなかったので、合格(ごうかく)は**半ば**(なか)あきらめていた。)
類 半分
②・東京(とうきょう)は６月の**半ば**(なか)あたりから雨が多くなる。 ・試合の**半ば**(なか)に雨が降り出した。
・50歳(さい)になり人生(じんせい)も**半ば**(なか)を過(す)ぎた。
関 中旬(ちゅうじゅん)、中(なか)ほど、中間(ちゅうかん)

コラム 8 災害 Disasters／灾害／재해／thảm họa

◆風

台風(たいふう)	typhoon／台风／태풍／thảm họa
嵐(あらし)	storm／暴风雨／몹시 거센 바람, 폭풍우／cơn bão
暴風雨(ぼうふうう)	rainstorm, tempest／暴风雨／폭풍우／mưa bão
突風(とっぷう)	blast／突然刮起的暴风／돌풍／gió mạnh đột ngột
竜巻(たつまき)	tornado／龙卷风／회오리바람／lốc xoáy

◆雨

大雨(おおあめ)	heavy rain／大雨／호우, 큰비／mưa to
集中豪雨(しゅうちゅうごうう)	local downpour／集中性暴雨／집중호우／mưa bão tập trung

◆雪

大雪(おおゆき)	heavy snow／大雪／대설, 큰눈／tuyết nặng hạt
吹雪(ふぶき)	snowstorm, blizzard／暴风雪／눈보라／bão tuyết
雪崩(なだれ)	avalanche／雪崩／눈사태／lở tuyết

◆水

洪水(こうずい)	flood／洪水／홍수／lũ lụt
氾濫(はんらん)	flooding, inundation／泛滥／범람／ngập lụt
増水(ぞうすい)	rise of a river／涨水, 水位增高／증수, 물이 불어남／mực nước dâng
浸水(しんすい)	flooding, inundation／浸水／침수／ngập nước
水害(すいがい)	flood damage／水灾／수해／thiên tai lũ lụt
堤防決壊(ていぼうけっかい)	collapse of embankment／堤坝溃决, 堤坝决口／제방 결궤／vỡ đê
津波(つなみ)	tsunami／海啸／쓰나미, 해일／sóng thần
高波(たかなみ)	high wave／大浪／높은 파도／sóng cao
水没(すいぼつ)	submergence／淹没, 没于水中／수몰／chìm trong nước

◆火

山火事(やまかじ)／森林火災(しんりんかさい)	forest fire (on a mountain)/forest fire／山火／森林火灾／산불／삼림 화재／cháy núi, cháy rừng
噴火(ふんか)	eruption／（火山）喷发／분화／phun lửa

◆地(ち)

地震(じしん)	earthquake／地震／지진／động đất
震度(しんど)	seismic intensity／震度／진도／độ địa chấn
マグニチュード	magnitude／震级／매그니튜드／cường độ
震源(しんげん)	hypocenter／震源／진원／nguồn địa chấn
余震(よしん)	aftershock／余震／여진／dư chấn
山崩れ(やまくず)	landslide, landslip／山崩／산사태／sạt lở núi
がけ崩(くず)れ	landslide／悬崖塌陷／산비탈의 사태／sạt lở đá
地割(じわ)れ	crack in the ground／地裂／가뭄・지진으로 지면이 갈라짐／nứt nền đất

◆天候(てんこう)

冷害(れいがい)	damage from cold weather／冻灾／냉해／thiệt hại do lạnh
干(かん)ばつ	drought／干旱／가뭄／hạn hán
日照(ひで)り	drought, dry weather／日照／가뭄／nắng, hạn

◆その他(た)

落雷(らくらい)	strike of lightning／落雷, 雷击／낙뢰／sét đánh

コラム 9 気象・天気予報

Weather conditions/Weather forecasts／气象・天气预报／기상・일기예보／khí tượng, dự báo thời tiết

◆晴れ	sunny, fine／晴／맑음／nắng ráo, đẹp trời
晴天	sunny weather／晴天／맑은 날씨／trời nắng ráo
快晴	clear and sunny／晴朗, 万里无云／쾌청／trời quang đãng
◆曇り	cloudy／多云／흐림／mây mù
◆雨	rain, rainy／雨, 下雨／비／mưa
雨天	rainy weather／下雨天／우천／thời tiết mưa
にわか雨	shower／阵雨, 骤雨／소나기／mưa rào
夕立ち	(summer afternoon) shower／傍晚的雷阵雨／소나기／mưa chiều
大雨	heavy rain／大雨／호우, 큰비／mưa to
◆雷	thunder／雷／천둥, 벼락／sấm
雷雨	thunderstorm／雷雨／뇌우／mưa dông
稲妻	lightning／闪电／번개／chớp
・雷が鳴る	thunder／打雷, 雷鸣／천둥이 치다／sấm sét đánh
・雷が落ちる	lightning strikes／雷击／벼락이 떨어지다／sét đánh
・稲妻が光る	lightning flashes／电闪／번개가 치다／tia chớp xẹt
◆雪	snow, snowy／雪／눈／tuyết
大雪	heavy snow／大雪／대설, 큰눈／tuyết nặng hạt
ひょう	hail／冰雹／우박／mưa đá
吹雪	snowstorm, blizzard／暴风雪／눈보라／bão tuyết
◆霜	frost／霜／서리／sương giá
・霜が降りる	frost／降霜／서리가 내리다／sương rơi
◆霧	fog／雾／안개／sương mù
・霧が出る	fog sets in／起雾／안개가 끼다／xuất hiện sương mù
・霧がかかる⇔霧が晴れる	have fog／下雾／안개가 끼다／sương mù ⇔ fog lifts／雾散／안개가 걷히다／sương tan
◆風	wind／风／바람／gió
大風	gale, storm／大风／대풍, 강풍／gió lớn
嵐	storm／暴风雨／몹시 거센 바람, 폭풍우／cơn bão
台風	typhoon／台风／태풍／bão nhiệt đới
季節風	seasonal wind, monsoon／季风／계절풍／gió mùa
春一番	first spring storm／初春的第一场较强的南风／입춘 후 처음으로 부는 강한 남풍／gió ấm đầu xuân
木枯らし	cold wintry wind／寒风, 秋风／늦가을부터 초겨울에 부는 찬 바람／gió bấc
◆前線	front／锋, 锋面／전선／dải
梅雨前線	seasonal rain front／梅雨锋面／장마 전선／dải mưa theo mùa
寒冷前線	cold front／冷锋／한랭 전선／dải khí lạnh
温暖前線	warm front／暖锋／온난 전선／dải khí ấm
梅雨入り	beginning of the rainy season／入梅／장마철로 접어듦／vào mùa mưa
梅雨明け	end of the rainy season／出梅／장마가 끝남／hết mùa mưa
◆猛暑	intense heat, heat wave／酷暑／혹서, 몹시 심한 더위／cái nóng tột độ
真夏日	day on which the temperature goes above 30℃／盛夏之日／하루 최고 기온이 섭씨 30도를 넘은 날／ngày nóng giữa mùa hè
熱帯夜	sultry night／夏天最低气温在25度以上的夜晚／열대야／đêm nhiệt đới
寒波⇔熱波	cold wave／寒流, 寒潮／한파／sóng lạnh ⇔ heat wave／热流, 热潮／열파／sóng nhiệt
◆気圧	atmospheric pressure／气压／기압／áp suất khí
高気圧⇔低気圧	high atmospheric pressure／高气压／고기압／áp suất khí cao ⇔ low atmospheric pressure／低气压／저기압 áp suất khí thấp
気圧配置	pressure pattern／气压分布情况／기압 배치／mô hình áp suất không khí
熱帯性低気圧	tropical cyclone／热带性低气压／열대성 저기압／áp thấp nhiệt đới
◆注意報	weather advisory／警报, 预警／주의보／cảnh báo thời tiết
警報	warning／警报／경보／cảnh báo
花粉	pollen／花粉／꽃가루／phấn hoa
黄砂	Asian dust (storm)／黄沙／황사／bão cát sa mạc
異常乾燥	extremely dry weather／异常干燥／이상 건조／khô hạn bất thường
異常低温	extremely low temperature／异常低温／이상 저온／nhiệt độ thấp bất thường

Unit 04 名詞B 271 ～ 320

練習問題

レベル ★★☆☆

Ⅰ （　　）に助詞を書きなさい。

1．全力(　　)走る。

2．被害を受けた人(　　)同情する。

3．天候(　　)恵まれる。

4．異性(　　)意識して固くなる。

5．アンケート(　　)回答する。

6．本気(　　)怒(おこ)る。

7．そんなことは全く記憶(　　)ない。

8．まわりの人(　　)同意(　　)求める。

9．多くの人がそのニュース(　　)関心を持った。

10．まわりがうるさくて、勉強(　　)集中できない。

11．事実(　　)意見(　　)区別して書くことが大切だ。

12．相手の要求(　　)こたえる。／要求(　　)受け入れる。

Ⅱ 「する」が付く言葉に○を付けなさい。

記憶　関心　本気　意識　同感　主張　感覚　勝負(しょうぶ)　爆発(ばくはつ)　対立

感激　機嫌　観測　応用　中間　援助　差別

Ⅲ 「的」が付く言葉に○を付けなさい。

魅力(みりょく)　全力　意欲　感激　感覚　同情　同意　集中　区別　差別　乾燥

Ⅳ 正しい言葉を〔　　〕の中から一つ選びなさい。

1．勘(かん)が〔　くる　動く　働く　〕。

2．全力を〔　しぼる　つくす　燃やす　〕。

3．意識を〔　失う　落とす　流す　〕。

4．対立が〔　高い　強い　激しい　〕。

5．勝負(しょうぶ)が〔　かわる　かつ　つく　〕。

6．災害に〔　あう　であう　むかう　〕。

7．保険を〔　入れる　かける　加える　〕。

8．結論を〔　終わる　決める　出す　〕。

9．区別を〔　かける　つける　とる　〕。

10．感覚が〔　するどい　強い　やさしい　〕。

11．意欲が〔　立つ　わく　〕。

12．「謝(あやま)るから、きげんを〔　おさめて　直して　良くして　〕」

Ⅴ　(　　　)に下から選んだ語を書いて、一つの言葉にしなさい。

1．(　　　　)災害(さいがい)　　2．(　　　　)主張　　3．(　　　　)保険
4．(　　　　)神経　　5．意識(　　　　)　　6．追加(ついか)(　　　　)
7．登場(　　　　)　　8．解答(　　　　)　　9．応用(　　　　)

運動　自己　自然　人物　損害(そんがい)　不明　問題　用紙　料金

Ⅵ　反対の意味の言葉を書きなさい。

1．損(そん) ⇔(　　　　)　　2．登場 ⇔(　　　　)　　3．勘(かん)が当たる ⇔ 勘が(　　　　)

Ⅶ　(　　　)に入る言葉を下から選んで書きなさい。

A

1．うちの子は、よくくつを左右(　　　　　)にはいている。
2．天気予報によると、今月の(　　　　　)あたりから暖かくなるそうだ。
3．いつもは高橋(たかはし)さんに頼んでいる仕事を、今回は(　　　　　)の人に頼むことにした。
4．「どんな宣伝をすれば売れるか、どんどん(　　　　　)を出してください」
5．(　　　　　)の家のことは知らないが、これが我(わ)が家(や)のやり方だ。
6．小さい子どもは現実と想像の(　　　　　)がはっきりしていないらしい。
7．選手たちは(　　　　　)よくグラウンドに飛び出して行った。
8．電車は混んでいたが、(　　　　　)よく座ることができた。

あん　いきおい　うん　ぎゃく　さかい　なかば　ほか　よそ

B

1．たまにはいい(　　　　　)のレストランで、ゆっくり食事を楽しみたい。
2．台風が近づいている海で、(　　　　　)事故が(　　　　　)した。救助隊(きゅうじょたい)は
(　　　　　)の(　　　　　)を待って出発することになっている。
3．歌手が舞台に(　　　　　)すると、会場は拍手(はくしゅ)と歓声(かんせい)に包まれた。
4．スポーツの(　　　　　)は人間が力いっぱいがんばっている姿にある。
5．戦争が終わったばかりの国には、各国からの(　　　　　)が必要だろう。
6．弟の趣味は星の(　　　　　)だ。
7．最近祖母の(　　　　　)がおかしい。心配だ。
8．政府に対する国民の怒(いか)りが(　　　　　)し、各地で大規模(だいきぼ)なデモが行われた。

えんじょ　かいふく　かんそく　そうなん　てんこう　とうじょう ばくはつ　はっせい　ふんいき　ようす　みりょく

321 ふだん　　普段　usually／平时, 平常, 日常／평소, 일상／thường, thông thường

・**普段**は7時に起きるが、今日は寝坊してしまった。

・昨日は徹夜で大変だったのに、彼女は**普段**どおりに仕事をしていた。

・母は高齢だが、**普段**から健康に気をつけている。

合 __着　　関 普通、日常

322 にちじょう　　日常　everyday／日常／일상／thường ngày

・**日常**の業務を果たす。

副 日常(・**日常**着る洋服は動きやすいものがいい。)

合 __生活、__茶飯事　　関 普段

323 いっぱん　　一般　(the) general／一般, 普遍; 普通／일반／bình thường, phổ biến

・これは**一般**の店では手に入らない薬だ。　・{国民／世間}**一般**の{意見／習慣}

・その情報は**一般**には知られていない。

合 __常識、__論、__社会、__大衆、__性、__的な

副 一般に(・**一般に**、女性の方が長生きである。　・この習慣はもともと関西地方のものだが、今では関東でも**一般に**行われるようになった。)

★ナ形 **一般的な**

・日本では結婚すると女性の方が姓を変えるのが**一般的だ**。

・**一般的に**言って、関西の方が関東より薄味だ。

対 特殊な ☞ 860

324 じょうしき　　常識　common sense／常识, 常情／상식／nhận thức chung

・ミスをしたらきちんと責任をとるのが社会人の**常識**だ。　・あの人には**常識**がない。

・**常識**で考えると、あんな大きな会社が倒産するはずがない。

連 __がある⇔ない　　合 __的な、非__な(・あの人は**非常識だ**。)、一般__、社会__

325 ことわざ　proverb／谚语, 俗语／속담／tục ngữ

・**ことわざ**には教訓が含まれていることが多い。

326 けんり　　権利　right／权利; 资格／권리／quyền

①・全ての国民には健康的な生活を送る**権利**がある。　・**権利**を主張する。

対 義務　　関 [名詞]＋権(・所有**権**、財産**権**、日照**権**)

②・「あなたに人を非難する**権利**はない」

連 ①②～__がある⇔ない

327 ぎむ　　義務　duty, obligation／义务／의무／nghĩa vụ

・親には子どもに教育を受けさせる**義務**がある。　・社会人としての**義務**を果たす。

連 ～__がある⇔ない、__を果たす、__を負う　　合 __的な、__教育　　対 権利

328 **きっかけ** start, opportunity／开端, 机会／계기, 실마리／duyên cớ

・けんかの**きっかけ**は、つまらないことだった。

・彼女と話したいのだが、話の**きっかけ**がつかめない。

・日本のアニメを見たのが**きっかけ**で、日本に興味を持つようになった。

連 __をつかむ　類 契機

329 **こうどう**　ガ行動スル　action／行动／행동／hành động

・彼の**行動**は、とても立派だった。　・あの3人は、いつも一緒に**行動して**いる。

・計画を**行動**に移す。　・あの人は、集団**行動**をとるのが苦手だ。

連 〜__をとる　合 団体__、集団__⇔単独__、反対__、抗議__、__範囲、__力(・**行動力**がある⇔ない)、__的な(・**行動的な**性格)

330 **しよう**　ヲ使用スル　use／使用／사용／việc sử dụng

・今は、文書の作成にはパソコンが**使用される**ことが多い。

・〈電車で〉「優先席の近くでは携帯電話のご**使用**はお控えください」

合 __料　関 ヲ使う、ヲ利用スル

331 **ていしゅつ**　ヲ提出スル　presentation, submission／交, 提交／제출／việc nộp

・願書の**提出**は10月31日までだ。　・会社に報告書を**提出する**。

・「成績は試験、出席、**提出**物の状況でつけます」

合 __物、__期限

332 **きげん**　期限　term, deadline／期限／기한／thời hạn

・支払いの**期限**を延ばしてもらった。　・このチケットの有効**期限**は3月5日です。

・定期(の有効**期限**)が切れた。

連 __が切れる、__を延ばす／延長する　合 賞味__、消費__、有効__、無__、__切れ

333 **えんき**　ヲ延期スル　postponement／延期／연기／sự trì hoãn

・大雨のため、運動会は1週間後に**延期された**。　・出発を1日**延期する**。

関 ヲ延ばす、雨天順延

334 **えんちょう**　ヲ延長スル　extension／延长／연장／sự kéo dài

・結論が出なかったので、会議は30分**延長された**。　・開館時間を7時まで**延長する**。

合 〈スポーツ〉__戦　対 ヲ短縮スル　関 ヲ延ばす

335 **たんしゅく**　ヲ短縮スル　shortening; reduction／缩短／단축／sự rút ngắn

・冬は動物園の営業時間が**短縮される**。　・{時間／距離…}を**短縮する**。

・組合は労働時間の**短縮**を求めている。

合 __授業　対 ヲ延長スル

27

336 **えいぞう**　映像　image, picture／画面, 图像／영상／hình ảnh

・このあたりは電波の状態が悪く、テレビの**映像**がよく乱れる。

337 **さつえい**　ヲ撮影スル　photography, filming／拍照, 摄影, 拍电影／촬영／sự quay phim, sự chụp ảnh

・プロのカメラマンに顔写真を**撮影して**もらった。　・駅前で映画を**撮影して**いた。

合 記念__、__所　関 ヲ撮る

338 **はいけい**　背景　background／(图、照片等的) 背景；(事件、势力等的) 背景／배경／nền, bối cảnh

①・これは家族の写真で、**背景**はうちの庭だ。　・{絵／画面／舞台…}の**背景**

類 バック

②・事件の**背景**を考える。　合 時代__、__知識

339 **どくりつ**　ガ独立スル　independence／独立／독립／sự độc lập

・アメリカはイギリスから**独立した**。　・佐藤さんは**独立して**店を開いた。

合 __記念日、__戦争、__宣言、__採算　関 ガ自立する

340 **こうほ**　候補　candidacy, candidate／候选 (人)；候补／후보／ứng cử viên

①・今度の市長選挙は、5人の**候補**(者)で争われることになった。

・東京は、オリンピック開催地の**候補**になっている。

合 __者、ガ立候補スル

②・彼は将来の社長**候補**だ。

341 **しじ**　ヲ支持スル　support／支持／지지／sự ủng hộ

・私は首相を**支持して**いる。　・高橋氏の意見は多くの**支持**を得た。

連 __を得る　合 __者、不__　関 ヲ支援スル

342 **とうひょう**　ガ投票スル　vote／投票／투표／sự bầu chọn, sự bỏ phiếu

・選挙でA候補に**投票した**。

・野党が提出した法案は**投票**で否決された。

合 __者、__所、__箱、__用紙、__率、国民__、人気__、決戦__

343 **とうせん**　ガ当選スル　election; winning／当选；中奖／당선, 당첨／sự trúng cử

①・先日の選挙で、知り合いが市長に**当選した**。

合 __確実　対 ガ落選スル

②・宝くじに**当選し**、賞金1,000万円を手に入れた。

合 __者、__番号

344 **ちゅうせん**　ガ抽選スル　lot／抽签／추첨, 제비뽑기／sự rút thăm

・**抽選**に当たってテレビをもらった。

・応募者が多い場合は、**抽選**で当選者を決めることになっている。

連 __に当たる⇔はずれる、__に漏れる　関 ガくじびきスル

345 **はいふ**　ニ＋ヲ配布／配付スル　distribution／发, 散发, 分发／배부／sự phân phát

・駅前で通行人にちらしを**配布する**。　・会議の出席者に資料を**配付する**。

※「配布」は大勢の人に、「配付」は関係のある人だけに配る場合に使う。

類 ヲ配る☞127

346 **しっかく**　ガ失格スル　disqualification／失去资格; 不合格／실격／sự mất tư cách

①・試合でひどい反則をすると**失格**になる。

②・汚職をするなんて、政治家として**失格**だ。

合 ①②＿者

347 **よか**　余暇　leisure／余暇, 业余时间／여가／sự nghi phép

・**余暇**を利用して、ボランティアをしている。　関 休暇、レジャー☞503

348 **ぎょうじ**　行事　event／仪式, 活动／행사／sự kiện

・正月の**行事**は地方によってさまざまだ。　・最近は季節の**行事**を行わない家庭も多い。

合 年中＿、伝統＿、学校＿　関 イベント

349 **りそう**　理想　ideal／理想／이상／lý tưởng

・若者には高い**理想**を持ってもらいたい。　・**理想**の{男性／女性／上司／職場…}

・**理想**通りの仕事が見つかったとは、うらやましい。

連 ＿が高い、＿を追求する、＿を抱く　合 ＿的な　対 現実

350 **げんじつ**　現実　reality; actuality／现实; 实际, 真实／현실／hiện thực, thực tế

①・理想と**現実**は違う。　・社会に出て**現実**の厳しさを知った。

連 厳しい＿　合 ＿的な(・その計画は**現実的ではない**。)　対 理想

②・彼女は貧しい生まれで苦労したと言っているが、**現実**は少し違う。

・会社が倒産するのではないかといううわさが{**現実**に／**現実**のものと}なった。

351 **たいけん**　ヲ体験スル　experience／体验, 经历／체험／trải nghiệm

・日本では、戦争を**体験した**ことのない世代が増えている。

合 ＿者、＿談、実＿　類 ヲ経験スル

352 **くうそう**　ヲ空想スル　imagination, fantasy／空想, 假想, 幻想／공상／mơ tưởng

・弟は**空想**ばかりして、現実を見ようとしない。　・トップスターとの結婚を**空想する**。

連 ＿にふける　対 現実　関 ヲ想像スル、ヲ夢見る

353 **じつぶつ**　実物　original／实物, 实际的东西／실물／đồ thật

・このダイヤモンドは、写真で見ると大きく見えるが、**実物**はずっと小さい。

合 ＿大(・「この写真のダイヤモンドは**実物大**です」)

354 **じつげん**　ガ／ヲ実現スル　realization／实现／실현／thực hiện

・長年の夢{を／が}**実現した**。　・その計画は**実現**不可能だ。

355 **じっし**　ヲ実施スル　enforcement, practice／实施, 执行／실시／thực hiện, thực thi

・大会は予定どおり**実施された**。　・計画の**実施**を見送った。　関ヲ実行スル

356 **きょか**　ヲ許可スル　permission／许可, 批准／허가／sự cho phép

・路上での撮影には警察の**許可**が必要だ。　・教授{から／に}授業の聴講を**許可された**。

連＿が出る・＿を出す、＿を求める、＿を与える、＿を得る、＿をもらう、＿が下りる

357 **ぜんたい**　全体　whole／所有的, 整体／전체／toàn thể

・この会社の従業員は、**全体**で 500 人ぐらいだ。

・文化祭の準備で学校**全体**が活気にあふれている。

合＿的な、[名詞]＋全体(・学生**全体**、地球**全体**)、＿像　対部分、一部

358 **ぶぶん**　部分　part／部分／부분／phần

・レポートの最後の**部分**は書き直すつもりだ。

・地震で家の大**部分**は壊れたが、新しく増築した**部分**は大丈夫だった。

合大＿、＿的な、一＿　対全部、全体　関一部

359 **とういつ**　ヲ統一スル　unification／统一／통일／sự thống nhất

・EU は通貨をユーロに**統一した**。　・精神を**統一して**試合に臨む。

連＿に欠ける、＿を欠く　合＿見解、＿行動、＿感、精神＿　対ガ分裂スル

360 **かくだい**　ガ／ヲ拡大スル　magnification, expansion／扩大／확대／sự mở rộng, sự gia tăng

・地図が小さくて見づらいので、**拡大**コピーをとった。

・A 国との貿易額は年々**拡大し**つつある。

合＿解釈、＿再生産、＿コピー　対ガ／ヲ縮小スル　類ガ／ヲ拡張スル

361 **しゅくしょう**　ガ／ヲ縮小スル　reduction, curtailment／缩小／축소／sự thu hẹp

・B 4 を A 4 に**縮小して**コピーした。　・事業の**縮小**により、数人の社員が辞めさせられた。

合＿コピー　対ガ／ヲ拡大スル

362 **しゅうごう**　ガ集合スル　gathering; set／集合; 集合体／집합／sự tập trung

①・「面接を受ける人は、予定時間の 30 分前に会場に**集合して**ください」

合＿時間、＿場所　対ガ／ヲ解散スル

②・人間の体は、分子の**集合**でできている。　・数の**集合**

合＿体　対ガ／ヲ分散スル

363 **ほうこう**　方向　direction; course／方位, 方向; (发展) 方向, 方针／방향, 방침／phương hướng, hướng

①・川は北東から南西の**方向**に流れている。　・吹雪で**方向**がわからなくなった。

・「進行**方向**右手に、富士山が見えてまいります」

合＿音痴、＿転換、＿感覚、＿指示器、進行＿　関方角

②・今の会社を辞めるかどうか迷っている。今のところ、転職の**方向**で考えている。

364 **かんかく** 間隔 interval／间隔／간격／khoảng cách, khoảng thời gian

・50センチの**間隔**をあけて机を並べた。 ・ラッシュ時には3分**間隔**で電車が発車する。

・行と行の**間隔**をもう少しあけて書いてください。

連 __があく⇔つまる・__をあける⇔つめる 類 間

365 **わき** 脇 side; out of the way／腋下; 旁边／겨드랑이, 옆, 딴 데／nách, bên lề

①・体温計を**わき**の下にはさんで熱を測る。

②・荷物を**脇**に置く。 ・向こうから大勢の人が集団で歩いてきたので、道の**わき**に寄った。

・原田さんはすぐに話が**わき**にそれてしまう。

合 __見（・**脇見**運転、**脇見**をする）

366 **つうか** ガ通過スル passage／通过／통과／sự đi qua, qua

・国境を車で**通過する**。 ・コンテストで一次審査を**通過した**。

合 __駅、__点、__地点 関 ガ通り過ぎる、ガパススル☞491

367 **いどう** ガ／ヲ移動スル movement, transfer／移动／이동／sự di chuyển

・今度の旅行では、**移動**は全てバスだ。

・「ここは駐車禁止です。車を別の場所に**移動して**ください」

関 ガ／ヲ移転スル（・店が**移転する**。）、ガ転居スル（・友だちが**転居した**。）、ガ移住スル（・ブラジルに**移住する**。）

368 **ていし** ガ／ヲ停止スル stop; suspension／停住, 停止; 禁止／정지／sự dừng lại, sự đình chỉ

①・そのスーパーは停電のため、営業を**停止した**。

・踏切では車は一時**停止しなければ**ならない。

合 一時__ 類 ガ／ヲストップスル☞827

②・A選手はドーピングで出場**停止**処分を受けた。

合 出席__、出場__ 関 ヲ中止スル

369 **ていか** ガ低下スル fall; decline／下降, 降低; 减退／저하／sự giảm xuống, sự giảm sút

①・高く登れば登るほど、気温は**低下する**。

対 ガ上昇スル☞646

②・年を取ると、記憶力が**低下する**。

対 ガ向上スル

370 **ちょうか** ガ超過スル excess／超过／초과／sự vượt quá

・彼女の荷物は規定の重量を10キロも**超過して**いた。

・計算してみると、予算を**超過して**いた。

合 __料金、__勤務 類 ガオーバースル☞483 関 ガ超える

Unit 04 名詞B 321 ～ 370

練習問題

レベル ★★☆☆

Ⅰ （　）に助詞を書きなさい。要らないときは×を書きなさい。

1．抽選（ちゅうせん）（　）当たる。　2．首相（しゅしょう）（　）支持する。
3．親（　）独立する。　4．社内の意見（　）統一（とういつ）する。
5．8時に駅前（　）集合すること。　6．図を1／2（　）縮小する。
7．出席者（　）資料（　）配付する。
8．市長（　）当選する。　9．夢（　／　）実現する。
10．会議は30分（　）延長された。
11．水泳大会は1週間後（　）延期された。
12．私は普段（ふだん）（　）健康（　）気をつけている。

Ⅱ 「する」が付く言葉に◯を付けなさい。

日常　行動　提出　期限　映像　撮影（さつえい）　投票　候補　失格　実物
実施（じっし）　余暇（よか）　空想　理想　許可　方向　間隔（かんかく）　通過

Ⅲ 「的」が付く言葉に◯を付けなさい。

一般　理想　現実　背景（はいけい）　常識　普段（ふだん）　全体　権利　義務

Ⅳ 反対の意味の言葉を書きなさい。

1．権利 ⇔（　）　2．当選 ⇔（　）
3．理想 ⇔（　）　4．全体 ⇔（　）
5．拡大（かくだい） ⇔（　）　6．分裂（ぶんれつ） ⇔（　）
7．温度が低下する ⇔（　）する　8．間隔（かんかく）をあける ⇔（　）

Ⅴ （　）に下から選んだ語を書いて、一つの言葉にしなさい。

A 1～4は1字です。

1．行動（　）　2．使用（　）　3．提出（　）　4．投票（とうひょう）（　）
5．一般（　）　6．当選（　）　7．集合（　）　8．義務（　）

箱　物　力　料　教育　常識　時間　番号

B

1．超過（ちょうか）（　）　2．（　）撮影（さつえい）　3．（　）行事　4．（　）期限
5．（　）方向　6．日常（　）　7．移動（　）

記念　勤務　手段（しゅだん）　賞味（しょうみ）　進行　生活　伝統

Ⅵ　正しい言葉を〔　　　〕の中から一つ選びなさい。

1．有効期限が〔　終わる　切れる　閉まる　〕。

2．やっと許可が〔　受け入れた　下りた　下がった　〕。

3．山口さんは理想が〔　大きい　高い　激しい　〕。

4．義務を〔　従う　果たす　しばる　〕。

5．きっかけを〔　つかむ　握る　拾う　〕。

6．道の脇に〔　下がる　引く　寄る　〕。

Ⅶ　(　　　)に入る言葉を下から選んで書きなさい。

A

1．「千里の道も一歩から」という(　　　　　　　)のとおり、何ごとも基礎から勉強した方がいい。

2．何か(　　　　　　　)がないと、今までの習慣を変えるのは難しい。

3．(　　　　　　　)優しい先輩があんなに怒るなんて、何があったのだろう。

4．パンダは写真でしか見たことがない。(　　　　　　　)を見てみたい。

5．来年度から、入試で英語の会話試験が(　　　　　　　)されることになった。

6．この絵の(　　　　　　　)は海だ。

7．実験のしかたを説明するには、(　　　　　　　)があった方がわかりやすい。

8．風邪薬を飲んだら車を運転してはいけないというのは(　　　　　　　)だ。

9．2年間ロシア語を勉強しているが、まだ(　　　　　　　)会話程度しかできない。

えいぞう　きっかけ　ことわざ　じっし　じつぶつ じょうしき　にちじょう　はいけい　ふだん

B

1．あのレストランでは化学調味料は(　　　　　　　)していないそうだ。

2．17世紀以降、イギリスはどんどん領土を(　　　　　　　)した。

3．あの映画はすばらしいと思うが、初めの(　　　　　　　)が少しわかりづらい。

4．島田選手は優勝(　　　　　　　)だったが、禁止されている薬を飲んだという理由で(　　　　　　　)となり、さらに、1年間出場(　　　　　　　)となった。

5．(駅のアナウンス)「列車が(　　　　　　　)します。白線の内側に下がってお待ちください」

6．野口選手は今までの日本記録を1秒(　　　　　　　)した。

7．早退するときは上司の(　　　　　　　)を得なければならない。

8．先日、(　　　　　　　)を利用して、初めてボランティアを(　　　　　　　)した。

かくだい　きょか　こうほ　しっかく　しよう たいけん　たんしゅく　つうか　ていし　ぶぶん　よか

Unit 04 名詞 B 271 ～ 370

確認問題

レベル ★★☆☆

Ⅰ （　　　）に入れるのに最もよいものを、a・b・c・dから一つ選びなさい。

1．こんなに夜遅く教授の家に電話をかけるなんて、（　　　）常識だ。

a　無　　b　不　　c　非　　d　未

2．薬物の使用を疑われた山田選手は、（　　　）期限の出場停止処分を受けた。

a　無　　b　不　　c　非　　d　未

3．強く叱りすぎると、（　　　）効果になることもある。

a　低　　b　反　　c　弱　　d　逆

4．鈴木さんの意見は（　　　）案だと思う。

a　高　　b　上　　c　優　　d　名

Ⅱ （　　　）に入れるのに最もよいものを、a・b・c・dから一つ選びなさい。

1．弟は運動（　　　）がよく、スポーツは何でも得意だ。

a　神経　　b　感覚　　c　技術　　d　体力

2．このあたりの住民は、伝統を守ろうという（　　　）が高い。

a　要求　　b　意見　　c　主張　　d　意識

3．両チームとも全力で戦い、なかなか（　　　）がつかなかった。

a　決勝　　b　試合　　c　勝負　　d　決定

4．昨年よりさらに赤字が（　　　）したため、ボーナスがカットされた。

a　向上　　b　増量　　c　延長　　d　拡大

5．（　　　）にも恵まれ、とても楽しい旅行だった。

a　気候　　b　天候　　c　温暖　　d　晴れ

6．ふるさとを離れ、（　　　）の土地で自分の力を試してみたい。

a　わき　　b　よそ　　c　たにん　　d　さかい

7．父は疲れた（　　　）で帰ってきた。

a　様子　　b　調子　　c　外見　　d　状態

Ⅲ ＿＿＿＿の言葉に意味が最も近いものを、a・b・c・dから一つ選びなさい。

1．私は上田さんの提案には<u>同意</u>できません。

a　共感　　b　同情　　c　賛成　　d　統一

2．出席者の<u>なかば</u>は30代の女性だった。

a　大半　　b　半分　　c　中間　　d　真中

3．電池を入れるとき、プラスとマイナスを逆に入れてしまった。

a　さゆう　　b　ななめ　　c　よこむき　　d　さかさま

4．2回目の出場で、一次予選を通過することができた。

a　とおる　　b　すぎる　　c　こえる　　d　オーバーする

Ⅳ　次の言葉の使い方として最もよいものを、a・b・c・dから一つ選びなさい。

1．機嫌

a　入院している母のことが心配で、私は一日機嫌が悪い。

b　課長は機嫌が悪いらしく、いつもより怒りっぽい。

c　最近体の機嫌が悪いので、病院へ行こうと思っている。

d　今日仕事が進まなかったのは、パソコンの機嫌が悪かったからだ。

2．回復

a　この病気を回復するためには、長期にわたる治療が必要だ。

b　ここ数年成績が悪かったAチームが回復し、5年ぶりに優勝した。

c　この道路は工事で通行禁止になっている。いつ回復するか、まだわかっていない。

d　経済状況が悪化し、失業者も増えている。景気の回復が待たれる。

3．余暇

a　最近働き過ぎなので、もう少し余暇したいと思う。

b　我が社では社員全員が、1年に2週間の余暇を取っている。

c　子どもが大きくなったので、余暇の利用方法を考えたい。

d　妹は余暇さえあれば本を読んでいるような子どもだった。

4．実現

a　結婚しようという二人の約束が実現した。

b　雨天にもかかわらず、マラソン大会は予定通り実現された。

c　留学すれば何とかなると思っていたが、実現は厳しかった。

d　留学という長年の夢を実現できてとてもうれしい。

5．関心

a　最近、食の安全ということに関心を持つようになった。

b　一人一人がごみを減らす努力をしようということに、私も関心した。

c　有名な学者の話を聞いて、多くの人が自分も関心だと言っていた。

d　あの子はよく親の言うことを聞く、本当に関心な子どもだ。

まとめ1 複合動詞　371 ～ 460

29

I　～上がる① 自　上へ移動する、上方へ向けて～する

[Rise, Up] go upward, do ~ upward／上, 升; ……上, ……起来／위로 이동하다, 위쪽을 향해 ~하다／~ "lên" di chuyển lên trên, làm ~ hướng lên trên

371 **たちあがる**　が立ち上がる　stand up／站起来, 起立／일어서다／đứng lên, được khởi động

・いすから**立ち上がる**。　・プロジェクトが**立ち上がる**。

名 立ち上がり　他 立ち上げる☞387

372 **とびあがる**　が飛び上がる　jump up／跳起来／펄쩍 뛰다, 뛰어오르다／nhảy lên

・**飛び上がって**喜ぶ。　・驚いて**飛び上がった**。

373 **うかびあがる**　が浮かび上がる　floated up to the surface, emerge／浮起来, 出现／떠오르다, 부상하다／nổi lên

・水面に**浮かび上がる**。　・Aが容疑者として**浮かび上がった**。

374 **まいあがる**　が舞い上がる　stir up; be excited／飞扬, 高兴得手舞足蹈／날아오르다／bay lên, vui mừng

・{砂／ほこり…}が**舞い上がる**。　・女の子から告白されて、彼は**舞い上がった**。

375 **もえあがる**　が燃え上がる　blaze up／燃起, 烧起／타오르다／bùng cháy lên

・{火／闘志／恋心…}が**燃え上がる**。

376 **もりあがる**　が盛り上がる　swell, stand up; warm up／鼓起, 凸起; (气氛) 热烈, 高涨起来／부풀어 오르다, 고조되다／sưng lên, đứng lên, sôi nổi lên

・筋肉が**盛り上がっている**。　・パーティーが**盛り上がる**。　名 盛り上がり→＿に欠ける

377 **わきあがる**　が沸(湧)き上がる　well up, arise／沸腾, 掀起; 涌现／터져 나오다, 끓어 오르다／rộn lên, trào lên

・歓声が**沸き上がる**。　・{悲しみ／怒り…}が**湧き上がってくる**。

〈その他〉　起き上がる、勝ち上がる　など

～上がる② 自　十分に～する、ひどく～する

[Rise, Up] do ~ completely, do ~ very much／完成, 彻底; 严重地……, 激烈地……／충분히 ~하다, 아주 ~하다／~ "lên" làm ~ hoàn tất, đủ, rất ~

378 **はれあがる**　が晴れ上がる　clear up／(天气) 放晴／맑게 개다／(trời) trong veo

・**晴れ上がった**秋空

379 **ふるえあがる**　が震え上がる　be terrified／发抖, 打颤, 哆嗦／부들부들 떨다／run lên

・{寒さ／恐怖…}に**震え上がる**。

380 **ちぢみあがる**　が縮み上がる　cower／缩小很多, 收缩得厉害／바짝 움츠러들다／co rúm lại

・{寒さ／恐怖…}に**縮み上がる**。

381 **ひあがる**　が干上がる　dry up／干枯, 干涸／완전히 말라붙다／cạn kiệt

・{池／湖／川…}が**干上がる**。

～上がる③ 自 完了する

[Rise, Up] complete／完，了，完成，结束／완료되다，끝나다／~ "lên" hoàn thành

382 できあがる ガでき上がる
[Rise, Up] complete／做完，做好／완료되다，끝나다／xong, hoàn tất

・料理が**でき上がった。** 名 でき上がり（・**でき上がり**を見て満足する。）

〈その他〉編み上がる、書き上がる、焼き上がる、仕上がる☞ 709

Ⅱ ～上げる① 他 上へ移動させる、上方へ向けて～させる、前へ移動させる

[Raise, Up] move ~ upward, have ~ do ~ upward, move ~ahead／举，抬；使……向前移动／위로 이동시키다，위쪽을 향해 ~시키다，앞으로 이동시키다／~ " làm cho lên" cho di chuyển lên trên, khiến cho ~ hướng lên trên, làm cho di chuyển về phía trước

383 もちあげる ヲ持ち上げる
raise, pick up／拿起来／들어 올리다／nâng lên, nhấc lên

・荷物を**持ち上げる。** 自 持ち上がる

384 みあげる ヲ見上げる
look up／抬头看，仰视／올려다보다／nhìn lên

・空を**見上げる。**

385 つみあげる ヲ積み上げる
pile up／堆积起来／쌓아 올리다／chất lên

・資料を**積み上げる。** 自 積み上がる

386 うちあげる ヲ打ち上げる
launch／发射／쏘아 올리다，마치다／bắn lên

・{ロケット／花火}を**打ち上げる。**

名 打ち上げ（・文化祭が終わって、**打ち上げ**パーティーを開いた。 ・ロケットの**打ち上げ**）

387 たちあげる ヲ立ち上げる
start up, launch／启动／시동하다，활동을 시작하다／khởi động, bắt đầu

・コンピューターを**立ち上げる。** ・{新店舗／プロジェクト…}を**立ち上げる。**

名 立ち上げ 自 立ち上がる☞ 371

388 きりあげる ヲ切り上げる
leave off, round up／结束，告一段落；进位／일단락짓다，절상하다，올림하다／kết thúc, làm tròn

①・今日は仕事を５時で**切り上げよう。**

②・通貨を**切り上げる。** ・小数点以下は**切り上げる**こととする。

対 ヲ切り下げる 名 切り上げ

389 くりあげる ヲ繰り上げる
move up, advance／提前／앞당기다，끌어올리다／tiến lên, thăng (hạng)

・{時間／予定／順位…}を**繰り上げる。** 自 繰り上がる 名 繰り上げ→＿当選

～上げる② 他 十分に～する、程度を高める

[Raise, Up] do ~ completely, raise a degree／（程度）提高，增加，长进／충분히 ~하다，수준을 높이다／~ "làm nên" làm ~ hoàn thành, thăng hạng, tăng cấp độ

390 みがきあげる ヲ磨き上げる
polish up／擦亮，打磨／닦아서 완성하다／đánh bóng

・**磨き上げた**靴 ・{床／家具／鏡…}を**磨き上げる。**

391 きたえあげる ヲ鍛え上げる
drill／锻炼好／충분히 단련하여 완성시키다／rèn luyện

・選手たちを**鍛え上げる。** ・**鍛え上げられた**肉体

30

～上(あ)げる③ 他　完了(かんりょう)する、達成(たっせい)する

[Raise, Up] complete, achieve／完了, 完成, 作完／완료하다, 달성하다／~ "xong, đạt" hoàn thành, đạt được

392 **かきあげる**　ヲ書き上げる　finish writing, write off／写完／다 쓰다／viết xong, viết hết

・レポートを**書き上げた**。　自 書き上がる

393 **そだてあげる**　ヲ育て上げる　bring up／抚养大, 养育成人／길러 내다／nuôi dạy

・子(こ)どもを**育(そだ)て上げる**。

〈その他(た)〉仕上げる☞710、編(あ)み上げる

～上(あ)げる④ 他　一つ一つ取(と)り上げて示(しめ)す

[Raise, Up] take up and show each one of them ／举,提起／하나씩 다루어 제시하다.／~ "lên" nêu và thể hiện từng thứ một

394 **よみあげる**　ヲ読み上げる　read out ／宣读, 高声读／낭독하다／đọc lên

・卒業生(そつぎょうせい)の名前を**読み上げる**。

395 **かぞえあげる**　ヲ数え上げる　enumerate／列举出来／열거하다／đếm lên

・欠点(けってん)を**数(かぞ)え上げる**。

Ⅲ　～出(だ)す① 他　中から外に出す

[Take out, Out] let ~ out／出；(从里向外)拿出, 取出／안에서 밖으로 꺼내다／~ "ra" đưa từ trong ra ngoài

396 **なげだす**　ヲ投げ出す　throw out; give up／伸出; 中途放弃／뻗다, 내팽개치다, 포기하다／duỗi ra, từ bỏ

①・足を**投(な)げ出して**座(すわ)る。

②・問題が難(むずか)しくて、途中(とちゅう)で**投(な)げ出して**しまった。

397 **もちだす**　ヲ持ち出す　carry out, take out／拿出去, 带出去／들고 나가다, 반출하다／mang ra

・この本は図書館から**持ち出さないで**ください。　名 持ち出し

398 **おいだす**　ヲ追い出す　expel, kick out／赶出去／쫓아내다, 내쫓다／đuổi ra

・入ってきた虫(むし)を**追(お)い出す**。　・遊んでばかりいる息子(むすこ)を家から**追(お)い出した**。

399 **ほうりだす**　ヲ放り出す　throw out; throw aside／扔开, 丢开／내던지다／thả ra, ném sang một bên

・子どもは学校から帰ってくると、かばんを**ほうり出して**遊びに行った。

400 **かしだす**　ヲ貸し出す　lend out／出借／대출하다／cho mượn, cho vay

①・「この図書館では雑誌も**貸し出して**いますか」　対 ヲ借り出す

②・銀行が金を**貸し出す**。

名 ①②貸し出し→＿期間

401 **ききだす**　ヲ聞き出す　get (information) out of ~ ／问出来／물어서 알아내다, 캐내다／hỏi lấy (thông tin)

・相手(あいて)から情報(じょうほう)を**聞き出す**。

402 **つれだす**　ヲ連れ出す　take out／领出去, 带出去／데리고 나가다／dắt ra

・嫌(いや)がる娘をむりやり**連(つ)れ出して**病院へ行った。

403 **ひっぱりだす**　ヲ引っ張り出す　draw out, bring out／拉出来, 拽出来／꺼내다, 끌어내다／rút ra, mang ra

・押し入れの奥から古いアルバムを**引っ張り出した**。

・新しい映画に、引退した女優を**引っ張り出した**。

〈その他〉取り出す、吐き出す　など

～出す② 自　中から外に出る

[Take out, Out] go out／……出；(从里向外)出去／안에서 밖으로 나오다／～ "ra" ra ngoài từ bên trong

404 **にげだす**　ガ逃げ出す　run away／逃出来／도망치다／thoát ra ngoài

・燃えている家の中から**逃げ出す**。　・動物園のサルが**逃げ出した**そうだ。

405 **とびだす**　ガ飛び出す　spring out; rush out; protrude／跳出来; 离开, 出走; 突出来／뛰어나오다, 뛰어나가다, 뛰쳐나오다, 튀어나오다／nhảy ra, bỏ đi, nhô ra

①・箱を開けるとカエルが**飛び出した**。　・車道に**飛び出す**な。

・親とけんかして家を**飛び出した**。

②・くぎが**飛び出して**いて危ない。

～出す③ 他　内にあるものを、外から見えるようにする

[Take out, Out] make something inside visible from the outside／……出;（让外界看到）……出来／안에 있는 것을 밖에서 보이게 하다／～ "làm cho ra, ra" làm cho nhìn thấy rõ thứ ở bên trong

406 **みつけだす**　ヲ見つけ出す　find／找出来, 找到／찾아내다／tìm thấy

・図書館の本棚から、探していた本を**見つけ出した**。

407 **さがしだす**　ヲ探し出す　find out, discover／找到, 搜寻到, 查出／찾아내다, 찾기 시작하다／tìm ra, phát hiện ra

・行方不明になっていたペットを**探し出した**。

408 **かきだす**　ヲ書き出す　write (down)／写出来／쓰기 시작하다／viết ra

・今日の予定をノートに**書き出した**。

～出す④ 自　その行為を始める／動きが始まる(→N4 レベル)

[Take out, Out] start doing ~;~movements start／……出; 开始……／그 행위를 시작하다/움직임이 시작되다／sự di chuyển bắt đầu (cấp độ N4)

歩き出す、駆け出す、泣き出す、話し出す、言い出す、降り出す、動き出すなど

Ⅳ　～込む① 自　中に入る

[Enter] enter inside／进入, 进去／안으로 들어가다／"bắt đầu" ~ ④ bắt đầu hành vi／～ "vào" vào trong

409 **とびこむ**　ガ飛び込む　jump into, plunge into／跳入; 投入; 突然出现／뛰어들다／nhảy vào, lao vào

・プールに**飛び込む**。　・新しい世界に**飛び込む**。　・大ニュースが**飛び込んで**きた。

名 飛び込み

410 **かけこむ**　ガ駆け込む　run into／跑进／뛰어들어가다／chạy vào

・大急ぎで教室に**駆け込んだ**。　名 駆け込み→＿乗車

411 **わりこむ**　ガ割り込む　cut into (a line)／挤进, 加塞儿／끼어들다／chen ngang vào

・列に**割り込む**。　名 割り込み

31

412 **さしこむ**　ガ差し込む　shine in／射人, 照进来／들어오다／chiếu vào

・日の光が部屋いっぱいに**差し込んで**いる。

413 **しみこむ**　ガ染み込む　soak; sink into／渗入; 铭刻／스며들다, 배어들다／ngấm vào, thấm vào

・雨が土に**しみ込む**。　・母の教えが胸に**しみ込んで**いる。

414 **ひっこむ**　ガ引っ込む　retire, stand back／退开, 退隐; 凹入; 让在一边／틀어박히다, 물러나다, 쑥 들어가다／lui vào

・秘書は客を応接室に通すと、奥へ**引っ込んだ**。　・父は退職後、田舎に**引っ込んだ**。

・その建物は大通りから**引っ込んだ**ところにあるのでわかりづらい。

・「あなたは関係ないんだから、**引っ込んで**てください」

〈その他〉どなり込む、逃げ込む、攻め込む、注ぎ込む☞419　など

〜込む② 他　中に入れる　[Enter, In] put ~ inside／使 …… 进去, 让 …… 进去／안에 넣다／~ " vào" cho vào trong

415 **つめこむ**　ヲ詰め込む　jam, cram／尽量装入, 填满／가득 채워 넣다／nhồi nhét vào

・かばんに荷物を**詰め込む**。　名 詰め込み→__教育

416 **のみこむ**　ヲ飲み込む　swallow／囫囵咽下; 理解, 领会／삼키다, 이해하다／nuốt vào

・食べ物をかまずに**飲み込む**。　・状況を**飲み込む**のに時間がかかった。

417 **はこびこむ**　ヲ運び込む　carry in／搬进, 运进／나르다／mang vào

・引っ越しの荷物を部屋に**運び込む**。

418 **うちこむ**　ガ／ヲ打ち込む　feed (data) into ~; smash ~ into; be absorbed in／输入; 猛烈扣杀／입력하다, 쳐넣다, 열중하다／đánh vào, gõ vào, giao

他・パソコンにデータを**打ち込む**。　・強いサーブを**打ち込む**。　名 打ち込み

自・研究に**打ち込む**。☞〜込む④

419 **そそぎこむ**　ガ／ヲ注ぎ込む　offer (love), give (affection)／倾注／부어 넣다, 흘러들어 가다／dành, đem vào

他・子どもに愛情を**注ぎ込む**。　自・川が海に**注ぎ込む**ところを河口と言う。☞〜込む①

420 **ひきこむ**　ヲ引き込む　draw into／拉进, 引诱进来／끌어들이다／lôi kéo vào

・友人を悪の道に**引き込む**。　・話に**引き込まれる**。

421 **かきこむ**　ヲ書き込む　write／写上, 注上／써넣다, 기입하다／viết vào

・ノートに感想を**書き込む**。　名 書き込み→ニ__をする

422 **まきこむ**　ヲ巻き込む　involve／牵连／말려들게 하다／cuốn vào

・事故に**巻き込まれて**けがをした。

423 **おいこむ**　ヲ追い込む　drive into／赶进; 逼入／몰아넣다, 곤경에 빠뜨리다, 총력을 경주하다／lùa vào, đẩy vào

・羊の群れを囲いに**追い込む**。　・彼は責任を追及され、**追い込まれた**状況にある。

名 追い込み（・投票日まであと数日。候補者たちは必死に**追い込み**をかけている。）

424 **よびこむ**　　ヲ呼び込む　　call in／叫进来／불러들이다／thu hút vào, gọi vào

・ある国では、赤は運を**呼び込む**色だと言われている。

名 呼び込み（・**呼び込み**の声）

～込む③ 自　すっかり～して、その状態のままでいる

[Enter, In] do ~ completely and keep the (present) state／彻底, 完全; 深／완전히 ~하여 그 상태인 채로 있다／làm ~ "vào , trong" làm một cách hoàn toàn và giữ nguyên trạng thái đó

425 **すわりこむ**　　ガ座り込む　　sit down／坐下不动／주저앉다／ngồi lì

・疲れていすに**座り込む**。

426 **ねこむ**　　ガ寝込む　　fall asleep／卧床不起／푹 잠들다, 몸져눕다／ngủ li bì

・病気で１週間**寝込んだ**。

427 **はなしこむ**　　ガ話し込む　　have a long talk／谈得起劲／이야기에 열중하다／nói chuyện liên miên

・友人と電話で３時間も**話し込んだ**。

428 **だまりこむ**　　ガ黙り込む　　keep silent／一言不发／입을 다물어 버리다／im bặt

・母は不機嫌になると**黙り込む**。

429 **とまりこむ**　　ガ泊まり込む　　stay overnight ／住宿, 投宿／그곳에 묵다／ngủ lại qua đêm

・病院に**泊まり込んで**看病する。　　名 泊まり込み

430 **すみこむ**　　ガ住み込む　　live in／住进, 住下／들어가 살다, 입주하다／sống trong

・弟子になって、師匠の家に**住み込む**。　　名 住み込み→＿で働く

〈その他〉落ち込む☞158、ほれ込む、老け込む、ふさぎ込む　など

～込む④ 他　十分に行う、相手に強く～する

[Enter, In] do ~ completely, press someone to ~／充分, ……透／충분히 하다, 상대방에게 강하게 ~하다／~"vào, trong" làm một cách hoàn toàn, buộc ai làm gì

431 **にこむ**　　ヲ煮込む　　simmer, stew／炖, 熬／푹 끓이다／ninh

・弱火で**煮込む**。　　名 煮込み

432 **うりこむ**　　ヲ売り込む　　sell, find a market ／推销, 兜售／물건을 팔다／chèo kéo để bán hàng

・新製品を**売り込む**。　　名 売り込み

433 **たのみこむ**　　ヲ頼み込む　　plead, ask earnestly／恳求／신신부탁하다／nhờ khẩn thiết, nài nỉ

・頭を下げて先輩に**頼み込んだ**。

434 **おしえこむ**　　ヲ教え込む　　instill in／灌输, 教诲／철저히 가르치다／dạy bảo

・動物に根気よく芸を**教え込んだ**。

〈その他〉打ち込む☞418

32

V　～合う　互いに～する

[Coincide, Each other] do ~ each other ／双方互相 …… ／서로 ~하다／"lẫn nhau" làm ~ lẫn nhau

435 はなしあう　ヲ話し合う　discuss／谈话, 对话／서로 의논하다, 이야기를 나누다／đối thoại

・「暴力はいけない。**話し合って**解決しよう」　名 話し合い

436 いいあう　ヲ言い合う　talk to each other ／争吵, 争论／서로 말하다, 말다툼하다／nói với nhau

・言いたいことを**言い合って**、最後に仲直りした。

名 言い合い（・最初はふつうに話していたが、そのうち激しい**言い合い**になった。）

437 かたりあう　ヲ語り合う　talk together／互相说／서로 이야기를 나누다 ／kể cho nhau

・久しぶりに会った友人と深夜まで**語り合った**。

438 みつめあう　ヲ見つめ合う　gaze at each other／对视, 互相看／서로 바라보다／nhìn nhau

・二人は互いの目を**見つめ合った**。

439 むかいあう　ガ向かい合う　face each other, face to face／面对面／마주 보다／đối diện nhau

・相手と**向かい合って**座る。⇔並んで座る

440 たすけあう　ガ助け合う　help each other／互相帮助／서로 돕다／giúp đỡ lẫn nhau

・「困ったときは**助け合おう**」　名 助け合い

441 わけあう　ヲ分け合う　share／分享／서로 나누다／chia sẻ với nhau

・一つのパンをみんなで**分け合って**食べた。

442 だしあう　ヲ出し合う　share (the expenses)／互相拿出, 各拿出／함께 내다／cùng chi trả, góp

・兄弟でお金を**出し合って**、両親にプレゼントをした。

〈その他〉ガ付き合う、ガ愛し合う、ガ抱き合う　など

VI　～合わせる①　二人以上で～する、互いに～する

[Put together] do ~ by more than one person, do ~ each other／（两人以上）互相……／두 명 이상이서 ~하다, 서로 ~하다／"cùng nhau" làm gì đó với từ hai người trở lên, làm ~ cùng nhau

443 もうしあわせる　ヲ申し合わせる　arrange／约定／의논하여 정하다／thỏa thuận

・会議の内容は外部には言わないことを**申し合わせた**。　名 申し合わせ

444 さそいあわせる　ガ誘い合わせる　bring together／约好／권유하여 함께 행동하다／rủ nhau

・クラスメートたちと**誘い合わせて**富士山に行った。

445 となりあわせる　ガ隣り合わせる　juxtapose, be side by side／紧挨着, 相邻／서로 이웃하고 있다／cạnh nhau

・新幹線でたまたま**隣り合わせた**人と友だちになった。

名 隣り合わせ（・**隣り合わせ**に座る。　・**隣り合わせ**に建つ家）

〈その他〉ガ待ち合わせる、ガ見合わせる☞1014　など

～合わせる② 他　一つにする
[Put together] unite／综合成一个／일치시키다／"cho vào cùng" hợp lại

446 **くみあわせる**　ヲ組み合わせる　combine, put together／组合, 组成／짜 맞추다, 편성하다／kết hợp, ghép
・部品を**組み合わせて**プラモデルを作る。
名 組み合わせ（・トーナメントの**組み合わせ**は抽選で決まる。）

447 **つめあわせる**　ヲ詰め合わせる　pack an assortment (of ~)／混装／여러 가지를 섞어 담다／dồn hết vào
・一箱にいろいろなお菓子が**詰め合わせて**ある。
名 詰め合わせ

448 **かさねあわせる**　ヲ重ね合わせる　overlay／重在一起, 放在一起／겹치다, 포개다／xâu chuỗi
・二つの事件を**重ね合わせて**考えてみると、共通点が浮かび上がった。

～合わせる③　偶然～する
[Put together] happen to do／偶然一起……／우연히 ~하다／"~ cùng"　~ ngẫu nhiên

449 **いあわせる**　ガ居合わせる　happen to be present／正好在场／마침 거기에 있다／có mặt
・犯人は**居合わせた**客を人質に取って逃走した。

450 **のりあわせる**　ガ乗り合わせる　ride in the same vehicle with／偶然同乘／우연히 같이 타다／đi cùng (tàu, xe)
・バスで小銭がなくて困っていたら、**乗り合わせて**いた人が 200 円貸してくれた。

451 **もちあわせる**　ヲ持ち合わせる　have ~ with oneself／持有, 现有／마침 가지고 있다／mang theo người
・「すみません、今日は名刺を**持ち合わせて**おりませんで」
名 持ち合わせ（・**持ち合わせ**がなかったので、友人に立て替えてもらった。）

～合わせる④ 他　～して調べる
[Put together] examine ~ by doing ~／询问, 打听; 核对, 对照／~하여 조사하다／"~ cùng"　tìm hiểu bằng cách ~

452 **といあわせる**　ヲ問い合わせる　inquire, check／询问, 咨询／조회하다, 문의하다／liên hệ để hỏi
・住民登録について、区役所に**問い合わせた**。
名 問い合わせ→__をする

453 **てらしあわせる**　ヲ照らし合わせる　compare and check／对照, 查对／대조하다, 조회하다／đối chiếu
・過去の同様のケースと**照らし合わせて**考える。　類 ヲ照合する

Ⅶ　～直す①　良くなるように、改めてもう一度～する
[Correct, Change] do ~ again to improve ~／(好好地) 重新……一遍／좋아지도록 다시 한번 ~하다／" ~ sửa, thay đổi"　làm lại một lần nữa cho tốt hơn

454 **ききなおす**　ヲ聞き直す　listen again; ask again／再问, 重问／다시 듣다／hỏi lại
・聞こえなかったので**聞き直した**。

455 **やりなおす**　ヲやり直す　do again, start over again／重做／다시 하다／làm lại
・実験がうまくいかなかったので、初めから**やり直した**。
名 やり直し→__がきく⇔きかない（・**やり直し**の{できない／きかない}仕事）

33

456 **かけなおす**　ヲかけ直す　call again／再打（电话）／다시 걸다／gọi lại

・〈電話をかけたが、相手がいなかったとき〉「またあとで**かけ直します**」

457 **でなおす**　ガ出直す　come again／再来，重来／돌아갔다가 다시 나오다／quay lại

・〈もう一度来る必要があるとき〉「改めて**出直して**まいります」

名 出直し（・地震で何もかも失った。また一から**出直し**だ。）

458 **もちなおす**　ガ／ヲ持ち直す　change one's grip; get better／重新拿／바꾸어 들다, 회복되다／cầm lại

他・落としそうになった荷物を**持ち直す**。

自・悪化する一方だった景気が**持ち直した**。　・{病気／天気…}が**持ち直す**。

〈その他〉ヲ見直す☞742 ①②、ヲ書き直す、ヲ言い直す、ヲ作り直す　など

～直す②　**もう一度考えて、考えを変える**　[Correct, Change] reconsider and change one's mind／重新考虑，改变主意／다시 한번 생각하여 생각을 바꾸다／"～sửa, thay đổi" cân nhắc lại và thay đổi quyết định

459 **かんがえなおす**　ヲ考え直す　think over／重新考虑／다시 생각하다, 재고하다／suy nghĩ lại

・仕事を辞めるつもりだったが、**考え直した**ほうがいいと言われた。

460 **おもいなおす**　ヲ思い直す　change one's mind／改变主意，重新考虑／생각을 다시 하다, 재고하다／nghĩ lại

・就職するつもりだったが、**思い直して**進学することにした。

〈その他〉ヲ見直す☞742 ③

コラム 10　事故　Accidents／事故／사고／sự cố

火事／火災	fire／失火・火灾／화재／hỏa hoạn
爆発(事故)	explosion accident／爆炸事故／폭발 사고／vụ nổ
人身事故	accident causing injury or death／人身事故／인신사고／tai nạn gây thiệt hại về người
墜落(事故)	plane crash／（飞机）坠毁，飞机失事／추락 사고／máy bay rơi (sự cố)
遭難(事故)	distress／遇难事故／조난 사고／gặp nạn (sự cố)
水難事故	disaster at sea, drowning accident／（船舶）遇难／수난 사고／tai nạn đuối nước
交通事故	traffic accident／交通事故／교통사고／tai nạn giao thông
衝突(事故)	collision／撞车事故／충돌 사고／va chạm (tai nạn)
追突(事故)	rear-end collision／（车辆）追尾事故／추돌 사고／va chạm từ phía sau
接触(事故)	minor accident／（车辆）碰撞事故／접촉 사고／va quệt (tai nạn)
けが人	injured person／受伤者／부상자／người bị thương
死傷(者)	casualties／死伤者／사상자／thương vong (người)
行方不明	missing／失踪；去向不明／행방불명／mất tích
重体	critical condition／病危／중태／tình trạng nguy kịch
重傷 ⇔ 軽傷	serious illness／重病／중상／bị thương nặng ⇔ slight injury／轻伤／경상／bị thương nhẹ
意識不明	unconsciousness／失去意识；神志不清／의식불명／hôn mê
被害者 ⇔ 加害者	victim, injured person／受害者，被害人／피해자／người bị hại ⇔ assailant, murderer／加害者／가해자／người gây hại
現場	the scene／现场／현장／hiện trường

Unit 04 まとめ1 複合動詞 練習問題 371 〜 460

レベル ★★☆☆

Ⅰ （　）に助詞を書きなさい。

1．列（　）割り込む。
2．相手（　）情報（　）聞き出す。
3．新製品（　）売り込む。
4．旅館（　）住み込んで働く。
5．いす（　）立ち上がる。
6．羊（ひつじ）（　）小屋（こや）（　）追い込む。
7．恐怖（　）縮み上がる。
8．子ども（　）愛情（　）注ぎ込む。
9．田舎（いなか）（　）引っ込む。
10．動物園のサル（　）逃げ出した。
11．隣り合わせ（　）座る。
12．いなくなった犬（　）探し出した。
13．弱火（　）煮込む。

Ⅱ 「ます形」が名詞になる言葉に○を付けなさい。　例：切り上げる→切り上げ

晴れ上がる　できる上がる　持ち出す　聞き出す　呼び込む　書き込む
頼み込む　助け合う　見つめ合う　持ち合わせる　居合わせる　やり直す
思い直す

Ⅲ 「込む」が付く言葉に○を、「合う」が付く言葉に△を付けなさい。両方付く言葉もあります。

言う　話す　語る　黙る　座る　寝る　泊まる　出す　運ぶ　向かう
分ける　飲む

Ⅳ 下から選んだ語を適当な形にして（　　）に入れ、一つの動詞にしなさい。

A

1．ほこりが（　　　　）上がる。
2．水面に（　　　　）上がる。
3．火が（　　　　）上がる。
4．寒さに（　　　　）上がる。
5．怒りが（　　　　）上がる。
6．驚いて（　　　　）上がる。
7．パーティーが（　　　　）上がる。
8．料理が（　　　　）上がる。

浮かぶ　できる　飛ぶ　震（ふる）える　舞（ま）う　燃える　わく　盛（も）る

1．空を(　　　　)上げる。　2．コンピューターを(　　　　)上げる。
3．順位を(　　　　)上げる。　4．机の上に資料を(　　　　)上げる。
5．子どもを(　　　　)上げる。　6．商品の欠点を(　　　　)上げる。
7．仕事を５時で(　　　　)上げる。　8．選手たちを(　　　　)上げる。

数える　鍛（きた）える　切る　くる　育てる　立つ　積む　見る

C

1．冷たい水に(　　　　)込む。　2．発車直前の電車に(　　　　)込む。
3．部屋に日が(　　　　)込む。　4．パソコンにデータを(　　　　)込む。
5．水が土に(　　　　)込む。　6．かばんに荷物を(　　　　)込む。

打つ　駆（か）ける　差す　染（し）みる　詰（つ）める　飛ぶ

D

1．部屋に入ってきた虫を(　　　　)出した。
2．探していたものを(　　　　)出した。
3．わからない言葉をノートに(　　　　)出してみた。
4．子どもを家から(　　　　)出して散歩に行った。
5．「お(　　　　)出しを申し上げます」
6．急に車道に(　　　　)出してはいけない。
7．子どもは勉強を途中で(　　　　)出して、遊びに行った。
8．箱の下の方から古い手紙を(　　　　)出した。

追う　書く　飛ぶ　見つける　引っぱる　ほうる　呼ぶ　連れる

E

1．会長は２年ごとに交代することを(　　　　)合わせた。
2．２枚の布（ぬの）を(　　　　)合わせてみると、同じ大きさだった。
3．帰国するつもりだったが、(　　　　)直した。
4．途中で電話が切れてしまったので、(　　　　)直した。
5．相手の声が小さかったので、何回も(　　　　)直した。

重（かさ）ねる　考える　かける　聞く　申す

Ⅴ ＿＿＿＿の意味が例と同じものを、一つ選びなさい。

1．例：荷物を持ち上げる。

a　レポートを書き上げる。　　b　くつを磨（みが）き上げる。

c　花火を打ち上げる。　　d　名前を読み上げる。

2．例：部品を組み合わせる。

a　同じバスに乗り合わせる。　　b　缶詰（かんづめ）の詰（つ）め合わせを贈る。

c　市役所に問い合わせる。　　d　みんなで誘い合わせていく。

3．例：かばんの中から本を取り出した。

a　わからない言葉をノートに書き出した。

b　急にエレベーターが動き出した。

c　地震に驚いて家から飛び出した。

d　知り合いから情報を聞き出した。

Ⅵ （　　　）に入る言葉を下から選び、適当な形にして書きなさい。

1．3カ月、全く雨が降らず、池も川も（　　　　　　）しまった。

2．見始めて5分も経（た）たないうちに、私はその映画に（　　　　　　）。

3．そのパーティーでは、男女が（　　　　　　）座るようになっていた。

4．難しくて、多くの研究者が（　　　　　　）研究を、彼はやり続けた。

5．事故に（　　　　　　）大けがをした。

6．そのレストランは、大通りから少し（　　　　　　）ところにある。

7．私は偶然現場（ぐうぜんげんば）に（　　　　　　）だけで、事件とは無関係だ。

8．最近の測定結果を過去のデータと（　　　　　　）と、変化がはっきりわかる。

9．祖母の病気は悪くなる一方だったが、新しい薬が効いて（　　　　　　）。

10．私が社長を務（つと）める会社が倒産した。また一から（　　　　　　）だ。

居合わせる	出直す	照らし合わせる	投げ出す	干（ひ）上がる
引き込む	引っ込む	巻き込む	向かい合う	持ち直す

Unit 04 まとめ 1 複合動詞 確認問題 371 ～ 460

レベル ★★☆☆

Ⅰ （　　）に入れるのに最もよいものを、a・b・c・dから一つ選びなさい。

1. 毎朝オフィスに着くと、すぐにパソコンを（　　）上げる。
　a　くり　　b　立ち　　c　立て　　d　積み
2. 点を取ったり取られたりで、試合は大いに（　　）上がった。
　a　飛び　　b　燃え　　c　盛り　　d　わき
3. 会社を辞め、全く新しい世界に（　　）込もうと思う。
　a　駆け　　b　差し　　c　飛び　　d　割り
4. 学生時代は音楽に（　　）込んだ。
　a　打ち　　b　注ぎ　　c　詰め　　d　引き
5. タンスから古い服を（　　）出して、数年ぶりに着てみた。
　a　引き　　b　放り　　c　持ち　　d　引っぱり
6. 重体の祖父は、新しい薬が効いて、少し（　　）直した。
　a　あり　　b　生き　　c　持ち　　d　治り
7. あまりの寒さにふるえ（　　）。
　a　上がった　　b　合った　　c　合わせた　　d　こんだ
8. 二人は同じバスに乗り（　　）ことがきっかけで、仲良くなった。
　a　合った　　b　合わせた　　c　込んだ　　d　込めた
9. 野党は与党の責任を追及し、解散に追い（　　）。
　a　出した　　b　越した　　c　込んだ　　d　ついた
10. 「申し訳ありません、村田はただいま、席をはずしております」
　「では、10分ほどしたら、かけ（　　）ます」
　a　込み　　b　出し　　c　直り　　d　直し

Ⅱ （　　）に入れるのに最もよいものを、a・b・c・dから一つ選びなさい。

1. 講師の話し方が上手なので、すっかり話に（　　）しまった。
　a　しみ込んで　　b　引き込まれて　　c　引っ込んで　　d　差し込まれて
2. 「お断りします」「もう一度、（　　）いただけませんか」
　a　思い上がって　　b　思い込んで　　c　考え抜いて　　d　考え直して
3. 会議で（　　）ことをまとめ、メールで関係者に送った。
　a　言い合った　　b　言い合わせた　　c　申し合った　　d　申し合わせた
4. お客様からの（　　）には、ていねいに答えるようにしましょう。
　a　問い合わせ　　b　話し合わせ　　c　問い合い　　d　話し合い

Ⅲ ＿＿＿＿の言葉に意味が最も近いものを、a・b・c・dから一つ選びなさい。

1．そろそろ練習を切り上げる時間だ。

a 始める　b 終える　c 休憩する　d 集中する

2．この子は本当に飲み込みのいい子だ。

a 好き嫌いがない　b よく言うことを聞く

c 理解が早い　d 集中力がある

Ⅳ 次の言葉の使い方として最もよいものを、a・b・c・dから一つ選びなさい。

1．わき上がる

a 強い風が吹き、砂がわき上がってしまった。

b 合格がわかった瞬間、うれしくてわき上がった。

c 部屋で一人になると、悲しみがわき上がってきた。

d お湯がわき上がったから、お茶にしましょう。

2．くり上げる

a 予定をくり上げて、１日早く帰国することにした。

b 月が変わったから、カレンダーをくり上げてください。

c 平均点を出すとき、小数点以下はくり上げてください。

d 計算が合わないので、もう一度数字を一つ一つくり上げてみた。

3．投げ出す

a 子どもは悔しそうにボールを友だちに投げ出した。

b 怒った妻は「もう帰ってこなくていい」と夫を投げ出した。

c 娘は問題がちょっと難しいと、すぐ投げ出してしまう。

d 箱の中から青いファイルを投げ出してください。

4．割り込む

a 混んだ電車にやっと割り込むことができた。

b 混んでいても、列に割り込むことは許されない。

c 国を出るとき母に言われたことが、胸に割り込んでいる。

d 部屋いっぱいに太陽の光が割り込んで、暖かそうだ。

5．巻き込む

a 話に巻き込まれ、時がたつのを忘れてしまった。

b 父は新しい研究に巻き込まれているそうだ。

c 急に上司から仕事を巻き込まれ、残業しなければならなくなった。

d 事故に巻き込まれてけがをしてしまった。

Unit 05 カタカナ A　461 ～ 510

レベル ★★☆☆

34

461 アンテナ　antenna／天线; 收集信息／안테나／ăng ten

①・**アンテナ**の向きのせいかテレビの映りが悪い。
連 __を立てる　合 テレビ__、室内__

②・役に立つ情報がいつでもキャッチできるよう、**アンテナ**を張っている。
連 __を張る、__を張り巡らす

462 イヤホン　earphone／耳机／이어폰／tai nghe

・電車の中で**イヤホン**をつけて音楽を聴いている若者が多い。
連 __をする、__をつける　関 ヘッドホン

463 サイレン　siren／警报器, 警笛／사이렌／còi báo động

・工場でお昼の**サイレン**が鳴った。　・消防車が**サイレン**を鳴らして火事場に駆けつけた。
関 ベル、チャイム、ブザー

464 コード　cord／电线／코드／dây

・アイロンの**コード**をコンセントにつないだ。
合 延長__　関 プラグ、コンセント

465 モニター　ヲモニタースル　monitor／显示器; 监视器; 评论员／모니터／màn hình, sự theo dõi

①・警備室には、建物内部を映す**モニター**がある。　・パソコンの**モニター**
合 テレビ__、__画面

②・ATM は監視カメラで常に**モニターされて**いる。
合 __カメラ、__ルーム

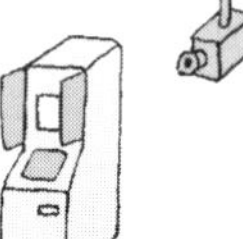

③・テレビ番組の**モニター**をして意見を言う。
合 消費者__、番組__、__制度

466 メーター　meter／仪表; 计程器, 测速器; 米／자동식 계량기, 미터／đồng hồ, mét

①・**メーター**を見ると、電気やガスの使用量がわかる。
・{水道／タクシー料金／スピード…}の**メーター**
合 ヘルス__　類 計器

②・100 **メーター**(＝メートル)の道路

467 ペア　pair／一对, 两个一组, 配对儿／페어, 짝／cặp

・男女が**ペア**になってゲームをした。　・A 選手は B 選手と**ペア**を組んだ。
・彼と彼女はいつも**ペア**の服を着ている。
連 __になる、__を組む　類 対、組み

468 **リズム** rhythm／(音乐) 节奏, 拍子, (生活等的) 节奏／리듬／nhịp điệu

①・この曲(きょく)の**リズム**は３拍子(ひょうし)だ。　・**リズム**に合わせて体を動かす。

連＿をとる、＿を合わせる、＿に合わせる、＿に乗る

合＿運動、＿感(・**リズム感**がいい⇔悪い)　類拍子(ひょうし)　関テンポ、メロディー

②・{生活／仕事／睡眠(すいみん)…}の**リズム**

連①②＿が乱(みだ)れる、＿が戻(もど)る・＿を戻(もど)す、＿を整(ととの)える

469 **アクセント** accent, stress; emphasis／重音, 语调; 着重点／악센트／trọng âm, ngữ điệu

①・「おかあさん」の**アクセント**は、「か」の音にある。　・方言(ほうげん)によって語(ご)の**アクセント**が違(ちが)う。

連ニ＿をおく　関イントネーション

②・この絵は単調(たんちょう)なので、もっと**アクセント**をつけた方がよい。

連ニ＿をつける、ニ＿をおく、＿が強い⇔弱い

470 **アルファベット** alphabet／字母表／알파벳／bảng chữ cái

・図書館では英語の本は**アルファベット**の順(じゅん)に並べてある。

合＿順(じゅん)　関ローマ字(じ)、大文字(おおもじ)、小文字(こもじ)

471 **アドレス** address／电子邮箱; 住址／어드레스, 주소／địa chỉ

①・友だちとメールの**アドレス**を交換(こうかん)した。

合メール＿

②・知り合いの住所と連絡先(れんらくさき)は、**アドレス**帳(ちょう)に書いている。

合＿帳(ちょう)、＿ブック　類住所

472 **メモ** ヲメモスル memorandum, notes／笔记, 记录, 便条／메모／sự ghi chép

・大事なことを紙に**メモする**。　・**メモ**を取(と)りながら授業を聞く。

・相手(あいて)が留守(るす)だったので、**メモ**を残しておいた。

連＿を書く、＿を取(と)る、ヲ＿に残す、ニ＿を残す　合＿帳(ちょう)、＿用紙、伝言(でんごん)＿

473 **マーク** ヲマークスル mark, (on the) blacklist／做标记; 盯上; 更新记录／마크, 표, 감시, 기록을 세움／dấu, sự đánh dấu, sự ghi dấu

①・文章(ぶんしょう)の重要(じゅうよう)なポイントに**マーク**を付けて覚(おぼ)える。

連ニ＿を付ける　合クエスチョン＿、シンボル＿、エコ＿、ベル＿、(車)初心者(しょしん)＿、＿シート、トレード＿(・長く伸(の)ばしたひげが彼の**トレードマーク**だ。)　類印(しるし)、記号(きごう)

②・彼は容疑(ようぎ)者として警察(けいさつ)から**マークされて**いた。

合ノー＿

③・〈スポーツ〉世界記録(せかいきろく)を**マークする**。

474 **イラスト(←イラストレーション)** illustration／插图／일러스트, 삽화／minh họa

・この本は**イラスト**がたくさんあって内容(ないよう)が理解(りかい)しやすい。

類さし絵(え)　関イラストレーター

475 **サイン**　ガサインスル　signature; autograph; sign; signal／签字; 签名; 信号; 暗号／사인, 서명／chữ ký, sự ra hiệu

①・契約書に**サイン**をする。
　類 ガ署名スル

②・コンサートの後で、歌手に**サイン**をもらった。

③・指を2本立てるのは「勝利」の**サイン**だ。
　類 印

④・監督はベンチから選手に**サイン**を送った。
　連 ニ__を送る　類 ガ合図スル

476 **スター**　star／明星, 名演员／스타／ngôi sao, minh tinh

・映画がヒットし、主演俳優はたちまち世界的な**スター**になった。
　合 人気__、トップ__、大__、映画__、スター＋[名詞](・**スター**選手)　関 ファン

477 **アンコール**　encore／要求重播, 要求再来一个／앙코르／yêu cầu diễn lại

・観客の**アンコール**にこたえて出演者が舞台であいさつした。

・オーケストラは、**アンコール**曲を3曲演奏した。
　連 __に応える　合 __曲、__放送

478 **モデル**　model; (plastic) model／模特儿; 蓝本; 原型; 型号; 模型／모델, 본보기／mẫu, hình mẫu

①・彼女はファッションショーの**モデル**をしている。　・ファッション雑誌の**モデル**
　合 ファッション__

②・A国はB国を**モデル**にして社会保障制度を整えた。
　・入試合格者の勉強法は、受験生にとっていい**モデル**になる。
　合 __ケース、__ハウス、__ルーム、ロール__　類 見本、手本、模範　関 サンプル

③・この小説は、実際の人物を**モデル**にして書かれた。
　・{絵／彫刻／写真…}の**モデル**

④・{パソコン／電化製品／車…}の新しい**モデル**が発売された。
　合 ニュー__、新型__、__チェンジ　類 型

⑤・プラ**モデル**を作る。
　合 プラ__(←プラスチックモデル)、__ガン　類 模型

479 **サンプル**　sample／样本, 样品／샘플, 상품 견본／hàng mẫu

・食堂の入り口に料理の**サンプル**が置いてある。
・化粧品を買う前に、まず**サンプル**で試してみる。
　類 見本

480 **スタイル** figure; style／身材, 体型; 打扮; 方式／스타일, 양식／vóc dáng, cách ăn mặc, phong cách

①・彼女はとてもスタイルがいい。

連＿がいい⇔悪い　類プロポーション

②・結婚式(けっこんしき)にはフォーマルなスタイルで出席するのが普通(ふつう)だ。

合ヘア＿　類身(み)なり、服装(ふくそう)、かっこう　関スタイリスト

③・日本人の生活のスタイルは、50年前と比(くら)べて大きく変化した。

合ライフ＿　類様式(ようしき)

481 **ウエスト** waist／腰身, 腰围／웨이스트, 허리／vòng eo

・最近(さいきん)太ってスカートのウエストがきつくなった。　・ウエストを測(はか)る。

類胴回(どうまわ)り　関ヒップ、バスト

482 **カロリー** calorie／热量, 卡路里; 千卡／칼로리, 열량／calo

①・成人(せいじん)男性が1日に必要なカロリーは、1,800～2,000kcalぐらいと言われている。

・昨日夕食でカロリーを取(と)りすぎたので、今日は少し食事を控(ひか)えよう。

連＿を取(と)る、＿を消費(しょうひ)する、＿が高い⇔低い

合高(こう)＿⇔低(てい)＿、＿オーバー、＿コントロール、＿表示(ひょうじ)、＿計算　関ダイエット

②・1カロリーは1気圧(きあつ)で水1グラムの温度を1℃上げるのに必要な熱量(ねつりょう)だ。

483 **オーバー**　ガオーバースル (go) over; exaggerated; (game) over／超过; 夸大, 夸张; 结束／오버, 초과, 과장됨／vượt quá, quá, kết thúc

①・志願者(しがんしゃ)が定員(ていいん)をオーバーした。　・会議は予定(よてい)の時間をオーバーした。

・予算(よさん)が大きくオーバーしてしまった。

合＿タイム、タイム＿、予算＿、＿ワーク　類ガ超過スル☞370　関ガ超(こ)える

②［ナ形 オーバーな］・彼は何でもオーバーに話す。

類大げさな

③・〈スポーツ〉1点入ったところでゲームオーバーとなった。

合ゲーム＿　類終わり、ガ／ヲ終了(しゅうりょう)スル

484 **コントロール**　ヲコントロールスル control／控制, 处理, 管理; 控球／컨트롤, 제어, 제구력／kiểm soát, quản lý

①・この機械(きかい)はコンピューターでコントロールされている。

・彼は部下(ぶか)のコントロールがうまい。　・興奮(こうふん)すると感情(かんじょう)のコントロールが難(むずか)しくなる。

連＿が効(き)く⇔効(き)かない　合セルフ＿、マインド＿、リモート＿　類ヲ制御(せいぎょ)スル

関リモコン(←リモートコントローラー)

②・あのピッチャーはコントロールがいい。

連＿がいい⇔悪い

36

485 **カーブ** ガカーブスル curve／弯曲, 转弯; 曲线球／커브, 구부러짐, 곡선／cong, đường cong, bóng xoáy

①・道が大きく**カーブしている**。 ・{急な／緩やかな}**カーブ**

合 急__、__ミラー

②・〈野球〉A 投手は**カーブ**が得意だ。

486 **コース** course／跑道, 泳道; 路线; 课程, 学科; 一道菜／코스, 과정／đường đua, lộ trình, khóa, suất

①・この道は市民マラソンの**コース**になっている。

・彼女は水泳大会で第 3 **コース**を泳いだ。

合 [名詞]＋コース(・ハイキング**コース**、ジョギング**コース**) 関 トラック

②・彼は順調に出世**コース**を歩んでいる。

合 出世__、エリート__

連 ①②__を進む、__をたどる、__{を／から} はずれる／それる

③・この学校は理系**コース**と文系**コース**に分かれている。

・音楽大学のマスター**コース**で学んでいる。

類 課程

④・レストランでフル**コース**を注文した。

487 **レース** race／速度比赛, 竞赛／레이스, 경주, 경쟁／cuộc đua, sự cạnh tranh

・競輪場へ**レース**を見に行った。 ・幼稚園から受験**レース**がスタートする国もある。

連 __をする 合 カー__、ボート__、出世__、受験__、優勝__ 類 競争

488 **リード** ヲリードスル lead／带领, 率领; 领先; 导读／리드, 선도, 머리말, 전문／sự dẫn đầu, người tiên phong

①・A 国は経済で世界を**リードしている**。 ・A 社は業界を**リードする**メーカーだ。

類 ヲ先導スル 関 ヲ率いる、ヲ引っ張る、リーダー

②・マラソンで 2 位以下の選手を{100 メートル／ 3 分…}**リードした**。

・彼女は同期の出世競争で一歩**リードしている**。

③・新聞の**リード**

類 前文 関 見出し、本文

489 **トップ** first, top／第一, 首位; 率先; 最高层／톱, 선두, 첫째, 수뇌／hàng đầu, người đứng đầu

①・100 メートル走で**トップ**でゴールインした。 ・**トップ**を{走る／行く}。

・A 社は業界**トップ**の収益をあげている。 ・彼女の成績はこの学校で**トップ**クラスだ。

連 __に立つ、__を争う 合 __選手、__クラス、__レベル、__グループ、__ランナー

類 第一位、首位、先頭

②・選挙では田中氏が**トップ**を切って立候補した。

連 __を切る 合 __ニュース、__記事、__バッター 類 最初、一番

③・財界の**トップ**が集まって、経済情勢について話し合った。

合 __会談 類 首脳

490 **ゴール**　　　ガゴールスル　　　goal／到达终点; 奋斗目标; 球门, 进球／골, 결승점, 결승선, 목표, 골인／sự hoàn thành, vạch đích, mục đích

①・山本選手は、100メートル背泳ぎで世界新記録で**ゴールした**。

・マラソンの**ゴール**の周りには、大勢の報道陣がいた。

・結婚は**ゴール**ではなくスタートだ。

合ガ__インスル　対ガスタートスル

②・地震の予知ができるようになることが、この研究の**ゴール**だ。

類目標

③〈スポーツ〉・**ゴール**を決めて1点取った。　・A選手のシュートが見事に**ゴールした**。

連__を守る⇔攻める、__が決まる・__を決める　合__キーパー

491 **パス**　　　ガ／ヲパススル　　　pass／合格, 录取; 放弃; (棒球、足球等) 传球; 票子／패스, 통과, 합격, 뺌, 정기 승차권／qua, bỏ lỡ, giao, đi qua

①・テストに**パスする**。　・コンテストで、一次の書類審査を**パスして**二次の実技に進んだ。

類ガ合格スル　関ガ通過スル☞366

②・飲み会に誘われたが、忙しいので今回は**パスした**。

関ヲ見送る☞1015

③・〈野球・サッカーなど〉他の選手にボールを**パスする**。

※①は自動詞、②③は他動詞。

④・フリー**パス**のチケットを買うと、エリア内の乗り物に何回でも乗ることができる。

合フリー__、顔__　関定期券、入場券、通行証

492 **ベスト**　　　best／最好成绩, 最高纪录; 全力／베스트, 최선, 최량／tốt nhất, hết sức

①・この方法は**ベスト**ではないが、かなり効果がある。

・〈スポーツ〉自己**ベスト**の記録を出した。

合__ワン、__テン、__セラー、__タイム、自己__　対ワースト　類最高、最良

②・選手たちは試合で**ベスト**を尽くした。

連__を尽くす　類最善　関全力

493 **レギュラー**　　　regular／正式选手; 正式演员; 普通, 标准／레귤러, 정규／thành viên chính thức, thường kỳ, thường

①・〈スポーツ〉チームの**レギュラー**になれるようにがんばっている。

合__メンバー　対補欠　類正選手

②・あの俳優はバラエティ番組に**レギュラー**で出演している。

③・**レギュラー**サイズのコーラを注文する。

合__サイズ、__ガソリン　関普通、並み

494 **コーチ**　　　ヲコーチスル　　　coach／教练, 指导／코치／huấn luyện viên, sự huấn luyện

①・ここの柔道部の**コーチ**は厳しいことで有名だ。

・頼まれて少年野球の**コーチ**をしている。

②・田中氏に**コーチして**もらって、技術が向上した。

連①②__をする　関①②ヲ監督スル☞610

37

495 キャプテン captain／队长, 船长／캡틴, 주장, 선장／đội trưởng, thuyền trưởng

①・スポーツの**キャプテン**は、責任感とチームをまとめる力が求められる。
類 主将

②・船の**キャプテン**
類 船長

496 サークル circle／兴趣小组, 社团／서클, 동아리, 동호회／câu lạc bộ

・学生時代、演劇の**サークル**に入っていた。
合 __活動、[名詞]＋サークル　関 クラブ、同好会

497 キャンパス campus／校园, 学校／캠퍼스／khuôn viên

・この大学の**キャンパス**は緑が豊かだ。　・**キャンパス**での思い出がたくさんある。

498 オリエンテーション orientation／新生学习／오리엔테이션／sự định hướng

・新学期、学生を対象に授業登録の**オリエンテーション**があった。
連 __をする

499 カリキュラム curriculum／教学计划, 课程计划／커리큘럼, 교육 과정／chương trình

・**カリキュラム**に沿って授業を行う。
連 __を立てる、__を組む

500 プログラム program／进程表, 计划表; 节目单, 说明书; 程序／프로그램, 진행 순서표／chương trình, phần mềm

①・大会の参加者に**プログラム**が配られた。　・映画館で**プログラム**を買った。
関 進行表

②・今日の演奏会の**プログラム**は、ベートーベンのピアノ曲だ。
・大学には、留学生のためのさまざまな**プログラム**が用意されている。
連 __を組む

③・コンピューターの**プログラム**を作る。
関 プログラマー

501 レッスン　ヲレッスンスル lesson／课程, 功课; 课／레슨, 교습／lớp học, bài

①・ピアノの**レッスン**に通う。　・{英会話／歌／テニス／ゴルフ…}の**レッスン**
連 __を受ける　合 プライベート__、グループ__　関 ヲ練習スル、ヲ稽古スル
※日時を決めて個人的に習うものに多く使う。

②・このテキストは、「**レッスン** 1」から「**レッスン** 15」まである。
類 課

502 レクリエーション recreation／消遣, 娱乐／레크리에이션, 오락／sự giải trí

・合宿では、勉強だけではなく**レクリエーション**も行われる。
合 __活動　※「レクレーション」とも言う。

503 レジャー leisure／娯乐／레저／sự tiêu khiển

・休みに海外へ**レジャー**に出かける。

合 __産業、__施設、__スポット、__活動　関 余暇☞347

504 ガイド　ヲガイドスル　guide／向导, 导游; 旅游指南／가이드, 안내인, 안내／sự hướng dẫn, hướng dẫn du lịch

①・旅行会社で**ガイド**をしている。

合 観光__、バス__、通訳__

②・現地の人に観光地を**ガイドして**もらった。

合 __ブック　類 ヲ案内スル

505 シーズン season／季节, 时期, 旺季／시즌, 철／mùa

・日本では12月から2月にかけてが受験の**シーズン**だ。

・この海岸は、**シーズン**中は海水浴客で混雑する。

合 [名詞]＋シーズン(・受験**シーズン**、行楽**シーズン**)、__オフ、オフ__

類 季節、時期、最盛期

506 ダイヤ(←ダイヤグラム) (train) schedule, timetable／时刻表／철도의 운행표／lịch trình

・事故で列車の**ダイヤ**が乱れたが、数時間後に復旧した。

連 __が乱れる、__に乱れが出る、__が復旧する、__を組む　合 臨時__

507 ウィークデー weekday(s)／工作日, 平日／평일／ngày thường

・この道路は**ウィークデー**は渋滞するが、休日はがらがらだ。

対 ウィークエンド、週末、休日　類 平日☞72

508 サービス　ニ＋ヲサービススル　service, spending much time (with one's family); serve／接待, 服务态度, 附带赠送; 免费提供; 发球／서비스, 서브／dịch vụ, phục vụ

①・「当社はお客様に喜ばれる**サービス**を心がけております」

・あのレストランは**サービス**がよくない。

連 __がいい⇔悪い　合 アフター__、介護__、__業

②・「ビールを5本お買い上げの方に、もう1本**サービスいたします**」

類 ニ＋ヲおまけスル☞84

③・ふだん仕事であまり家にいないので、休日は家族に**サービスする**ようにしている。

合 家族__、__精神(・彼は**サービス精神**が旺盛だ。)、__残業

類 ①③が奉仕スル

④・{テニス／バレー／バドミントン…}の**サービス**

合 __エース

38

509 **アルコール** alcohol／酒精, 酒／알코올, 술／cồn, đồ uống có cồn

①・注射の前に**アルコール**で消毒する。 ・ワインは**アルコール**度数が10%前後だ。

合 __分、__度数、__消毒

②・私は**アルコール**に弱くて、ビール一杯で顔が真っ赤になる。

・父はふだんは無口だが、**アルコール**が入るとよくしゃべる。

連 __に強い⇔弱い、__が入る 類 酒

コラム 11 文房具 Stationery／文具／문방구, 문구／văn phòng phẩm

【書く】

鉛筆　万年筆　ボールペン・(替え)芯　シャープペンシル・芯　サインペン　蛍光ペン

フェルトペン／マジックインキ　色鉛筆　クレヨン　墨汁　絵具

【書く先】

原稿用紙　レポート用紙　グラフ用紙／方眼紙　画用紙　ノート　ルーズリーフ

手帳　メモ帳／メモ用紙　便せん　黒板・黒板消し・チョーク　ホワイトボード

【消す】

消しゴム　修正液　修正テープ

【紙の大きさ】

A4　A3　B4　B5

510 デコレーション　ヲデコレーションスル　decoration／装饰／데코레이션, 장식 ／sự trang trí

・12月になると、多くの店がクリスマスの**デコレーション**をする。

合 __ケーキ　類 ヲ飾り付けスル

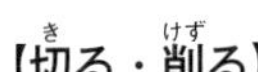

【切る・削る】

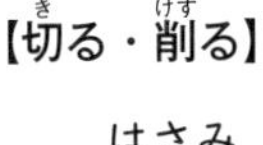

はさみ　カッターナイフ　鉛筆けずり

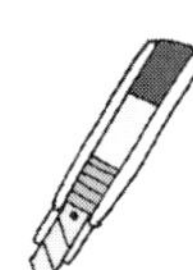

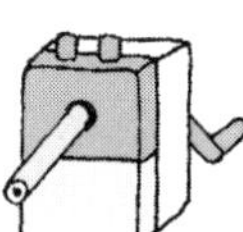

【計算する】

電卓　そろばん

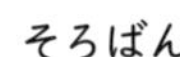

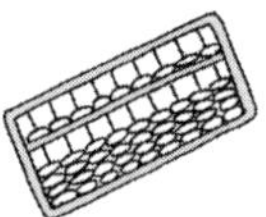

【貼る】

のり　接着剤　セロハンテープ　ガムテープ　シール　付せん（紙）

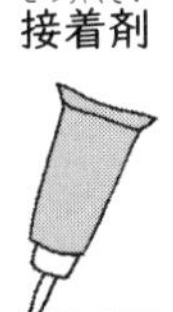
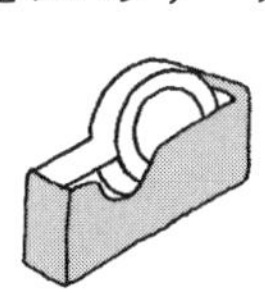

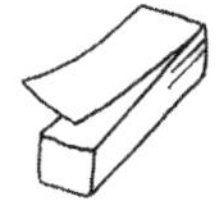

画びょう

【綴じる】

ホッチキス／ステープラー　クリップ　輪ゴム

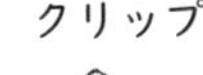

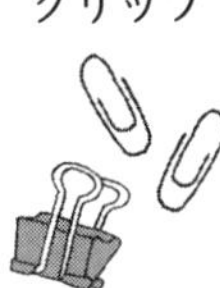

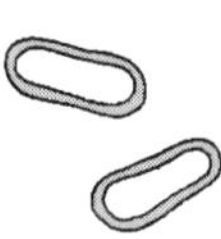

【測る】

定規　分度器　コンパス

【運ぶ】

ファイル　フォルダー

【容器】

筆箱／ペンケース　すずり箱・すずり・墨・筆

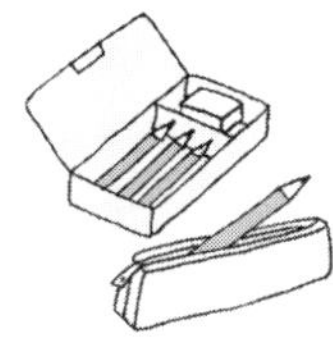
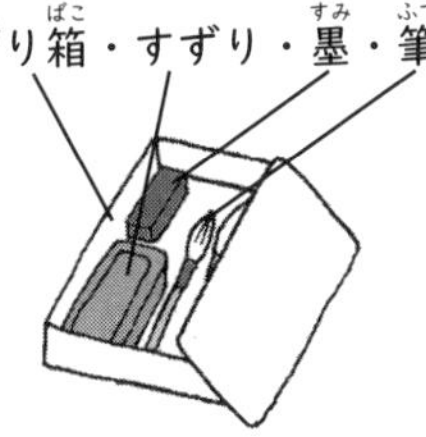

【その他】

パンチ

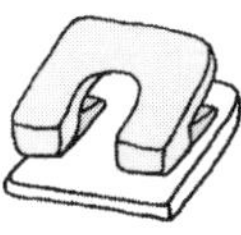

Unit 05 カタカナA 練習問題

461 ～ 510

レベル ★★☆☆

Ⅰ （　　）に助詞を書きなさい。

1．試験（　　）パスした。
2．お客様（　　）サービスする。
3．父はアルコール（　　）弱い。
4．大事な部分（　　）マークをした。
5．申し込みが定員（　　）オーバーした。
6．女子（　　）男子がペアになって踊った。
7．Ａチームが B チーム（　　）５点リードしている。

Ⅱ 「する」が付く言葉に○を付けなさい。

ゴール　　モデル　　モニター　　イラスト　　キャプテン
コントロール　　デコレーション

Ⅲ （　　）の中に下から選んだ語を入れて、一つの言葉にしなさい。

A

1．リズム（　　）　　2．アドレス（　　）　　3．サービス（　　）
4．（　　）カーブ　　5．アンコール（　　）　　6．アルファベット（　　）

感　急　業　曲　順　帳

B

1．（　　　）メモ　　2．（　　　）ガイド　　3．（　　　）コード
4．（　　　）スター　　5．（　　　）ダイヤ　　6．（　　　）レース

延長（えんちょう）　観光　受験　伝言（でんごん）　人気　臨時（りんじ）

Ⅳ 意味が近い言葉を下から一つ選んで書きなさい。

1．ペア（　　　）　　2．サイン（　　　）　　3．ベスト（　　　）
4．シーズン（　　　）　　5．サンプル（　　　）　　6．ウイークデー（　　　）

組　最高　季節　署名（しょめい）　平日　見本

Ⅴ　正しい言葉を〔　　　〕の中から一つ選びなさい。

A

1. カロリーが〔　いい　高い　強い　大きい　〕。
2. スタイルが〔　いい　高い　強い　大きい　〕。
3. アクセントが〔　いい　高い　強い　大きい　〕。

B

1. メモを〔　とる　つくる　〕。
2. サイレンが〔　でる　なる　ひろがる　〕。
3. レッスンを〔　かける　うける　〕。
4. ベストを〔　のこす　つくす　とおす　〕。
5. コースから〔　とれる　はずれる　〕。
6. 列車のダイヤが〔　こわれる　くずれる　みだれる　〕。

C

1. これからは〔　レジャー　サークル　〕産業が発展するだろう。
2. 授業は〔　プログラム　カリキュラム　〕に従（したが）って行われる。
3. 電車の中で〔　イヤホン　アンテナ　〕をして音楽を聞く。
4. 少年サッカーチームの〔　リード　コーチ　〕をしている。
5. 入学前の〔　オリエンテーション　レクリエーション　〕で説明を聞いた。

Ⅵ　(　　　)に入る言葉を下から選んで書きなさい。

1. ガスの(　　　　　　)で使用量を確認した。
2. この大学は(　　　　　　)が広くて美しい。
3. チームの(　　　　　　)になって試合に出た。
4. テストでクラス(　　　　　　)の成績をとった。
5. (　　　　　　)がきつくてスカートが入らない。
6. ロボットはコンピューターで(　　　　　　)されている。

ウエスト	キャンパス	コントロール	トップ	メーター	レギュラー

Unit 06 副詞A+接続詞 511 〜 580

レベル ★★☆☆

39

I 程度や量を表す副詞

Extent-or-quantity-related adverbs／表示程度，量的副词／정도나 양을 나타내는 부사／Phó từ thể hiện mức độ và lượng

511 もっとも　最も　the most／最／가장／nhất

・世界で**最も**面積の広い国はロシアである。

類 一番　※「最も」の方が硬い言葉。

512 ほぼ　almost／大致，基本上／거의, 대략／hầu như

・新しいビルは**ほぼ**完成した。　・イベント会場の準備は**ほぼ**終わった。

・式は**ほぼ**予定通り進行している。　・客席は**ほぼ**満員だった。

513 そうとう　相当　considerably／很，相应的／꽤, 상당／tương đối

①・彼の表情からすると、**相当**強く叱られたようだ。

・今期は**相当**{な／の}赤字になりそうだ。

類 かなり

②［動 が相当する］☞ 1037

514 わりに／わりと／わりあい(に／と)　割に／割と／割り合い(に／と)　comparatively／相比较，比较起来／생각외로, 뜻밖에, 비교적／khá là, tương đối là

・道が混んでいるかと思ったら、**わりに**すいていた。　・今日は**わりと**暖かい。

・今回のレポートは**わりあい**良くかけたと思う。

類 比較的

515 たしょう　多少　a little; (regardless of) the amount／稍微，多少／다소, 꽤, 많음과 적음／một chút, ít nhiều

①・寒い日が続いているが、今日は**多少**暖かい。

・「まだ子どもなのだから、**多少**のことは大目に見てやらなくちゃ」

※「ちょっと→少し→少々／多少」の順に硬い表現になる。

②［名 多少］・「お買い上げ商品の**多少**にかかわらず、無料でお届けします」

516 しょうしょう　少々　a little; a moment／一些，少许，稍稍／조금, 약간, 보통／một chút, một lát

・魚は水気を取り、塩を**少々**ふっておきます。　・「**少々**お待ちください」

・最近信じられないような事件が多いので、**少々**のことでは驚かなくなった。

517 すべて　全て　everything／一切，所有，全部／모두, 전부／tất cả

・問題は**すべて**解決した。　・**すべて**の観客が立ち上がって拍手した。

類 全部、みんな、何もかも

名 全て（・会議出席者の**すべて**がその案に賛成した。

・日本へ来たばかりのころは、見るもの**すべて**が珍しかった。）

518 **なにもかも**　　**何もかも**　everything, all／什么都, 一切, 全部／모조리, 몽땅／mọi thứ, tất cả

・**何もかも**捨てて人生をやり直したい。　・火事で**何もかも**失った。

名 何もかも（・来日したばかりのころは、**何もかも**が新鮮だった。）

類 全て、全部

519 **たっぷり**　sufficiently; a good ~; easy; loose／足够, 多; 至少, 起码; 宽绰／충분히, 듬뿍, 넉넉히／nhiều, đầy, thừa thãi, rộng rãi

①・時間は**たっぷり**あるから、急がなくてもいい。　・**たっぷり**寝たら、疲れが取れた。

・栄養**たっぷり**の料理

合 愛情＿、栄養＿、自信＿　類 たくさん、いっぱい、十分

②・うちから駅までどんなに急いでも、**たっぷり** 15 分はかかる。

③[たっぷりした]・私はぴったりした服より、**たっぷりした**服の方が好きだ。

類 ゆったりした

520 **できるだけ**　as ~ as possible／尽可能, 尽量／최대한, 가능한 한／trong khả năng có thể

・「**できるだけ**早くお返事ください」　・子どもには、**できるだけ**のことはしてやりたい。

関 なるべく

Ⅱ 変化や経過に関係のある副詞

Change-or-progress-related adverbs／和变化, 经过有关的副词／변화나 경과와 관련된 부사／Phó từ liên quan tới sự biến đổi, quá trình

521 **しだいに**　　**次第に**　gradually／逐渐, 渐渐／서서히, 차츰／dần dần

・冬至を過ぎると、日は**しだいに**長くなる。　・景気は**次第に**良くなっているようだ。

類 徐々に、少しずつ、だんだん(※会話的な言葉)

522 **じょじょに**　　**徐々に**　little by little／慢慢地, 渐渐地／서서히, 차차／từng chút một, dần dần

・車は**徐々に**スピードを落とし、やがて止まった。　・病人は**徐々に**回復に向かっている。

・新しい生活にも**徐々に**慣れてきた。

類 次第に、少しずつ、だんだん(※会話的な言葉)

523 **さらに**　still more; again; moreover／更, 更加; 再次, 重新; 并且／더욱더, 다시 한 번, 또한 ／thêm nữa, lại, hơn nữa

①・7月も暑かったが、8月になると**さらに**暑さが増した。

・リストラが進み、仕事は**さらに**忙しくなった。

※「もっと」より「さらに／いっそう／一段と／より」の方が硬い言葉。

②・一度断られたのだが、**さらに**頼んでみることにした。

類 もう一度、重ねて

③ [接 さらに]・朝から雨が降っていた。**さらに**夕方からは雷まで鳴りだした。

類 その上

524 **いっそう**　　**一層**　more, still／越发, 更加／한층 더, 더욱／nhiều hơn

・夜になって、風雨は**いっそう**激しくなった。　・「今後の**いっそう**の努力を期待します」

類 もっと、さらに、一段と、より

40

525 いちだんと　一段と　much, more than ever／更加, 越发／한층, 훨씬／hơn hẳn

・１月になると、寒さは**一段と**厳しくなった。　・「今日はまた、**一段と**お美しいですね」

類 さらに、いっそう、もっと、より

526 より　more, even／更, 更加／보다／hơn

・**より**良い未来を築くために、みんなで力を合わせましょう。

・子どもが生まれて、夫婦の愛情が**より**深まった。

類 さらに、もっと、いっそう、一段と

527 けっきょく　結局　after all, in the end／终究, 到底／결국, 마침내／rút cục, kết cục

・いろいろ考えて、**結局**断ることにした。

・「{**結局**／**結局**のところ}、何が言いたいのですか」

528 ようやく　at last／好不容易, 总算／겨우, 가까스로／cuối cùng

・５年かかって、**ようやく**橋が完成した。

・60歳を過ぎて、**ようやく**暮らしにも少し余裕ができた。

※長い時間がかかったことによく使う。　類 やっと、ついに

529 ふたたび　再び　again／再, 重新／다시／lại

・１年目は不合格だったので、翌年**再び**受験し、今度は合格した。

・彼女が**再び**故郷に戻ったのは、10年後だった。

類 もう一度、再度　※「もう一度」より「再び／再度」の方が硬い言葉。

530 たちまち　instantly／不大工夫, 立刻／갑자기, 순식간에／ngay, liền

・空が暗くなったかと思うと、**たちまち**雨が降り始めた。

・コンサートのチケットは**たちまち**のうちに売り切れた。

※変化が急であることを表す。その変化は目の前で起こることが多い。　類 すぐに

Ⅲ 時に関係のある副詞　Time-related adverbs／和时间有关的副词／시간과 관련된 부사／Phó từ liên quan đến thời gian

531 こんど　今度　this time, recently; next time／这次, 这回; 下次, 下回／이번, 이다음／vừa rồi, sắp tới, lần tới

①・**今度**できたレストランは、味がいいと評判だ。

・**今度**は失敗したが、次は成功させてみせる。

・**今度**のクラスはレベルが高いので勉強が大変だ。

※現在のことを表す。　類 今回、このたび(改まった言葉)

②・**今度**できる店はラーメン屋だそうだ。　・「**今度**みんなでキャンプに行かない？」

・**今度**の日曜日に選挙がある。

※近い未来のことを表す。　類 このたび

③・何度も負けているので、**今度**こそ勝ちたい。

・「さっきは私がやったから、**今度**はあなたの番ですね」　類 次、次回

532 **こんご**　　**今後**　　from now on／今后, 以后／금후, 앞으로／từ nay về sau

・会社を辞めた。**今後**のことはまだ何も決まっていない。

・「**今後**、このようなことがないように、気をつけてください」　類これから

533 **のち(に)**　　**後(に)**　　after, later; future／后, 之后／후, 뒤, 나중, 다음／sau khi, trong tương lai

・松本さんは文学部を卒業した**後に**、医学部に入り直したそうだ。

・二人が結婚したのは、出会って３年{**後**／の**後**}だった。

・相対性理論は**後**の世に大きな影響を与えた。　・〈天気予報〉晴れ**のち**くもり

534 **まもなく**　　soon, before long／马上, 不久／머지않아, 곧, 얼마 안 되어／sắp, ít lâu sau

①・「**まもなく**開演です。お席にお着きになってお待ちください」

※文の初めにくる。

②・リンさんから、帰国して**まもなく**、就職が決まったというメールがきた。

※前に動詞のテ形がくる。

類①もうすぐ　②すぐに　※「もうすぐ」「すぐに」より「まもなく」の方が硬い言葉。

535 **そのうち(に)**　　someday, shortly／不久／가까운 시일 안에, 머지않아／chẳng mấy mà

・「そんなめちゃくちゃな生活をしていたら、**そのうち**病気になるよ」

・来日当初は日本の習慣に驚くことが多かったが、**そのうちに**慣れた。

※あまり長い時間はたっていないときに使う。　類やがて

536 **やがて**　　soon; in the end／马上, 不久／얼마 안 있어, 이윽고／sắp, cuối cùng thì

①・朝５時になった。**やがて**夜が明けるだろう。

類間もなく

②・**やがて**人類は月に住むようになるかもしれない。

類①②そのうち(に)

③・山を下ると、**やがて**町に出た。

537 **いずれ**　　someday; sooner or later／早晚, 总归／어차피, 결국은, 머지않아／một lúc nào đó, dù sớm hay muộn

・子どもは**いずれ**親から離れていくものだ。

・**いずれ**は結婚したいと思っているが、今はまだ考えられない。

※「いつかわからないが、将来」という意味。

538 **さきほど**　　**先ほど**　　a little while ago／刚才, 方才／아까, 조금 전 ／lúc nãy

・**先ほど**、無事到着したとの連絡があった。　・「田中様が**先ほど**からお待ちです」

類さっき　※「先ほど」の方が硬い言葉。

539 **とっくに**　　already, long before／早就, 老早／훨씬 전에／từ lâu

・「松井さんは？」「**とっくに**帰ったよ」

※会話的な言葉。

慣とっくの昔　(・「そんなこと、**とっくの昔**に知ってたよ」)

41

540 すでに　既に　already／已经／이미, 벌써／đã

・私が駅に着いたとき、終電は**すでに**出た後だった。

・彼女が出会ったとき、彼は**すでに**結婚していたそうだ。

対 いまだに☞1147、まだ　類 もう　※「すでに」の方が硬い言葉。

541 じぜんに　事前に　beforehand／事先／사전에／trước

・インタビューの相手に、**事前に**質問を伝えておいた。　・何事も、**事前の**準備が大切だ。

合 事前連絡　対 事後に→事後報告　類 前もって、あらかじめ

542 とうじつ　当日　that day／当天／당일／vào đúng ngày

・入試**当日**、熱を出してしまった。　・決勝戦は１週間後だ。**当日**は朝から応援に行くつもりだ。

合 __券　関 前日、翌日

543 とうじ　当時　in those days, then／当时, 那时／당시／hồi đó, thời đó

・私は京都出身だが、**当時**住んでいた家はもうない。

・来日**当時**は、日本語は全くできなかった。

・この部屋は父が生きていた**当時**のままにしてある

544 いちじ　一時　once; temporarily; momentary／一段时间; 临时; 一时的／잠시, 한때, 일시／một thời gian, tạm thời, nhất thời

①・子どものころ、**一時**アメリカに住んでいたことがある。

②・大雨のため、新幹線は**一時**ストップした。　・〈天気予報〉くもり**一時**雨

③・**一時**の感情で大切なことを決めない方がいい。

545 しきゅう　至急　immediately, urgently／即刻, 火速／지급, 매우 급함／khẩn cấp, ngay

・この患者は**至急**病院へ運ぶ必要がある。　・「**至急**おいでください」　合 大__

546 ただちに　直ちに　immediately; directly／立刻, 马上; 即／곧, 바로／ngay lập tức

①・事故の情報は**ただちに**社長に伝えられた。　・「全員**ただちに**集合せよ」

類 すぐに　※「ただちに」の方が硬い言葉。

②・栄養不足の子どもたちにとって、肺炎は**直ちに**死を意味する。

類 直接

547 さっそく　早速　at once, right away／立刻, 马上, 赶紧／당장, 즉시／ngay, luôn

・新しいレストランができたので、**さっそく**行ってみた。

・ボーナスが出たので、**さっそく**新しい靴とスーツを買った。

類 すぐに

548 いきなり　suddenly; without notice／突然, 冷不防／느닷없이, 갑자기／bỗng nhiên, đột ngột

・ノックもせずに**いきなり**部屋に入るのは失礼だ。　・**いきなり**道にとび出すと、危ない。

・**いきなり**質問されて答えられなかった。

※準備や心構えができていないときに使う。　類 急に、突然

Ⅳ 頻度を表す副詞 Frequency-related adverbs／表示频度的副词／빈도를 나타내는 부사／Phó từ thể hiện tần suất

549 **つねに** 常に always, at all times／常, 不断／늘, 항상／luôn, thường xuyên

・鈴木さんは**常に**努力をおこたらない、すばらしい学生だ。

・「お客様には**常に**笑顔で接するように注意してください」

類いつも ※「常に」の方が硬い言葉。

550 **たえず** 絶えず continuously／总是, 不断／끊임없이, 항상／liên tục, không ngớt

・妹は体が弱くて、**たえず**風邪をひいている。

・うちの前の道路は**たえず**車が走っている。

類しょっちゅう、始終 ※「しょっちゅう」より「絶えず／始終」の方が硬い言葉。

551 **しばしば** very often, frequently／屡次, 再三／자주, 여러 차례／thường xuyên

・年のせいか、**しばしば**物忘れをするようになった。

・私はいたずらっ子で、先生に怒られることも**しばしば**だった。

類しょっちゅう、たびたび

※「しょっちゅう→たびたび→しばしば」の順に硬い言葉になる。

552 **たびたび** 度々 often, frequently, many times／再三, 常常／여러 번, 자주, 번번이／thường, hay

・田中さんとは仕事以外でも**たびたび**会うようになった。

・弟が失敗して落ち込むのは**たびたび**のことだ。

類しょっちゅう、しばしば

553 **しょっちゅう** always, frequently／常常／항상, 언제나／luôn, thường xuyên

・この路線のバスは**しょっちゅう**遅れるから困る。

※会話的な言葉。 類たびたび、しばしば

554 **たまに** occasionally／偶尔, 少有／이따금, 어쩌다, 간혹, 모처럼／lâu lâu, ít khi

・最近運動不足なので、**たまに**たくさん歩くと疲れる。

・このあたりは、雪は**たまに**しか降らない。

・「**たまに**はゆっくり話しましょう」 ・**たま**の休みにはゆっくりしたい。

※「たまたま」(☞1152) とは意味が違う。 類ときたま

555 **めったに** seldom, rarely／少有, 不常／좀처럼／hiếm khi

・このあたりでは、雪は**めったに**降らない。 ・彼が休むことは**めったに**ない。

※否定的な表現といっしょに使う。

Ⅴ 様子を表す副詞 Appearance-related adverbs／表示样子，状态的副词／성상을 나타내는 부사／Phó từ thể hiện trạng thái

556 **にこにこ／にっこり** がにこにこスル／にっこりスル smile happily／笑嘻嘻／생글생글, 싱글벙글, 생긋／tươi tỉnh

・あの人はいつも愛想良く、**にこにこして**いる。 ・彼女は**にっこり(と)**ほほえんだ。

42

557 **にやにや／にやりと**　ガにやにや／にやりとスル　grin, smirk／默默地笑, 不出声地笑／히죽히죽, 히죽／cười nhạt, cười khẩy

・「何を**にやにやして**いるんだ。気持ち悪い」

・悪事が成功したときのことを想像して、彼は**にやりと**笑った。

558 **どきどき／どきりと**　ガどきどきスル／どきりとスル　thump; beat fast／七上八下, 忐忑不安／두근두근, 철렁／hồi hộp, căng thẳng

・緊張で胸が**どきどきする**。　・隠していたことを指摘されて、**どきりとした**。

559 **はらはら**　ガはらはらスル　feel uneasy; flutter／提心吊胆; 飘落, 扑簌簌（落泪）／조마조마, 하늘하늘, 뚝뚝／tơi tả, tầm tã, lo âu

①［はらはら(と)］・桜の花びらが**はらはらと**散った。　・少女は**はらはらと**涙を流した。

②［はらはらする］・綱渡りを見ながら**はらはらした**。

560 **かんかん**　be in a rage; blaze／大怒, 大发脾气; 毒辣辣地／노발대발, 쨍쨍／đùng đùng, chói chang

①・「お父さん、怒ってる？」「**かんかん**だよ」　・**かんかん**に(なって)怒る。

②・真夏の太陽が**かんかん**(と)照りつける。

合＿照り

561 **びしょびしょ／びっしょり**　sopping／湿透, 淋透／흠뻑 젖은 모양, 흠뻑, 줄줄／ướt, đẫm nước

・洗面台の周りが**びしょびしょ**だ。　・にわか雨に降られ、**びっしょり**ぬれてしまった。

・私は暑がりなので、ちょっと運動しただけで汗**びっしょり**になる。

562 **うろうろ**　ガうろうろスル　hang around, stroll／转来转去, 徘徊, 转悠／서성거림, 어슬렁어슬렁／loanh quanh

・友人の家の場所がわからず、30分も**うろうろ**（と）歩き回った。

・あやしい男が家の周りを**うろうろして**いる。

関ガうろつく

563 **のろのろ**　ガのろのろスル　slowly, at a snail's pace／慢吞吞, 迟缓／느릿느릿, 꾸물꾸물／chậm chạp

・渋滞で、車は**のろのろ**としか進まなかった。　・老人は**のろのろ**（と）立ち上がった。

・時間は**のろのろ**（と）過ぎていった。　・**のろのろした**動き

合＿運転　関のろい

564 **ふらふら**　ガふらふらスル　dizzy; changeable; hardly knowing what one was doing／晕乎乎, 蹒跚; 摇摆不定; 糊里糊涂／휘청휘청, 비틀비틀, 갈팡질팡, 무심코／chuếnh choáng, hay thay đổi, lượn lờ

①・熱で頭が**ふらふらする**。　・向こうから、**ふらふら**（と）人が歩いて来る。

②・彼は考え方が**ふらふらして**いて、ちょっと信用できない。

関①②ガふらつく

③・空腹のあまり、つい**ふらふら**と万引きしてしまった。

565 **ぶらぶら**　ガぶらぶらスル　stroll; idle; swing／溜达; 赋闲, 在家闲居; 晃荡／어슬렁어슬렁, 빈둥빈둥, 대롱대롱／lung lay, lang thang, nhàn tản

①・折れた木の枝が**ぶらぶら**（と）揺れている。

②・ひまだったので、近所を**ぶらぶらした**。　・**ぶらぶら**{歩く／散歩する…}。

関ガぶらつく

③・先月失業し、今は家で**ぶらぶらして**いる。

566 したがって　従って　therefore, consequently／因此, 因而／따라서, 그러므로／vì thế, bởi thế

・A社は大企業で給料も高い。**したがって**、入社希望者も多い。

・日本でマンモスの骨が発見された。**したがって**、日本列島は昔、大陸とつながっていたと考えられる。

※「だから／それで→そのため→したがって」の順に硬い言葉になる。

※「したがって」は根拠と結論を言うときに使う。原因と結果を言うときには使えない。

（・業績が悪化した。{○そのため／×したがって}社長が辞任した。）

※ていねいな会話では「したがいまして」と言う。

567 だが　however, though／但是, 可是／그러나, 그렇지만／tuy nhiên

・必死に勉強した。**だが**、不合格だった。

・あの歌手は声はいい。**だが**、歌はあまり上手ではない。

※「だけど→でも／けれども→しかし／だが」の順に硬い言葉になる。

568 ところが　but／然而, 可是／그런데, 그러나／nhưng

・8時には到着する予定だった。**ところが**事故で渋滞し、9時過ぎになってしまった。

・Aチームが勝つだろうと思っていた。**ところが**、意外にもBチームが大差で勝った。

※後件には予想外の事実が来る。

（・肉はAスーパーが安い。{○しかし／×ところが}魚はBスーパーが安い。）

569 しかも　moreover, besides／而且; 并且／게다가／hơn nữa, không những thế

①・このあたりの夏は気温が高く、**しかも**湿度も高い。

類 その上

②・彼女は18歳で司法試験に合格した。**しかも**、1回で。

類 それも　※「しかも」の方が硬い言葉。

570 すると　just then; in that case／于是; 那么说／그러자, 그렇다면／ngay sau đó, như vậy là

①・カーテンを開けた。**すると**、目の前に海が見えた。

②・「その時間には、家で寝ていました」「**すると**、事件現場にはいなかったわけですね」

571 なぜなら　because, for／原因是, 因为／왜냐하면／bởi vì

・このあたりは昔海だったと考えられる。**なぜなら**、貝の化石が見つかっているからだ。

※書き言葉。文末には「から」を使う。　類 なぜかと言うと、どうしてかと言うと

572 だって　because, as／因为／왜냐면, 하지만／tại vì

・「どうして食べないの？」「**だって**、嫌いなんだもん」

・「どうしてけんかしたんだ？」「**だって**、あいつ、人の嫌がることばっかりするんだ」

※会話的な言葉。

43

573 **ようするに　　要するに**　　in short／总之, 总而言之／요컨대, 결국／tóm lại

・不合格になったということは、**要するに**実力がなかったのだ。

・「いろいろおっしゃいましたが、**要するに**反対なんですね」

類つまり

574 **すなわち**　　that is／即, 也就是／즉, 바로／tức là

・一郎君は妻の兄の子ども、**すなわち**、おいに当たる。

・私にとって、歌うことは**すなわち**生きることであった。

関つまり

※「すなわち」には「つまり」や「要するに」のように、前に言ったことをまとめる働きはない。

575 **あるいは**　　or; perhaps／或者; 或许／또는, 어쩌면, 혹시／hoặc là, có thể là

①・この書類にはサイン、**あるいは**印鑑が必要だ。

・犯人はＡ**あるいは**Ｂであると思われる。

類または　　※「あるいは」の方が硬い言葉。

②［副あるいは］・この揺れは、**あるいは**大地震の前兆かもしれない。

※文末は「かもしれない」となることが多い。

類もしかすると　　※「あるいは」の方が硬い言葉。

576 **さて**　　by the way, well／那么／자, 이제／vậy thì

・「これで文法の説明を終わります。**さて**、次は聴解です」

※次のことを始めるときに使う。

577 **では**　　well then; in that case／那么; 如果那样……, 那么／그럼, 그렇다면／sau đây, nếu thế thì

①・「みなさん、お集りですね。**では**、出発しましょう」

・「今日のテーマは江戸時代の文化についてです。**では**、佐藤先生、よろしくお願いします」

※前置きのあと、本題に入るときに使う。

②・「月曜日はちょっと……」「**では**、火曜日はどうですか」

※会話的な表現では「じゃ(あ)」になる。

578 **ところで**　　by the way／(转换话题) 对了／그런데／thế còn

・「今日はお疲れ様でした。**ところで**、今晩のご予定は？」「いえ、別に……」「それでは、ごいっしょに食事でもいかがですか」

※話題を変えるときに使う。　　類それはそうと

579 **そういえば　　そう言えば**　　come to think of it／那么说来, 这么一说／그러고 보니／nói vậy mới nhớ ra

・「同窓会の会場、予約しました」「ありがとう。**そう言えば**、山口先生が本を出されたそうですよ。知ってました？」

※それまでの話から、新しく連想したことを言うときに使う。

580 ただ but, provided that ~／就是, 不过／단, 다만／nhưng, chỉ có điều

・あのレストランは味もいいし、値段も安い。**ただ**、場所がちょっと不便だ。
・勝ててよかった。**ただ**、私自身はあまり活躍できなかったのが残念だ。
※主な内容に、逆接的、例外的なことをつけ加えるときに使う。

コラム 12 性格を表す言葉

Personality-related vocabulary／性格的表达方式／성격을 나타내는 말／những từ ngữ thể hiện tính cách

Ⅰ．右から言葉を選んで表を完成させましょう。

① 明るい	⇔	
②	⇔	だらしない
③	⇔	あきっぽい
④ のんびりした	⇔	
⑤	⇔	神経質な
⑥ 優しい	⇔	

1 几帳面な
2 暗い
3 冷たい
4 粘り強い
5 気が短い
6 おおらかな

Ⅱ．「性格・様子」を表す言葉と意味を結びつけましょう。

【(+)イメージ】

① 誠実な	・	・1 人と交わるのが上手で好きな様子
② 協調性がある	・	・2 穏やかでまっすぐな様子
③ 思いやりがある	・	・3 物事に関してよく考え、注意深い様子
④ 社交的な	・	・4 真心があって、うそがない様子
⑤ 素直な	・	・5 他の人の立場に立って考えられる優しい性格
⑥ 積極的な	・	・6 考えや立場が異なっても譲り合える性格
⑦ 慎重な	・	・7 自分から進んで物事に取り組める性格

【(−)イメージ】

⑧ そそっかしい	・	・8 必要以上にお金を使いたがらない
⑨ いいかげんな	・	・9 自分勝手。自分の思うようにしたがる性格
⑩ けちな	・	・10 無責任な様子
⑪ わがままな	・	・11 誰からも好かれるために適当な言動もする人
⑫ 八方美人	・	・12 落ち着きがなく不注意な人

★ 覚えておきたいその他の言葉

・好奇心が強い	curious／好奇心强／호기심이 강하다／hiếu kỳ	・頑固な	stubborn, obstinate／固执／완고하다／bướng bỉnh
・自由奔放な	free and unrestrained, wild／自由奔放／자유분방하다／tự do phóng khoáng	・優柔不断な	indecisive／优柔寡断／우유부단하다／nhu nhược
・謙虚な	humble, modest／谦虚／겸허하다／khiêm tốn	・おおざっぱな	rough, careless／草率, 大大咧咧／데면데면하다／xuề xòa, thiếu cẩn thận
・内気な	shy, reserved／腼腆／내성적이다／nội tâm	・なれなれしい	overfamiliar／熟不拘礼／친한 것처럼 처신하다／suồng sã
・無口な	reticent, quiet／沉默寡言／말수가 적다, 과묵하다／ít nói, trầm tính	・せっかちな	impatient, hasty／性急, 急躁／성급하다／hấp tấp, vội vàng
・さっぱりした	clean, tidy／坦率, 淡泊／담백하다, 깔끔하다／sạch sẽ, ngăn nắp	・負けず嫌い	be never content unless one is the best／好强／지기 싫어하다／hiếu thắng

解答：Ⅰ. ①2　②1　③4　④5　⑤6　⑥3
Ⅱ. ①4　②6　③5　④1　⑤2　⑥7　⑦3　⑧12　⑨10　⑩8　⑪9　⑫11

Unit 06 副詞A+接続詞 511～580

練習問題

レベル ★★☆☆

Ⅰ　右の□の中から同じ意味の言葉を選び、例にならって(　　　)に書きなさい。

A　　　　硬い言葉

例（　いちばん　）―（　もっとも　）
（　　　）―（　　　）
（　　　）―（　　　）
（　　　）―（　　　）
（　　　）―（　　　）
（　　　）―（　　　）
（　　　）―（　　　）

~~いちばん~~	いつも
このたび	いっそう
しだいに	ただちに
すぐに	しばしば
もっと	~~もっとも~~
こんど	だんだん
つねに	しょっちゅう

B

（　　　）―（　　　）
（　　　）―（　　　）
（　　　）―（　　　）
（　　　）―（　　　）
（　　　）―（　　　）
（　　　）―（　　　）

すべて	だいたい
もう一度	ちょっと
もうすぐ	さきほど
ぜんぶ	たしょう
ほぼ	ふたたび
さっき	まもなく

C

（　　　）―（　　　）
（　　　）―（　　　）
（　　　）―（　　　）

でも	したがって
だが	あるいは
または	それで

Ⅱ　**A**　次の動詞と関係のある言葉を下から選び、記号で答えなさい。

1．歩く　（　　）（　　）（　　）（　　）　　2．笑う　（　　）（　　）
3．怒る　（　　）　　4．緊張する　（　　）（　　）
5．揺れる　（　　）　　6．ぬれる　（　　）

a　うろうろ	b　かんかん	c　どきどき	d　にっこり	e　にやにや
f　のろのろ	g　はらはら	h　びしょびしょ	i　ふらふら	j　ぶらぶら

（二度使う語もある）

B　上記a～jの中で、「する」が付く言葉はどれですか。

Ⅲ　正しい言葉を(　　　)の中から選びなさい。答えは一つとは限りません。

1．台風の被害はこのあたりが(　少々　相当　もっとも　)大きかった。

2．レポートは(　できるだけ　ほぼ　わりに　)完成している。

3．彼は「だいじょうぶです」と自信(　いっぱい　たっぷり　わりあい　)に答えた。

4．来日したばかりのころは、見るもの聞くもの(　すべて　多少　何もかも　)が珍しかった。

5．朝から降っていた強い雨は、夜になると(　いちだんと　いっそう　さらに　)強くなった。

6．痛みが(　しだいに　じょじょに　)強くなってきたので、病院へ行くことにした。

7．30分も待って、(　けっきょく　とっくに　ようやく　)バスがやってきた。

8．成績のいい木村(きむら)君は、(　しきゅう　ただちに　たちまち　)のうちにその問題を解いてしまった。

9．「この前は失敗したけど、(　今度　後　先ほど　)はだいじょうぶだと思う」

10.「先日はありがとうございました。(　いずれ　今後　やがて　)改めてご挨拶(あいさつ)に伺(うかが)います」

11.「(　そのうち　たちまち　まもなく　)京都(きょうと)駅に到着します。お出口は右側です」

12. 祖母からプレゼントが送られてきたので、(　いきなり　さっそく　たちまち　)お礼の手紙を書いた。

13. 私が起きたとき、父は(　さっき　事前に　すでに　とっくに　)出かけたあとだった。

14. 前日までの雨が上がり、開会式(　一時　当時　当日　)は快晴だった。

15. 弟は就職が決まらず、家で(　うろうろ　はらはら　ぶらぶら　)している。

16. 私は体が丈夫で、(　たえず　たまに　めったに　)かぜもひかない。

17. 彼は(　しょっちゅう　たびたび　より　)休むから、上司に信用されていない。

18. 天気は良かった。(　だが　ただ　では　)風が強かったので、寒く感じた。

19. A先生の試験は難しい。(　したがって　しかも　要するに　)問題数も多い。

20.「ちょっと買い物に行ってきて」「いやだよ。(　そう言えば　だって　なぜなら　)今、テレビが面白いところなんだ」

21.「お久しぶりです。今日も寒いですね」「そうですね。(　さて　では　ところで　)、新しいお仕事はいかがですか」

22. 久しぶりに友人に手紙を出した。(　あるいは　ところが　ところで　)その手紙は宛先(あてさき)不明で戻ってきた。

23.「今年高校3年生です」「(　すなわち　すると　)来年卒業ですね」

24.「今日はお疲れ様でした。(　さて　すると　では　)また明日」

コラム 13 風物詩(春・夏)

Charming scenery／风景诗／풍물시／thơ phong cảnh, phong cảnh theo mùa (xuân, hạ)

【新春】

(お)正月－元旦、元日

年賀状

お年玉

門松

しめ飾り

おせち料理・(お)雑煮、(お)もち

(お)とそ

初詣

書き初め

新年会

【春】

<自然>

春一番

梅

桜－桜前線

<行事>

成人の日

ひな祭り／桃の節句－おひな様、ひな人形

節分－豆まき

(お)彼岸－お墓参り

(お)花見

子どもの日－こいのぼり

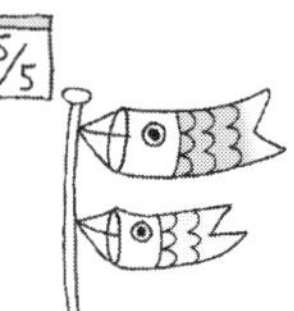

ゴールデンウィーク

卒業式

入学式－新入生

入社式－新入社員

【夏】

<自然>

梅雨－梅雨入り、入梅、梅雨明け、梅雨前線

入道雲

夕立

あさがお

ひまわり

カブトムシ

セミ

蚊

<行事>

七夕－笹、たんざく、織姫、彦星、天の川

夏休み

帰省－帰省ラッシュ

夏祭り－浴衣、金魚すくい

花火－花火大会

海開き

海水浴

山開き

高校野球

お中元

夏のボーナス

<食べ物>

そうめん－冷麦、冷やし中華

アイス－アイスキャンディー、アイスクリーム

かき氷

すいか

Unit 07 名詞C

581 ～ 655

レベル ★★★☆

44

581 **しょくりょう** 食料／食糧 food, provisions／食物; 粮食／식료(품), 식량／lương thực

［食料］・日本は**食料**の自給率が低いと言われる。 ・地震に備えて災害用の**食料**を用意しておく。

合 ＿品、＿自給率 類 食べ物、食物 関 食品

［食糧］・戦後はしばらく**食糧**難の時代が続いた。

合 ＿難 ※主に米、麦などの主食を言う。

582 **つぶ** 粒 grain; (all) talented／颗, 粒; 水平一样高／알, 개／hạt (giống), người ưu tú

①・ぶどうを一**粒**食べる。 ・イヤリングには真珠が一**粒**ついていた。 ・大**粒**の涙

合 大＿⇔小＿、［数字］＋粒

②・今年の新入社員は**粒**ぞろいだ(＝全員優秀だ)。

合 ＿ぞろい

583 **くず** waste, junk／碎头儿, 垃圾／부스러기, 쓰레기／phần bỏ đi, rác

・野菜の**くず**を捨てる。 ・「おまえは人間の**くず**だ！」

合 紙＿、＿箱、＿かご

584 **さいばい** ヲ栽培スル culture, cultivation／栽培／재배／trồng trọt

・この畑では小麦を**栽培している**。

585 **しゅうかく** ヲ収穫スル harvest; gain／收获, 收成; 成果／추수, 수확／sự thu hoạch, kết quả

①・農作物を**収穫する**。 ・今年は米が昨年の 1.5 倍の**収穫**をあげた。

連 ＿をあげる 合 ＿物、＿高、＿量、＿期

②・パーティーはつまらなかったが、いろいろな人と知り合えたのは**収穫**だった。

・勉強会に行ったが、たいした**収穫**はなかった。

連 ＿がある⇔ない

586 **さんち** 産地 source, growing area／产地／산지／vùng sản xuất, vựa

・青森県は、りんごの**産地**として有名だ。

関 原産、原産地、［名詞］＋産(・青森**産**のりんご ・この牛肉はカナダ**産**だ。)

587 **とち** 土地 ground, soil; region／土地; 当地, 某地方／토지, 땅, 그 고장／đất, vùng đất

①・**土地**を買って家を建てる。 ・**土地**を耕す。

②・旅行に行くと、その**土地**の名産を買ってくる。 ・「ここは初めての**土地**です」

合 ＿柄、＿勘(・**土地勘**がある⇔ない)

588 **そうこ** 倉庫 warehouse／仓库／창고／nhà kho

・港には多くの**倉庫**が並んでいる。

589 **しょゆう** ヲ所有スル possession／所有, 拥有／소유／sự sở hữu

・山本家は広い畑を**所有している**。

連 __者、__物、__権　類 ヲ所持スル　関 ヲ持つ

590 **しゅうしゅう** ヲ収集スル gathering; collection／收集; 收藏／수집／sự tập trung, sự thu thập

①・ごみは可燃・不燃に分別して**収集する**地域が多い。

②・趣味は切手の**収集**です。

関 ①②ヲ集める

591 **たいざい** ガ滞在スル stay／逗留; 旅居／체재, 체류／sự ở lại

・今回の海外出張は、約1カ月の**滞在**になる予定だ。　・多くの芸術家がパリに**滞在した**。

合 ガ長期__スル、__期間

592 **べん** 便 convenience／方便／편／sự thuận tiện

・ここは交通の**便**がいい。

連 ～の__がいい⇔悪い

593 **びん** 便 mail; flight／邮递, 班车, 班机／편, 연락・수송의 수단／chuyến

・「朝一番の**便**で書類を送ったから、明日の午前中に着くと思います」

・〈空港で〉「上海行き25**便**の搭乗受付を開始いたします」

594 **せつび** 設備 equipment, facilities ／设备／설비／cơ sở vật chất, thiết bị

・うちの大学はスポーツ**設備**が充実している。　・近代的な**設備**の工場

連 __がいい⇔悪い、__が整う・__を整える　合 __投資

595 **せっけい** ヲ設計スル plan, design／设计／설계／sự thiết kế

・このロボットは、**設計**から製作まで全て大学生たちが行った。

・うちの家は、知り合いの建築士に**設計して**もらった。

合 __士、__図、__事務所　関 ヲデザインスル

596 **せいさく** ヲ製作／制作スル manufacture, production／制作, 创作／제작／sự chế tác, sự sản xuất

[製作]・{機械／ロボット／家具…}を**製作する**。

関 ヲ作製スル、ヲ製造スル

[制作]・{絵／彫刻／番組／映画…}を**制作する**。

597 **せいぞう** ヲ製造スル manufacture, production／制造／제조／sự chế tạo, sự sản xuất

・この会社は車を**製造している**。　・レコードは何年も前に**製造**が中止された。

合 __年月日　関 ヲ製作スル、ヲ作製スル

598 **けんちく** ヲ建築スル construction, building／建筑／건축／kiến trúc, xây dựng

・{家／橋…}を**建築する**。

合 __家、__士、__物、木造__、高層__　関 ヲ建設スル

599 **じんこう** 人工 artificial／人工／인공／nhân tạo

・このスキー場では**人工**の雪を降らせている。 ・**人工**ダイヤモンドは工業用に使われる。

合 __呼吸、__衛星、__着色料、__甘味料 対 自然、天然 関 人造

600 **あつりょく** 圧力 pressure／压力; 威压／압력／áp suất, áp lực

①・空気に**圧力**を加えて圧縮する。

連 ニ__をかける、ニ__を加える 関 気圧、ヲ圧縮スル

②・相手に**圧力**をかけて従わせる。

※組織的な場合に多く使う。 連 ニ__をかける 合 __団体 関 プレッシャー☞831

601 **しげき** ヲ刺激スル stimulus; provocation／(物理) 刺激; (精神) 刺激／자극／sự kích thích, sự truyền cảm hứng

①・筋肉に電気で**刺激**を与えると、ぴくりと動く。

合 __物、__臭

②・ゴルフの好きな友だちに**刺激されて**、私もゴルフを始めた。

連 ①②ニ__を与える⇔受ける、__がある⇔ない

③・彼はいま感情が不安定だから、**刺激しない**方がいい。

合 __的な(・**刺激的な**小説 ・彼の意見はとても**刺激的だ**。)

602 **まさつ** ガ／ヲ摩擦スル friction／摩擦, 矛盾, 意见分歧／마찰／ma sát, sự va chạm

・木の枝の**摩擦**の熱で森林火災が起こった。 ・会社内で絶えず**摩擦**が起きている。

合 __抵抗、貿易__、__熱

603 **たちば** 立場 position, viewpoint／立场, 境地／입장／vị trí, lập trường

・自分の意見を主張するだけでなく、相手の**立場**に立って考えてみることも大事だ。

・会議で上司に反対の**立場**をとった。 ・苦しい**立場**に置かれる。

連 ～__に立つ、～__をとる、～__に置かれる、～__に追い込まれる、苦しい__

604 **やくわり** 役割 role／任务, 职务; 作用／역할, 임무／vai trò

・仕事の**役割**を決める。 ・親としての**役割**を果たさない親が増えているようだ。

・鉄道は日本の近代化に大きな**役割**を果たした。

連 __を果たす 合 __分担 類 役目 関 係

605 **ぶんたん** ヲ分担スル share／分担／분담／sự phân chia

・同僚と**分担して**仕事を進めている。 ・{費用／作業／役割…}を**分担する**。

合 役割__

606 **たんとう** ヲ担当スル charge／担当, 负责／담당／sự đảm nhiệm

・会社で営業を**担当して**いる。 ・**担当**の医師から検査結果の説明を受けた。

・「お客様の**担当**の川本と申します。よろしくお願いいたします」

合 __者 関 ヲ受け持つ☞756

607 こうたい　　ガ／ヲ交替／交代スル　　change, shift／替换, 换班, 轮班／교체, 교대／sự thay đổi, ca

・首相が**交代した**。　・〈サッカー〉キーパーがＡ選手からＢ選手に{**交替**／**交代**}**した**。

・長距離なので、**交替**で運転した。　・看護師は１日３**交替**制のことが多い。

合 世代交代、選手交替、交替制

608 だいり　　代理　　representation, substitution／代理／대리／thay mặt

・父の**代理**で親戚の結婚式に出席した。

・この店では、一番先輩の店員が店長の**代理**をしている。

連 ～の__をする　　合 __人、__出産、__母

609 しんぱん　　ヲ審判スル　　referee; judgment／裁判; 审判／심판／trọng tài

①・**審判**が笛を吹いて、試合が始まった。

連 __をする　　類 レフェリー、ジャッジ

②・選挙は政治に対する国民の**審判**だ。

連 __を下す　　類 ジャッジ

610 かんとく　　ヲ監督スル　　manager, director; supervisor／教练, 领队; 监督, 监工／감독／đội trưởng, sự giám sát

①・スポーツチームの**監督**を務める。

合 映画__　　関〈スポーツ〉コーチ☞494

②・部下を**監督する**。

合 試験__、現場__

611 よそく　　ヲ予測スル　　prediction, estimation／预测／예측／sự dự đoán

・データに基づいて結果を**予測する**。　・売り上げ**予測**がはずれた。

・客がどれぐらい来るか、**予測**がつかない。

連 __がつく⇔つかない、__が当たる⇔外れる　　類 ヲ予想スル　　関 ヲ予期スル

612 よき　　ヲ予期スル　　expectation／预期, 预料／기대, 예기／sự kỳ vọng

・今回の実験では、**予期**に反し、いいデータが得られなかった。

・**予期せぬ**ことが起こって、仕事のスケジュールが大幅に遅れてしまった。

連 __に反する　　類 ヲ予想スル　　関 ヲ予測スル

613 はんだん　　ヲ判断スル　　judgment／判断／판단／sự nhận biết

・外見や肩書きで人を**判断する**のはよくない。　・どちらが正しいか、**判断**がつかない。

・年を取ると**判断**力が衰えてくるものだ。

連 __がつく⇔つかない、__を下す　　合 __力、__材料、自己__　　関 ヲ考える

614 **ひょうか** ヲ評価スル evaluation; assessment／评价; 估价／평가／sự đánh giá, sự định giá

①・この映画に対する世間の**評価**は高い。 ・成績を五段階で**評価する**。
・地球温暖化についてのレポートは彼の**評価**を高めた。
連 __が高い⇔低い、__が高まる・__を高める 合 絶対__⇔相対__、自己__
関 ヲ批評スル☞626、ヲ批判スル、評判☞625、ヲ認める☞741

②・この家は5,000万円と**評価された**。 ・業績が**評価され**、昇進した。

615 **しじ** ヲ指示スル instruction; indication／命令, 指示; 指, 指出／지시／chỉ thị, sự chỉ dẫn

①・部長は田中さんに会議のレポートを出すよう**指示した**。
・「地震や火事の場合は、係員の**指示**に従って避難してください」
連 __を与える、__を受ける、__に従う、__を守る、__がある⇔ない 関 ヲ命令スル

②・ポインターで表やグラフを**指示し**ながら発表した。
合 __語、方向__器 関 ヲ指す☞993

616 **むし** ヲ無視スル neglect, ignore／无视, 忽视, 不顾／무시／sự tảng lờ, sự không quan tâm

・話しかけたのに**無視された**。 ・彼は私の意見を**無視して**、一人で何でも決めてしまう。
・交通事故の原因は信号**無視**だった。 ・地球温暖化は**無視できない**問題だ。

617 **むだん** 無断 without permission／私自, 擅自, 未经允许／무단／tự tiện

・**無断**で人の物を使ってはいけない。 ・**無断**欠勤して上司に怒られた。
合 __欠席、__欠勤、__外泊 関 断わり

618 **しょうち** ヲ承知スル agree, all right; understand／知道, 答应; 明白, 清楚／들어줌, 알고 있음／sự nhất trí, sự hiểu

①・「この仕事、明日までに頼みます」「**承知しました**」
類 ヲ承諾スル

②・私の学力では合格は難しいと**承知して**いるが、それでも受験したい。
・困難は**承知**の上で、挑戦することにした。 ・無理を**承知**で頼む。
関 ガわかる

619 **なっとく** ヲ納得スル be convinced; satisfy, understand／理解; 信服／납득, 이해／sự đồng ý, sự chấp nhận

①・会社のやり方には**納得**できない。 ・母親は娘に留学をあきらめることを**納得させた**。

②・先生の解説で自分の間違いがようやく**納得できた**。

連 ①②ニ__がいく⇔いかない 関 ①②ヲ理解スル

620 **ぎもん** 疑問 question; doubt／问题; 有疑问, 怀疑／의문／sự nghi vấn, sự nghi ngờ

①・子どもはいろいろなことに**疑問**を持つ。 ・**疑問**の点を確認する。 ・**疑問**に答える。
関 質問

②・そんなことができるかどうか**疑問**だ。 ・政府の発表に**疑問**を抱いた。
連 ニ__がある⇔ない、ニ__を抱く 関 疑い

621 **すいそく** ヲ推測スル guess, conjecture／推测, 臆测／추측／sự suy đoán

・相手の気持ちを**推測する**。 ・新聞記者は**推測**で記事を書いてはいけない。

・「あなたの言っていることは、単なる**推測**にすぎない」

連 __がつく⇔つかない 類 ヲ推量スル、ヲ推定スル

622 **こうてい** ヲ肯定スル affirmation／肯定／긍정／sự khẳng định

・相手の意見を**肯定する**。 ・私は何事も、**肯定**的に考えるようにしている。

合 __的な 対 ヲ否定スル

623 **さんこう** 参考 reference, consultation／参考／참고／sự tham khảo

・いろいろな資料を**参考**にしてレポートを書いた。

・留学を決めるとき、先輩のアドバイスが**参考**になった。

連 __になる・__にする 合 __資料、__文献、__人

624 **ていど** 程度 level, degree; extent; about／程度, 水平; 限度; 左右／수준, 정도／mức độ, cấp độ, khoảng chừng

①・彼女の学校は教育の**程度**が高い。 ・彼らは**程度**の低い話ばかりしている。

・会話はある**程度**できるが、漢字は難しい。 ・この**程度**の点数では満足できない。

連 __が高い⇔低い 合 ある__ 類 レベル

②・落第しない**程度**に授業に出席する。

③・「会議に 30 分**程度**遅れるので、先に始めておいてください」 ・出席者は 10 人**程度**だ。

類 くらい／ぐらい

625 **ひょうばん** 評判 reputation, name; rumor／评价; 有口碑, 有风声／평판, 소문남／sự đánh giá, tiếng tăm, có tiếng

①・大統領就任演説は**評判**がよかった。 ・新商品は使いにくいと**評判**が悪く、売れなかった。

・このレストランはミシュランの三ツ星がついたと**評判**になった。

連 __がいい⇔悪い、__が高い、__になる、__が立つ、__を落とす 合 前__

関 ヲ評価スル☞614

②・彼女は**評判**の美人だ。

626 **ひひょう** ヲ批評スル review, criticism／评论／비평／sự phê bình

・新聞に新刊書の**批評**が載った。 ・先生は私の作文について何も**批評しなかった**。

合 __家 関 ヲ批判スル、ヲ評価スル☞614、レビュー

627 **すいせん** ヲ推薦スル recommendation／推荐／추천／sự tiến cử

・重役たちは、田中氏を次期社長に**推薦した**。

・この本は、高校生に読ませたい本として多くの教師が**推薦している**。

合 __者、__人、__状、__入学、自己__、__図書 関 ヲ推す、ヲ薦める

47

628 **しんよう** ヲ信用スル confidence, trust／相信, 信任, 信赖／신용, 신망／sự tin tưởng

・{人／人の言葉}を**信用して**お金を貸す。 ・**信用して**いた人にだまされた。

・彼は**信用**がないので、大事な仕事を任せてもらえない。

連 __がある⇔ない、__が落ちる・__を落とす、__を得る⇔失う、__を回復する、__に関わる、__がおける 関 ヲ信じる、ヲ信頼スル

629 **しんらい** ヲ信頼スル confidence, trust, reliance／信赖／신뢰／sự tin cậy

・彼は**信頼できる**指導者だ。 ・あの人はいつも**信頼**を裏切らない仕事をする。

・上司の**信頼**に応えていい仕事をしたい。

連 __に応える⇔__を裏切る、ニ__をおく 合 __関係 関 ヲ信用スル

630 **そんちょう** ヲ尊重スル respect／尊重／존중／sự tôn trọng

・人の意見を**尊重する**。 ・{個性／プライバシー／人権…}を**尊重する**。

※「尊重」は価値のあるものに対して、「尊敬」は人に対して使う。

コラム 14 日本の家

Japanese houses／日本的家庭／일본의 집／nhà kiểu Nhật

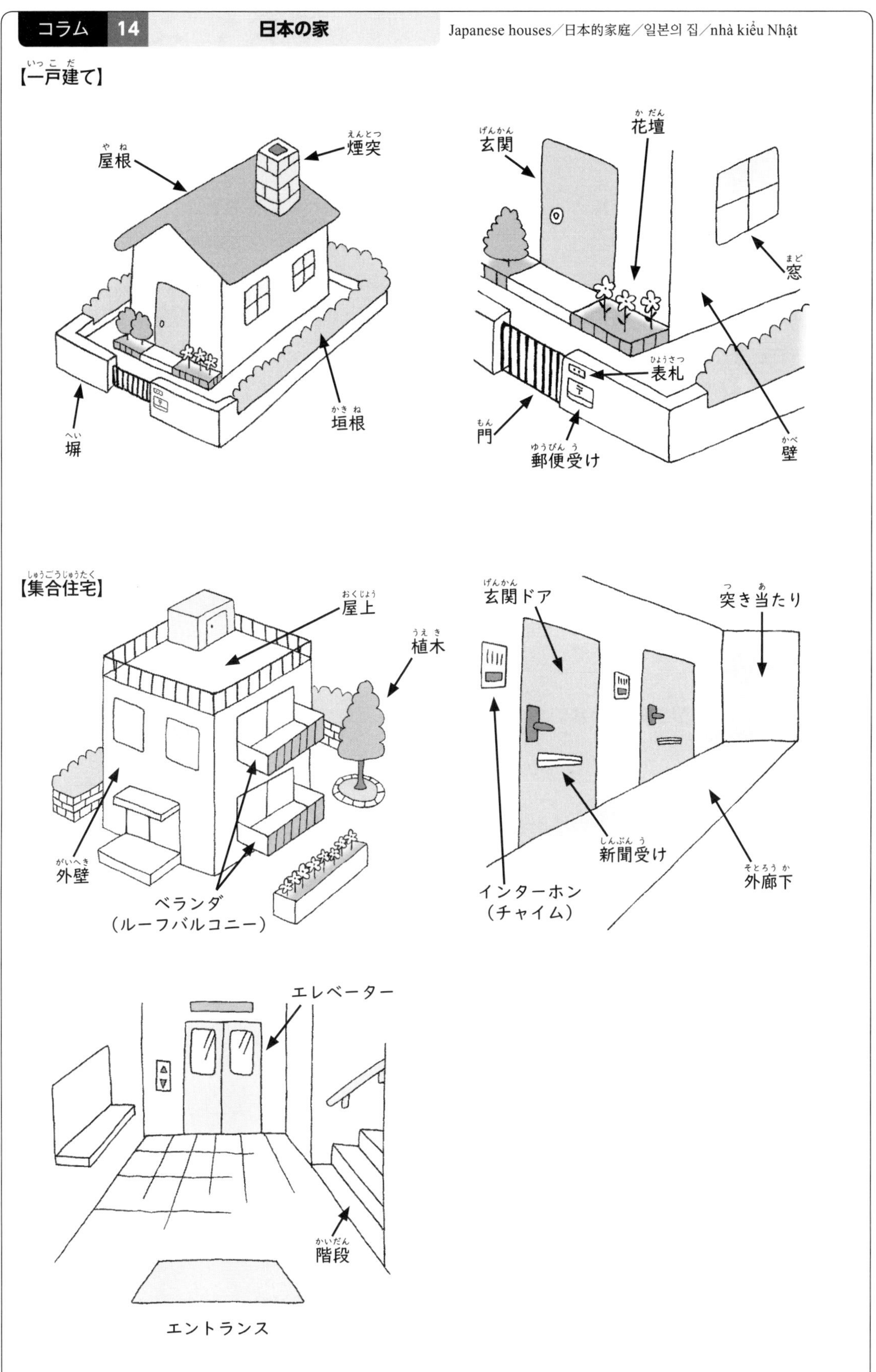

Unit 07 名詞C

練習問題

581 ～ 630

レベル ★★★☆

Ⅰ（　　）に助詞を書きなさい。

1．物体（　　）圧力（　　）加える。
2．交替（　　）運転する。
3．部下（　　）監督する。
4．昨年の資料（　　）参考（　　）する。
5．子どもの疑問（　　）答える。
6．プライバシー（　　）尊重する。
7．西村氏（　　）代表（　　）推薦する。
8．課長が部長の代理（　　）会議に出席した。
9．その意見（　　）は納得できない。
10．無断（　　）早退してはいけない。
11．彼は私の意見（　　）無視した。
12．信頼（　　）応える／信頼（　　）裏切る。

Ⅱ「する」が付く言葉に○を付けなさい。

収穫　栽培　設備　所有　滞在　制作　人工　圧力　刺激　摩擦
役割　担当　代理　監督　予期　無視　無断　評価　評判　尊重

Ⅲ「～がある⇔ない」が付く言葉に○を付けなさい。

収穫　指示　納得　疑問　評判　判断　信用　参考　刺激

Ⅳ 反対の意味の言葉を書きなさい。

1．人工 ⇔（　　　　）
2．肯定 ⇔（　　　　）

Ⅴ □に漢字を1字入れ、似た意味の言葉にしなさい。

1．予測―予□　2．製造―製□　3．役目―役□　4．推測―推□

Ⅵ（　　）に下から選んだ漢字を書いて、一つの言葉にしなさい。漢字は一度しか使えません。

A

1．食料（　　）　2．建築（　　）　3．代理（　　）　4．担当（　　）
5．判断（　　）　6．設計（　　）　7．収穫（　　）

家　者　図　人　品　力　量

B

1．推薦（　　）　2．所有（　　）　3．刺激（　　）　4．摩擦（　　）
5．（　　）くず　6．（　　）つぶ　7．（　　）産地

大　紙　権　原　状　的　熱

Ⅶ　正しい言葉を〔　　　〕の中から一つ選びなさい。

1．圧力を〔　押す　かける　重ねる　〕。
2．刺激を〔　与える　押さえる　かける　〕。
3．反対の立場を〔　置く　立つ　とる　〕。
4．与えられた役割を〔　受ける　果たす　守る　〕。
5．審判(しんぱん)を〔　下(お)ろす　下(くだ)す　下(さ)げる　〕。
6．全然予測が〔　つかない　はかれない　わからない　〕。
7．指示を〔　預ける　与える　加える　〕。／指示に〔　あう　したがう　つく　〕。
8．納得(なっとく)が〔　いかない　こたえない　つかない　〕。
9．信用を〔　得る　買う　もらう　〕⇔〔　失う　取られる　汚(けが)す　〕

Ⅷ　(　　　)に入る言葉を下から選んで書きなさい。使わない言葉もあります。

A

1．郊外に(　　　　　　　)を買って家を建てた。
2．(　　　　　　　)に荷物を運び込んだ。
3．交通の(　　　　　　　)のいい所に住みたい。
4．(　　　　　　　)でものを言ってはいけない。
5．今日の試合の(　　　　　　　)は牧野(まきの)氏です。
6．話し合いで仕事の(　　　　　　　)を決めた。
7．(　　　　　　　)せぬことが次々に起こった。
8．入場者数の(　　　　　　　)がはずれた。

しんぱん　すいそく　そうこ　とち　べん　ぶんたん　びん　よき　よそう

B

1．「明日までに報告書を作ってください」「(　　　　　　　)しました」
2．上司の説明を聞いて(　　　　　　　)できた。
3．先輩の経験を聞き、とても(　　　　　　　)になった。
4．「どの(　　　　　　　)の収入を望んでいますか」
5．生ごみとプラスチックごみは別々に(　　　　　　　)します。
6．あのレストランは味も雰囲気(ふんいき)もすばらしいという(　　　　　　　)だ。
7．石田(いしだ)氏の論文(ろんぶん)は多くの研究者から、高い(　　　　　　　)を得た。
8．失われた(　　　　　　　)を回復するのは難しい。
9．初めて小説を書いた。だれか文学のわかる人に(　　　　　　　)してもらいたい。
10．このアパートの(　　　　　　　)者はどなたですか。

さんこう　しゅうしゅう　しょゆう　しょうち　しんよう　せいさく そんちょう　ていど　なっとく　ひひょう　ひょうか　ひょうばん

631 **さぎょう** ガ作業スル work, operation／工作, 操作／작업／thao tác

・時計を作る仕事は、**作業**が細かくて複雑だ。

・「時間が少ないから、能率的に**作業**を進めましょう」

連 __が進む・__を進める 合 単純__、手__、流れ__、__着

632 **くふう** ヲ工夫スル artifice, device／设法, 想办法／궁리함, 고안／sự công phu

・仕事のやり方を**工夫すれば**、もう少し時間を短縮できるだろう。

・今年はクリスマスツリーの飾り付けに**工夫**を凝らした。

連 ニ__を凝らす

633 **しょうか** ヲ消化スル digestion, assimilation, consumption／消化; 理解; 处理, 用完／소화／sự tiêu hóa, sự lý giải, sự giải quyết

①・私は胃腸が弱いので、**消化**{が／に}いいものを食べるようにしている。

連 __{が／に}いい⇔悪い 合 __不良、__器官

②・調べたことを自分なりに**消化しなければ**、レポートを書くのは難しい。

③・厳しいスケジュールだったが、何とか**消化できた**。 ・年度内に予算を**消化する**。

634 **きゅうしゅう** ヲ吸収スル absorption／吸收／흡수／sự hấp thụ

・この物質は{水分／におい／音…}を**吸収する**。 ・植物は根から栄養を**吸収する**。

・留学したら、できるだけ多くの知識を**吸収し**たい。

合 __力

635 **せっち** ヲ設置スル installation／安装, 设置／설치／sự lắp đặt, sự thành lập

・工場に新しい機械を**設置する**。 ・その問題について検討する委員会を**設置した**。

636 **せってい** ヲ設定スル fixing, setting up／设定／설정／sự cài đặt, sự xây dựng

・エアコンの温度を 26 度に**設定する**。

・携帯電話の料金には、さまざまなプランが**設定されて**いる。

合 料金__、初期__

637 **ちょうせつ** ヲ調節スル control, regulation／调节, 调整／조절／sự điều tiết

・リモコンで温度の**調節**をする。 ・いすの高さを**調節する**。

638 **ちょうせい** ヲ調整スル adjustment／调整／조절／sự điều chỉnh

・テレビの映りが悪いので、アンテナの向きを**調整した**。 ・{日程／利害…}を**調整する**。

合 年末__

639 **かいほう** ヲ解放スル release, liberation; open／解放; 开放; 打开／해방／sự giải phóng

・人質を**解放する**。 ・抑圧から**解放された**。

合 奴隷__ ※ヲ開放スル☞ 667

640 **そうごう** ヲ総合スル synthesis; together／综合／종합／sự tổng hợp

・皆の意見を**総合して**、結論を出した。 合 __的な、__病院、__大学、__商社

641 **れんぞく**　ガ連続スル　continuation, sequence／连续／연속／sự liên tục

・3回**連続**で失敗してしまった。　・昨日と今日、**連続して**地震が起こった。

合＿ドラマ、＿殺人事件、＿的な、不＿　関ガ続く、ガ／ヲ継続スル

642 **じぞく**　ガ持続スル　duration, lasting／持续, 维持／지속／sự duy trì, sự kéo dài

・この薬の効果は6時間**持続する**。

・最近{集中力／やる気／体力…}が**持続しなくて**困る。

合＿力、＿的な、＿可能な　関ガ続く、ガ／ヲ継続スル、ガ長続きスル

643 **ちゅうだん**　ガ／ヲ中断スル　interruption, suspension／中断／중단／sự gián đoạn

・雨で試合が**中断した**。　・なかなか結論が出ず、会議は一時**中断された**。

対ガ／ヲ継続スル　関ヲ中止スル

※「中断」は始まっていることについてしか使えないが、「中止」はものごとが始まる前でも使える。

（・明日の試合は台風の接近のため{○中止／×中断}になりました。）

644 **あんてい**　ガ安定スル　stability; steadiness／安稳, 安定; 稳定／안정／sự ổn định

①・正社員になって、**安定した**暮らしがしたい。

・{天候／社会／感情／病状…}が**安定する**。

②・このいすは**安定**が良くて座りやすい。

連＿がいい⇔悪い

合①②＿感（・**安定感**がある⇔ない）、不安定な（×安定な）

645 **こんらん**　ガ混乱スル　confusion, disorder／混乱／혼란／sự hỗn loạn

・頭が**混乱して**、どうしていいのかわからない。

・通りでナイフを持った男が暴れ、**大混乱**が起こった。

合ガ大＿スル

646 **じょうしょう**　ガ上昇スル　rise／上升, 上涨／상승／sự tăng

・午後から気温が急激に**上昇した**。　・{物価／人気／飛行機…}が**上昇する**。

合ガ急＿スル、＿気流　対ガ下降スル、ガ低下スル☞369　関ガ上がる

647 **たっせい**　ヲ達成スル　achievement, attainment／完成, 达成／달성／sự đạt được

・5年かかって、やっと目標を**達成した**。　・目的を**達成する**。

・予定より1カ月早く、入場者数100万人を**達成した**。

関ヲ達する☞1070

648 **じじょう** 事情 circumstances, reasons; conditions／缘故, 原因; 情形, 状况／사정／lý do, tình hình

①・「このたび、**事情**により退社することになりました」
・**事情**があって進学をやめた。
連 __がある　慣 人には人の事情がある

②・彼女はヨーロッパの**事情**に詳しい。
・家を建てたいが、経済的な**事情**が許さない。
・「留学をやめることにしました」「どうしたんですか」「**事情**が変わったんです」
連 __が変わる、__が許さない、__が許す限り
合 [名詞]＋事情(・交通**事情**、住宅**事情**、経済**事情**)

649 **じたい** 事態 situation, state of affairs／事态／사태／tình trạng

・預金している銀行が倒産するという、大変な**事態**になった。
・政府は非常**事態**宣言を出した。　・緊急**事態**が発生した。
※悪い意味で使うことが多い。　合 非常__、緊急__、不測の__

650 **しょうがい** 障害 hindrance, difficulty; disorder／障碍, 妨碍; 毛病, 残疾／장애／sự trở ngại, bệnh

①・彼は目が見えないという**障害**を乗り越えて、ピアニストになった。
・独身なので、海外赴任に何の**障害**もない。
連 __を乗り越える、__を取り除く　合 __物　類 支障　関 困難

②・心臓に**障害**があるので、激しいスポーツはできない。
合 __者

連 ①②＝__がある⇔ない

651 **ふくし** 福祉 welfare, well-being／福利／복지／phúc lợi

・大学で**福祉**について勉強した。　・公共の**福祉**
合 社会__、__施設、介護__士

652 **しゃかい** 社会 society; world; (enter) the workforce／社会; (同类人的) 集合, 届／사회／xã hội, ngoài đời, giới

①・定年退職後は**社会**の役に立つことをしたい。
・１年間入院していたので、**社会**復帰のため、リハビリに励んでいる。
合 [名詞]＋社会(・国際**社会**、地域**社会**、学歴**社会**、文明**社会**)
社会＋[名詞](・**社会**主義、**社会**体制、**社会**問題、**社会**保険、**社会**生活、**社会**貢献)

②・学校を卒業し、**社会**に出て働く。
連 __に出る　合 __人、__的な

③・{医者／アリ…}の**社会**

653 **とかい** 都会 city／都市／도회, 도시／thành phố

・田舎の高校生だった私は、**都会**にあこがれていた。

連 __に出る　合 __的な　対 田舎　関 都市、都心、下町

654 **よろん** 世論 public opinion／舆论, 公论／여론／dư luận xã hội

・現代の政治家は**世論**を無視することはできない。

※「せろん」とも言う。　合 __調査

655 **みんぞく** 民族 race, ethnic group／民族／민족／dân tộc

・世界にはさまざまな**民族**が存在する。　・ロシアは多**民族**国家だ。

合 少数__、多__、単一__、異__、__学、__主義

コラム 15 会社 Companies／公司／회사／Công ty

◆企業　enterprise, business, corporation／企业／기업／doanh nghiệp, xí nghiệp（例. 大__、中小__、ベンチャー__…）

◆会社　company, firm／公司／회사／công ty　（例. 株式__、合弁__、貿易__、建築__…）

商社　trading [business] company／商社, 贸易公司／상사／công ty thương mại

出版社　publishing company／出版社／출판사／nhà xuất bản

新聞社　newspaper company／报社／신문사／tòa soạn báo

メーカー　manufacturer／制造商／메이커, 유명 제품의 제조 회사／hãng sản xuất

小売店／卸売店　retail shop/wholesale shop／零售店/批发店／소매점/도매점／bán lẻ / bán buôn

本店／支店　head office; main shop/branch (office [store])／总店/分店, 支店, 分公司／본점/지점／trụ sở chính / chi nhánh

本社／支社　head [main] office/branch office／总社, 总公司/支店, 分公司／본사/지사／trụ sở chính / văn phòng chi nhánh

営業所　place of business／营业所／영업소／văn phòng kinh doanh

◆組織　organization／组织／조직／tổ chức

総務　general affairs／总务／총무／hành chính

人事　personnel affairs／人事／인사／nhân sự

営業　business (affairs)／营业／영업／kinh doanh

経理　accounting／会计／경리／kế toán

広報　public information, public relations／宣传／홍보／truyền thông

企画　planning, project／规划, 计划／기획／kế hoạch

◆役職・肩書き　post, official position／职务・头衔／직무, 지위／chức vụ, vị trí

代表取締役(社長)　representative director, CEO, president／董事长・总经理／대표 중역・사장／tổng giám đốc

取締役(役員)　director／董事／임원, 중역／thành viên Hội đồng quản trị

専務　(senior) executive director／专务／전무／giám đốc điều hành

常務　executive director／常务／상무／giám đốc thường trực

部長　general manager／部长／부장／trưởng phòng

課長　head of a section／科长／과장／trưởng bộ phận

係長　subsection chief／股长／계장／trưởng nhóm

◆その他

名刺　business [visiting] card／名片／명함／danh thiếp

履歴書　curriculum vitae, résumé／履历书／이력서／sơ yếu lý lịch

まとめ2　同じ漢字を含む名詞　656 ～ 680

50

I 「増」「減」が付く言葉

Vocabulary containing「増 (increase)」 or「減 (decrease)」／带有“增”、“减”的词／「增」「減」이 붙는 말／Những từ đi cùng "増 (tăng)" hoặc "減 (giảm)"

656 ぞうだい　ガ／ヲ増大スル　increase／增大, 增加／증대／sự gia tăng

・時が経つとともに、不安が**増大した**。　・{不満／生産量…}が**増大する**。

対 ガ減少スル　類 ガ増加スル　関 ガ／ヲ増す☞1060

※「増加」は具体的な物の数、「増大」は抽象的なことがらについて言うことが多い。

657 ぞうりょう　ガ／ヲ増量スル　increase (in weight; in number)／增量, 增多／증량／sự tăng về lượng

・〈宣伝〉「現在、1割**増量**サービス中です」　・病気が悪化し、薬が**増量された**。

対 ガ／ヲ減量スル☞662

658 ぞうぜい　ガ／ヲ増税スル　tax increase／加税, 增税／증세／sự tăng thuế

・労働人口が減少し、政府は**増税**を考えているらしい。　・所得税が**増税された**。

対 ガ／ヲ減税スル

659 ぞういん　ガ／ヲ増員スル　increase in the number of personnel／增加人员／증원／sự tăng người

・アメリカ大統領来日に当たり、警備員が**増員された**。　・定員を**増員する**。

対 ヲ削減スル

660 げんてん　ヲ減点スル　deduction of points／扣分／감점／sự giảm điểm

・漢字のテストで、送り仮名を間違えて**減点された**。

対 ガ／ヲ加点スル

661 げんたい　ガ減退スル　decline／减退, 衰退／감퇴／sự suy giảm

・暑さのせいで食欲が**減退した**。

対 ガ増進スル

662 げんりょう　ガ／ヲ減量スル　loss in quantity [weight]; losing weight／减量, 减重, 递减／감량／sự giảm về lượng량

①・洗剤の中身が**減量された**。これでは値上げと同じだ。

対 ガ／ヲ増量スル☞657

②・ボクサーの加藤選手は試合前の**減量**に苦しんでいる。

〈その他〉ガ／ヲ増減スル、ヲ増額スル⇔ヲ減額スル、ヲ増産スル⇔ヲ減産スル、増収⇔減収、ガ増水スル、ヲ増発スル、減塩、ガ／ヲ減速スル⇔ガ／ヲ加速スル、ガ急増スル、ガ／ヲ倍増スル、ガ／ヲ半減スル

Ⅱ 「開」「閉」が付く言葉

Vocabulary containing「開 (open)」 or「閉 (close)」／带有“开”、“闭”的词／「開」「閉」가 붙는 말／Những từ đi cùng " 開 (mở)" hoặc "閉 (đóng)"

663 かいはつ ヲ開発スル development; exploitation／开发; 开垦; 研制开发／개발／sự phát triển, sự mở rộng

①・資源を**開発**する。
　対 未＿　関 未開

②・海辺を**開発して**リゾート地にする。　・駅前の再**開発**が行われている。
　合 再＿、都市＿、国際＿

③・新薬の**開発**に成功した。　・新商品を**開発する**。

664 かいてん ガ／ヲ開店スル opening up a store; open a store／开业, 开张; (开门) 营业／개점, 개업／sự mở cửa hàng

①・近所に新しいレストランが**開店した**。　・**開店**祝いに花束を贈った。

②・「**開店**は 10 時です」

対 ①②ガ／ヲ閉店スル

※同じように①②二つの意味を持つ言葉には、次のようなものがある。「開校、開園、開館、開場」

665 かいぎょう ガ／ヲ開業スル starting a business／开业, 开张／개업／sự khai trương

・近所に新しい書店が**開業した**。　・弁護士事務所を**開業する**。
　対 ガ／ヲ廃業スル

666 かいさい ヲ開催スル holding／召开, 举办／개최／sự tổ chức

・講演会を**開催する**。　・「次のオリンピックの**開催**地はどこですか」
　合 ＿地　関 ヲ催す

667 かいほう ヲ開放スル open／开放; 打开／개방／sự mở cửa

①・近所の小学校の校庭は、日曜日には市民に**開放されて**いる。
　・アメリカはＢ国に市場の**開放**を求めた。
　合 ＿的な　対 ヲ閉鎖スル

②・〈貼り紙〉「**開放**厳禁」
　関 開けっぱなし

668 へいさ ヲ閉鎖スル close; closedown; unsociable／关闭, 封闭／폐쇄／sự đóng cửa

①・この公園の門は、夜間は**閉鎖されて**いる。　対 ヲ開放スル

②・会社が倒産し、工場は**閉鎖された**。

★ナ形 **閉鎖的な**

・田舎は**閉鎖的だ**と言われていたが、今はそんなことはない。
　対 開放的な　関 閉鎖性

669 みっぺい ヲ密閉スル seal up; airtight／密闭／밀폐／kín

・**密閉された**部屋の中で物を燃やすと、不完全燃焼を起こす。
　合 ＿容器　関 ヲ密封スル

51

〈その他〉ガ／ヲ開閉スル、ガ／ヲ開演スル⇔終演、ガ／ヲ開始スル、ヲ開示スル、ガ開通スル、ヲ開封スル、ガ開門スル

Ⅲ 「改」が付く言葉 Vocabulary containing「改 (re-)」／带有"改"的词／「改」가 붙는 말／Những từ đi cùng "改 (cải)"

670 **かいぜん** ガ／ヲ改善スル improvement／改善, 提高, 改进／개선／sự cải thiện

・組合は待遇の**改善**を求めてストを行った。

・「生活を**改善しなければ**、生活習慣病は治りませんよ」

671 **かいりょう** ヲ改良スル improvement, amelioration／改良／개량／sự cải tiến

・その製品は**改良**を重ねることで、いっそう使いやすくなった。

連 ＿を加える、＿を重ねる　合 ヲ品種＿スル

※「改良」は具体的なものを、「改善」はものごとの状態を改めるときに多く使う。

672 **かいかく** ヲ改革スル reform／改革／개혁／sự cải cách

・古い制度を**改革しなければ**、この国の発展は望めない。

合 税制＿、農地＿、宗教＿　類 ヲ変革スル、ヲ革新スル　関 革命

673 **かいせい** ヲ改正スル revision, amendment／修改, 修正／개정／sự sửa đổi

・４月から新幹線のダイヤが**改正される**そうだ。

・{法律／条約／規則…}を**改正する**。

関 ヲ訂正スル☞929

674 **かいてい** ヲ改定スル revision／修改, 重新规定／개정／sự thay đổi

・来年から消費税率が**改定される**ことになった。　・{定価／規約…}を**改定する**。

675 **かいしゅう** ヲ改修スル repair／修理, 修复／개수, 수리／sự sửa chữa

・アパートが古くなったので、大規模な**改修**が行われることになった。

・{道路／橋／建築物／河川…}を**改修する**。

合 ＿工事

〈その他〉ヲ改造スル、ガ改心スル、ヲ改築スル、ガ／ヲ改行スル、ガ／ヲ改名スル、改札口

Ⅳ 「一」が付く言葉　Vocabulary containing「一 (one)」／带有“一”的词／「一」이 붙는 말／Những từ đi cùng "一 (nhất)"

676 いっち　ガ一致スル　agreement; coincidence; correspondence／一致, 符合／일치／sự giống nhau, sự thống nhất

・二人の意見が**一致した**。　・恋人と誕生日が同じとは、偶然の**一致**だ。

・彼の指紋が、現場に残された指紋と**一致した**。

連 偶然の__　合 満場__　対 不__

677 いっぽう　一方　one side; the other side／一个方向; 一方, 另一方／한쪽, 한편／một phía, một bên

・飛行機の中で乗客が**一方**に片寄ると危ない。

・マウスを２グループに分け、**一方**にはＡの薬を、もう**一方**にはＢの薬を与えた。

合 __通行、__的な（・電話でけんかになり、兄は怒って**一方的に**電話を切った。）

678 いってい　ガ一定スル　constant, uniform; fixed; certain／固定不变; 规定; 一定／일정／nhất định, sự ổn định

①・倉庫の中は**一定**の温度に保たれている。

②・花が咲くには**一定**の条件が必要だ。　・伝染病にかかると、**一定**期間、入院させられる。

③・**一定**の成績をとらなければ、奨学金はもらえない。

・あの作家の書く小説は、どれも**一定**の水準に達している。

④・エアコンが故障して、温度が**一定しない**。

679 いちにんまえ　一人前　adult; grown-up person; portion (for one person)／成人, 能胜任的人; 一人份儿／어른, 제구실을 할 수 있게 됨, 일 인분／người lớn, người có tay nghề, một suất

①・経済的に親から独立しなければ、**一人前**とは言えないだろう。

・職人は**一人前**になるのに長い時間がかかる。

②・〈注文〉「すし、**一人前**お願いします」

680 いちりゅう　一流　first-class／第一流, 头等／일류／hàng đầu

・彼はまだ若いが、コックとしての腕は**一流**だ。　・**一流**の{ホテル／店／企業／人物…}

関 二流、三流、最高級

Unit 07 まとめ 2　名詞C＋同じ漢字を含む名詞　練習問題　631 ～ 680

レベル ★★★☆

Ⅰ　(　　)に助詞を書きなさい。

1．消化(　　／　　／　　)いい食べ物　　2．雨で試合(　　)中断した。
3．効果(　　)持続する。　　4．大勢(おおぜい)の意見(　　)総合する。
5．目標(　　)達成する。　　6．大学の施設(　　)市民(　　)開放する。
7．社会(　　)安定する。　　8．私は心臓(しんぞう)(　　)障害(しょうがい)がある。
9．都会(　　)出て働く。　　10．新商品(　　)開発する。
11．近所に新しいスーパー(　　)開店して便利になった。
12．部屋(　　)密閉(みっぺい)する。　　13．温度(　　)一定(　　)保つ。
14．意見(　　)一致する。　　15．３回連続(　　)100点を取った。

Ⅱ　「する」が付く言葉に○を付けなさい。

工夫(くふう)　設置(せっち)　連続　吸収　事情　解放　混乱　安定　一致　不一致
一定　一方　中断

Ⅲ　「的」が付く言葉に○を付けなさい。

総合　持続　福祉(ふくし)　混乱　都会　田舎(いなか)　開放　閉鎖(へいさ)　一方　一流

Ⅳ　反対の意味の言葉を書きなさい。

1．都会 ⇔(　　　)　　2．増大 ⇔(　　　)　　3．開店 ⇔(　　　)
4．開放 ⇔(　　　)　　5．上昇 ⇔(　　／　　)

Ⅴ　(　　)に下から選んだ言葉を書いて、一つの言葉にしなさい。

1．消化(　　)　2．持続(　　)　3．安定(　　)　4．世論(　　)
5．社会(　　)　6．総合(　　)　7．障害(　　)　8．連続(　　)
9．(　　)作業　10．(　　)事情　11．(　　)福祉　12．(　　)事態
13．(　　)改良　14．(　　)民族　15．(　　)通行

一方　感　緊急　社会　住宅　少数　調査　ドラマ
流れ　病院　品種　物　不良　問題　力

(１度しか使えません)

Ⅵ　正しい言葉を〔　　　〕の中から一つ選びなさい。

1．法律を〔　改革　改正　改善　〕する。

2．料金を〔　改行　改定　改名　〕する。

3．社員の待遇（たいぐう）を〔　改正　改善　改良　〕する。

4．アパートの〔　改革　改修　改良　〕工事

5．不安が〔　増加　増大　増量　〕する。

6．病院を〔　開館　開業　開店　〕する。

7．オリンピックを〔　開演　開催　開場　〕する。

8．新しい住宅地を〔　開始　開催　開発　〕する。

Ⅶ　□に漢字を１字入れて、適当な言葉にしなさい。

1．あの国にはまだ□開発の土地がたくさんある。

2．大学の定員が増□されることになった。

3．テストで助詞を間違えて減□された。

4．あまりに疲れると、食欲が減□する。

5．この洗剤は中身が増□されたが、値段は変わっていない。

6．山本（やまもと）氏はパリにも店を持つ、一□のデザイナーだ。

7．消費税が５％から10％に増□された。

8．太り過ぎだから減□するように、医者から注意された。

Ⅷ　（　　　）に入る言葉を下から選んで書きなさい。

1．学校の教室にやっとエアコンが（　　　　　　）された。

2．できるだけ多くの人が参加できるように、日程を（　　　　　　）した。

3．早く（　　　　　　）の社会人になって、親を安心させたい。

4．この部屋のエアコンの温度は、夏は26度、冬は22度に（　　　　　　）されている。

5．この薬は腸（ちょう）で（　　　　　　）される。

6．このつまみを回せば、お湯の温度を（　　　　　　）できる。

7．南の島には（　　　　　　）的なイメージがある。

8．細かい（　　　　　　）を続けると、目が疲れる。

9．製品を（　　　　　　）するために、（　　　　　　）を重（かさ）ねた。

10．初めての海外出張だったが、スケジュールを（　　　　　　）するだけで精一杯（せいいっぱい）で、観光は全くできなかった。

いちにんまえ	かいほう	かいりょう	きゅうしゅう	くふう	
さぎょう	しょうか	せっち	せってい	ちょうせい	ちょうせつ

Unit 07 まとめ 2 名詞C＋同じ漢字を含む名詞 確認問題 581 ～ 680

レベル ★★★★

Ⅰ （　　）に入れるのに最もよいものを、a・b・c・dから一つ選びなさい。

1．じゃがいもは南アメリカ（　　）産だそうだ。

a 開　b 元　c 始　d 原

2．市の中心部の（　　）開発が進んでいる。

a 再　b 新　c 全　d 真

Ⅱ （　　）に入れるのに最もよいものを、a・b・c・dから一つ選びなさい。

1．ご飯は一（　　）も残してはいけないと、よく母に言われた。

a こ　b つ　c てき　d つぶ

2．公園でパン（　　）をまくと、鳥が寄ってきた。

a かわ　b こ　c くず　d ごみ

3．研修のため、半年の予定で日本に（　　）している。

a 滞在　b 宿泊　c 在日　d 停留

4．父親には父親の、母親に母親の（　　）があると思う。

a 役割　b 分担　c 交代　d 関係

5．木村選手に対する監督の（　　）は高い。

a 判断　b 批評　c 評価　d 評判

6．私にとって、多くの国の友人ができたことが留学の最大の（　　）だった。

a 収入　b 収穫　c 得　d 成功

7．（医者に）「先生を（　　）してすべてをお任せします」

a 尊重　b 推薦　c 肯定　d 信頼

Ⅲ ＿＿＿＿の言葉に意味が最も近いものを、a・b・c・dから一つ選びなさい。

1．社会に出て働く。

a 会社　b 世の中　c 都会　d 集団

2．一定の成果はあったと思う。

a 一部分の　b 基準以下の　c 決まった　d ある程度の

3．与えられた課題はすべて消化することができた。

a 処理　b 採用　c 吸収　d 理解

4．皮膚をまさつすると血行が良くなる。

a かく　b こする　c たたく　d あたためる

5．クラスメートに刺激されて、私も英会話の勉強を始めることにした。

a　注意されて　　b　笑われて　　c　影響されて　　d　さそわれて

Ⅳ　次の言葉の使い方として最もよいものを、a・b・c・dから一つ選びなさい。

1．疑問

a　この実験結果の数字には疑問がある。

b　来月の給料がいくらになるか、疑問を持っている。

c　この漢字の読み方は、私には疑問だ。

d「すみません、ちょっと疑問をしてもいいですか」

2．承知

a　早退するときは上司の承知を得なければならない。

b　若いうちは、頼まれた仕事は何でも承知した方がいい。

c　状況が厳しいことは承知しているが、きっと解決法が見つかると思う。

d「この仕事は難しいので、ぜひあなたに承知してもらいたいのです」

3．増大

a　失業者は昨年より増大している。

b　体重が増大したので、ダイエットを始めようと思う。

c　旅行シーズンには列車が増大される。

d　政府に対する国民の不満が増大している。

4．圧力

a　私にとっては親の期待は圧力だ。

b　受験に圧力を受けて病気になる子どももいる。

c　私は圧力が強ければ強いほど、がんばろうと思う。

d　弱い立場の人に圧力をかけて従わせるのはどうかと思う。

5．立場

a　親の立場をこわすようなことをしてはいけない。

b　あの人は上司の立場を利用して、部下を困らせている。

c　業績が悪化する一方で、社長は苦しい立場をとっている。

d　教師はもっと教育的な立場を強くした方がいい。

コラム 16 風物詩(秋・冬)

Charming scenery／风景诗／풍물시／thơ phong cảnh, phong cảnh theo mùa (thu, đông)

【秋】

＜自然＞

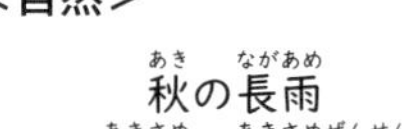
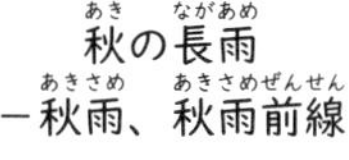

秋の長雨
－秋雨、秋雨前線

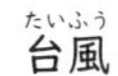

台風

秋の夜長

小春日和

木枯らし
－木枯らし1号

紅葉
－もみじ、紅葉前線

イチョウ

菊

＜行事など＞

十五夜－月見、すすき、
ウサギのもちつき

秋祭り

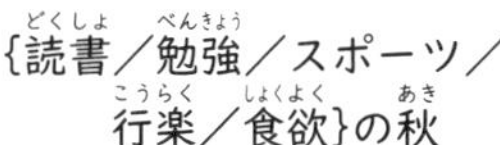

{読書／勉強／スポーツ／
行楽／食欲}の秋

＜食べ物＞

新米

さんま

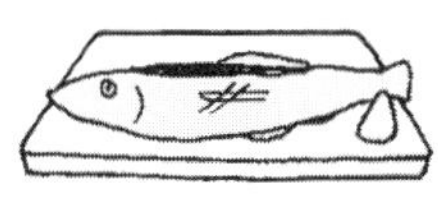

マツタケ

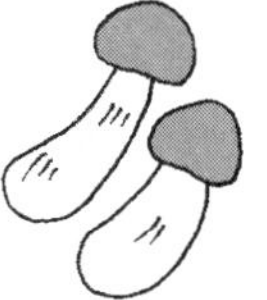

柿

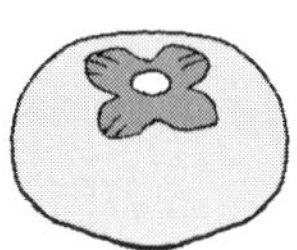

【冬】

<自然>

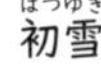

初雪

霜

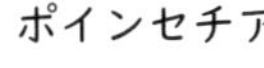

ポインセチア

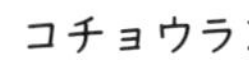

コチョウラン

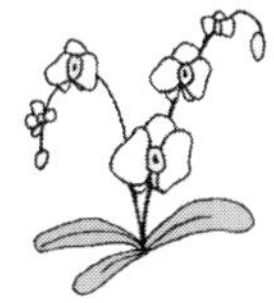

つばき

<行事など>

クリスマス
{ツリー/ケーキ/
プレゼント}

サンタクロース

トナカイ

イルミネーション

ひなたぼっこ

お歳暮

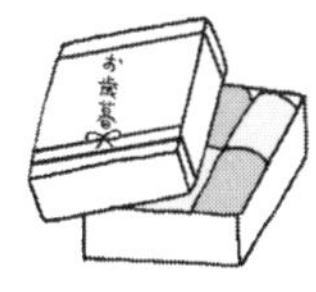

冬のボーナス

帰省－帰省ラッシュ

スキー

宝くじ

歳末大売り出し
－バーゲン、セール

忘年会

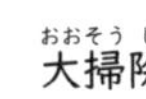

大掃除

こたつ

もちつき

<食べ物>

なべ物

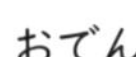

おでん

みかん

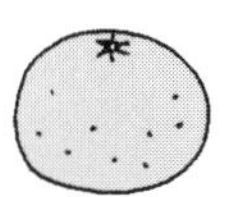

りんご

Unit 08 動詞 B

681 ～ 790

レベル ★★★

52

681 **うつる** ガ映る — be reflected; be (on television); look (like ~)／映, 照; 显示; 反映, 留下印象; 颜色配得好／비치다, 나타나다, 잘 어울리다／phản chiếu, được quay

①・鏡には左右が逆に**映る**。 ・湖の水面にまわりの山々が**映っている**。

②・テレビを見ていたら、知っている場所が**映った**。

名 映り （・古くなったせいか、このテレビは最近**映り**が悪い。）

③・ふと窓の外を見ると、あやしい男が目に**映った**。

・警官の目には、私の行動が不審なものと**映った**らしい。

連 目に__

④・初対面の彼は、紺色のスーツに赤いネクタイがよく**映って**いた。

682 **うつす** ヲ映す — mirror; project; reflect／映, 照; 放映; 反映／비추다, 상영하다, 반영하다／soi, chiếu, phản ánh

①・全身を**映せる**鏡がほしい。 ・富士山が湖に姿を**映して**いる。

②・スクリーンに映画を**映す**。

合 ヲ映し出す

③・歌は時代を**映す**鏡だと言われている。

683 **つかる** ガ漬かる — be flooded, soak; absorb in, devote oneself／淹, 泡, 沉浸／잠기다／ngập, mải mê

①・大雨で家の床まで水に**つかった**。 ・肩まで湯に**つかる**と気持ちがいい。

②・日々の生活にどっぷり**つかって**初心を忘れていた。

684 **つける** ヲ漬ける — soak／浸, 泡／담그다, 잠그다／ngâm

・汚れが落ちにくいときは、洗剤の液にしばらく**つけて**おくとよい。

・大豆を一晩水に**つけて**柔らかくする。

685 **うかぶ** ガ浮かぶ — float; think of; surface, come up with／漂, 浮; 想起, 想出; 浮起, 浮出／뜨다, 떠오르다／nổi lên, nghĩ ra

①・池にボートが**浮かんで**いる。 ・空に雲が**浮かんで**いる。

②・アイデアが**浮かぶ**。 ・家族の顔が目に**浮かぶ**。 ・顔に笑みが**浮かぶ**。

③・死んだ魚が水面に**浮かんで**きた。 ・新しい容疑者が**浮かんだ**。

合 ガ浮かび上がる☞ 373

686 **うかべる** ヲ浮かべる — float; have／使……浮起; 浮现／띄우다, 나타내다, 떠올리다／khiến cho nổi

①・池におもちゃのボートを**浮かべて**遊んだ。

②・彼女は目に涙を**浮かべて**抗議した。 ・彼は悔しさをこらえて、笑みを**浮かべた**。

合 ヲ思い__

687 **うく** ガ浮く float; rise; set someone off from one's peers; save ／浮, 飘; 悬空; 不合群; 浮余, 有剩余／뜨다, 고립되다, 남다／nổi lên, bị ra rìa, đội lên

①・１円玉は水に**浮く**。

対 ガ沈む ☞ 168

②・美女の体が宙に**浮く**というマジックを見た。

合 ガ浮き上がる

③・彼は人に合わせることが苦手で、いつも集団から**浮いて**いる。

④・途中、ヒッチハイクをしたので、旅費が**浮いた**。

688 **もぐる** ガ潜る submerge oneself; slip into ~; hide／潜水; 钻进, 躲入; 潜入, 潜伏／잠수하다, 기어들다, 숨다／lặn, chui vào, ẩn nấp

①・日本の「海女」は長時間海に**潜って**貝や魚を捕ることができる。

②・冬は寒いので、布団に**もぐり**込んで寝るのが幸せだ。

合 ガ潜り込む

③・彼は反政府運動に関わって、地下に**潜った**。

689 **はねる** ガ跳ねる jump, splash; run over／跳, 蹦, 溅, 撞／뛰다, 튀다, 들이받다／nhảy, bắn

①・カエルは地面から大きく**跳ねて**、草の中へ消えた。

②・てんぷらを作っていたら、油が**はねて**、火傷をしてしまった。

合 ガ飛び＿　関 ガ飛び散る

★動 ヲ**はねる**

・弟は車に**はねられて**大けがをした。

・雨の日、車に泥水を**はねられた**。

690 **せおう** ヲ背負う carry ~ on one's back; be burdened with, shoulder／背, 背负／짊어지다, 등에 업다, 떠맡다／đeo, gánh vác

①・背中にリュックを**背負う**。

※会話では「しょう」と言う。

②・新しい会社を立ち上げるため、彼は大きな借金を**背負った**。　・{リスク／苦労}を**背負う**。

類 ①②ヲ負う ☞ 1057

691 **おう** ヲ追う run after, chase; pursue; drive out／追, 赶; 追求, 追究; 撵下, 驱逐／따르다, 추구하다, 내쫓다／theo sau, theo đuổi, lật đổ

①・子どもは走って母親の後を**追った**。

・業界一位のＡ社を**追って**、Ｂ社とＣ社が売り上げを争っている。

類 ヲ追いかける

②・私はいくつになっても理想を**追い**続けたい。　・{流行／真相…}を**追う**。

類 ヲ追求する、ヲ追究する

③・革命によって、王は地位を**追われた**。　・{国／職場／社長の座…}を**追われる**。

※受身形で使う。

慣 順を追って（・「事件の経過を、**順を追って**説明します」）

692 **おいかける**　ヲ追いかける　run after, chase／追赶; 紧跟／추적하다, 뒤쫓아가다／đuổi theo, chạy theo

・犯人を**追いかけた**が、逃げられてしまった。

・{スター／流行…}を**追いかける**。

類 ヲ追う

693 **おいつく**　ガ追いつく　catch up (with ~)／赶上, 追上／따라잡다, 도달하다／đuổi kịp

・彼は足が速いから、今から追いかけても**追いつかない**だろう。

・斉藤選手がゴールを決め、同点に**追いついた**。

・我が社の技術が世界水準に**追いつく**には、5年はかかるだろう。

694 **おいこす**　ヲ追い越す　pass, get ahead of／赶过, 超过／앞지르다, 추월하다／vượt lên

・前を走る選手に追いついたが、**追い越す**ことはできなかった。

・のろのろ走っている前の車を**追い越した**。

類 ヲ追い抜く　関 ヲ抜く　名 追い越し→＿車線

695 **ふりむく**　ガ／ヲ振り向く　look around; pay attention to／回头; 理睬／돌아보다, 관심을 보이다／quay sang, quan tâm đến

他 ・名前を呼ばれて**振り向いた**。　・後ろを**振り向く**

類 ヲ振り返る

自 ・募金を訴えても、だれも**振り向かなかった**。

・教授は不真面目な学生には**振り向いて**くれない。

696 **とる**　ヲ捕る／採る／執る　catch; employ; adopt; find oneself in charge; write／抓, 抓住; 录用, 采用; 执行, 执笔／채용하다, 취하다, 맡다, 들다／bắt, tuyển, chọn, cầm (bút)

[捕]・公園でセミを**捕った**。　類 ヲ捕まえる

[採]・今年は新入社員を30人**採った**。　・彼の提案を**採る**ことにした。　類 ヲ採用する

[執]・作戦の指揮を**執る**。　・作家は10年ぶりに筆を**執った**。

697 **とりあげる**　ヲ取り上げる　pick up; take up, select／拿起, 没收; 报道, 登报／집어들다, 박탈하다, 문제 삼다／nhặt, tịch thu, đưa lên

①・彼女は机の上の本を**取り上げた**。

②・人身事故を起こした運転手は免許を**取り上げられた**。

③・ニュースでこの事件は大きく**取り上げられた**。

698 **とりいれる**　ヲ取り入れる　take in; harvest; adopt／拿进, 收获; 采纳／거두어들이다, 받아들이다／thu vào, tiếp thu

①・洗濯物を**取り入れる**。　類 ヲ取り込む

②・会社は消費者の意見を**取り入れて**、容器を改良した。

699 **けずる**　ヲ削る　sharpen; cut down, reduce; remove／削; 削减, 删减, 删除／깎다, 삭감하다, 삭제하다／gọt, cắt giảm, bỏ

①・ナイフでえんぴつを**削った**。

②・予算を**削る**。　・文章の一部を**削る**。　・名簿から名前を**削る**。

類 ヲ削除する、ヲ削減する

700 しばる　　ヲ縛る

tie, bind／捆, 绑；束缚, 限制／묶다, 붙들어 매다, 속박하다, 얽매다／buộc, ràng buộc

①・古い雑誌を重ねてひもで**縛る**。　・傷口を布で**縛って**出血を止める。

・手足を**縛って**動けないようにする。

②・学生を校則で**縛る**。　・毎日忙しく、時間に**縛られて**いる。

名 縛り→__がある⇔ない

合 ①②ヲ縛り付ける（・柱に**縛り付ける**。　・学生を規則で**縛り付ける**。）

701 しぼる　ヲ絞る／搾る

squeeze; shout at the top of one's voice, rack (one's brain); turn down / squeeze; grill／拧, 绞；拼命发高声, 绞尽脑汁；调小；榨, 挤；申斥, 严加责备／짜다, 쥐어짜다, 줄이다, 짜내다, 혼내다／vắt, hô, giảm, trách mắng

［絞］①・水にぬらしたタオルを**絞る**。

②・｛頭／知恵｝を**しぼる**。　・声をふり**しぼって**応援する。

合 ヲ絞り出す、ヲふり__

③・うるさいのでテレビの音を**絞った**。

［搾］①・牛の乳を**しぼる**。　・ひまわりの種から油を**しぼる**。

類 ヲ搾り取る

②・仕事でミスをして上司に**しぼられた**。　・練習でコーチに**しぼられた**。

※この意味では「絞る」という表記もある。

702 まわる　ガ回る

revolve, turn around; be passed around; make a tour; go around (to); handle, take effect; be past ~／转, 旋转；过, 超过；蔓延, 传遍／돌다, 돌리다, 고루 돌아가다, 퍼지다, 지나다, 잘 움직이다／quay, đến lượt, đi một vòng, đến, phát ra, làm, trở tay

①・地球は太陽の周りを**回っている**。　・｛扇風機／車輪…｝が**回る**。

②・掃除当番が**回って**きた。

③・旅行に行って、多くの美術館を**回って**きた。　・営業マンが得意先を**回る**。

④・「今、6時を**回った**ところです」

⑤・友人の家に**回って**帰る。

⑥・｛酔い／毒…｝が**回る**。

⑦・忙しくて、細かいところまで手が**回らない**。　・気が**回る**。

・目が**回る**。　・頭が**回らない**。

703 まわす　ヲ回す

turn (on); pass; send; transfer; invest／转动, 开动；（依次）通知；转到, 转移；时间、钱等用到其他地方；运转／돌리다, 보내다, 옮기다／xoay, chuyển, để qua, chuyển sang

①・ドアの取っ手を**回して**開ける。

・｛洗濯機／扇風機／ビデオ（カメラ）…｝を**回す**。

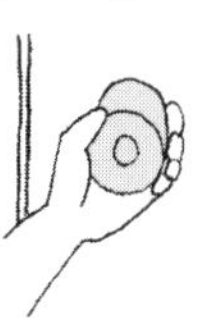

②・お知らせを全員に**回す**。

関 ヲ回覧する

③・もう遅いので、残りの仕事は明日に**回して**帰ろう。

・電話を総務部に**回す**。　・病院で内科から皮膚科に**回された**。

・〈店の人がテーブルの端の客に〉「すみません。お水、**回して**ください」

④・食費を削って携帯代に**回す**。　・空いた時間をアルバイトに**回す**。

704 **くぎる**　ヲ区切る　punctuate, divide／分句读, 分段, 划分／끊다, 구획 짓다, 일단락을 짓다／ngắt, ngăn

・一つ一つ言葉を**区切って**話す。　・授業は 90 分だが、45 分ずつに**区切って**行われる。

・大きな部屋を本棚で**区切って**二人で使っている。

名 区切り→ニ__がつく・ニ__をつける（・ここでちょっと仕事に**区切りをつけよう**。）

自 区切れる

705 **くむ**　ヲ組む　cross; join forces, unite; draw up／交叉在一起; 组队, 合伙; 编排, 编制／꼬다, 끼다, 협동하다, 짜다／khoanh, kết hợp, xây dựng

①・{足／腕／肩…}を**組む**。

合 腕組み　慣 手を組む（＝協力関係を結ぶ）

②・同僚と**組んで**プロジェクトチームを作った。　・{ペア／チーム…}を**組む**。

合 ヲ組み合わせる☞ 446、組み合わせ、ヲ組み立てる、組み立て

関 組（・５人で一**組**になる。）

③・{予算／スケジュール／プログラム／シフト…}を**組む**。

706 **くみたてる**　ヲ組み立てる　put together, assemble／组装, 安装; 构成／짜맞추다, 조립하다, 구성하다／lắp ráp, ghép

・部品を**組み立てて**機械を作った。／いろいろな部品で機械を**組み立てた**。

・{文章／論理…}を**組み立てる**。

名 組み立て（・文章の**組み立て**を考える。）

707 **くわわる**　ガ加わる　add; let ~ join; increase／加, 加上; 加入; 施加; 加大, 增大／참가하다, 가입하다, 가해지다, 늘다／được thêm vào, tăng lên

①・新しい選手がチームに**加わった**。　・{メンバー／仲間／味方／話…}に**加わる**。

類 ガ入る

②・プラスチックは、{熱／力…}が**加わる**と変形する。

③・この女優は、最近ますます魅力が**加わって**いる。

類 ガ増す☞ 1060

708 **くわえる**　ヲ加える　join; be added; increase／加入, 参加; 加, 施加; 增添／더하다, 넣다, 가입시키다／thêm vào, làm tăng

①・３に８を**加える**と 11 になる。　・味がうすいので、もっと塩を**加えた**方がいい。

②・新人を{メンバー／仲間／味方…}に**加えた**。

類 ヲ入れる

③・このプラスチックは{熱／力…}を**加えて**も変形しない。　・人に危害を**加える**。

類 ヲ与える

④・情報の発達は、ますますスピードを**加えて**いる。

類 ヲ増す☞ 1060

709 **しあがる**　ガ仕上がる　be finished, be completed／做完, 完成／완성되다／được hoàn thiện

・恋人にあげるマフラーがやっと**仕上がった**。　・{作品／論文…}が**仕上がる**。

・苦労したが、いい作品に**仕上がった**。

類ガでき上がる☞382、ガ完成する　名仕上がり(・「**仕上がり**は明日になります」)

710 **しあげる**　ヲ仕上げる　finish, complete／做完, 使完成／완성하다, 마무르다／hoàn thiện, hoàn thành

・「この仕事は月末までに**仕上げて**ください」　・{作品／論文…}を**仕上げる**。

・苦労して、いい作品に**仕上げた**。

類ヲし終える、ヲ完成する　名仕上げ(・最後の**仕上げ**をする。)

711 **とおりかかる**　ガ通りかかる　happen to pass by／恰巧路过／마침 그곳을 지나가다／đi ngang qua

・ラーメン屋の前を**通りかかる**と、大勢の人が行列していた。

名通りがかり(・**通りがかり**の人)

712 **とびまわる**　ガ飛び回る　fly about; rush about, rush from place to place／飞来飞去, 跑来跑去; 东奔西走／날아다니다, 뛰어다니다／bay quanh, bay khắp

①・ミツバチがぶんぶん**飛び回っ**ている。　・お土産をもらった子どもは喜んで**飛び回った**。

②・忙しい父は海外を**飛び回って**仕事をしている。

713 **めぐる**　ガ巡る　move around; circle; repeat, circulate; travel around; concerning／旋转; 绕着转; 循环; 巡游; 围绕某事／돌다, 둘러싸다, 돌아오다, 돌아다니다, 관련되다／xoay quanh, bao quanh, lặp lại, đi vòng quanh

①・地球は太陽の周りを**巡っ**ている。

②・公園の中を歩道が**巡っ**ている。

③・歴史は**巡る**。　・血液が体内を**巡る**。　・季節が**巡る**。

④・アジア諸国を**巡る**ツアーに参加した。

⑤・憲法九条を**巡る**論議が続いている。　・家族が遺産を**巡って**争いを始めた。

714 **おぎなう**　ヲ補う　supplement／补, 补贴, 补充／보충하다, 메우다／bổ sung, bù

・栄養不足を**補う**ために、薬を飲んでいる。　・ボーナスで毎月の赤字を**補う**。

・「先ほどの説明を**補わせて**いただきます」

類ヲ補足する、ヲ補充する(※物に使う)

715 **ふせぐ**　ヲ防ぐ　protect, prevent／防备, 预防, 防止／막다／phòng chống

・泥棒を**防ぐ**ために、鍵を二つ付けた。　・日焼けを**防ぐ**ためにクリームを塗る。

・{犯罪／洪水／事故／火災／日焼け／けが／ミス…}を**防ぐ**。

類ヲ防御する、ヲ防止する

716 **すくう**　ヲ救う　save, relieve ／救, 救助, 挽救／구하다／cứu

・ペニシリンの発見は、多くの人々の命を**救った**。

・{国家の危機を／国家を危機から}**救う**。　・危ないところを**救われた**。

類ヲ助ける、ヲ救助する　名救い

717 **のぞく** ヲ除く take away, remove; exclude／去除, 除去／없애다, 제외하다／khử, loại trừ, trừ

・この機械は空気中の有害物質を取り**除く**作用がある。

・彼を**除いて**全員満点だった。 ・〈掲示物〉「年中無休。ただし元旦を**除く**」

合 ヲ取り＿

718 **はぶく** ヲ省く omit; save／除去; 节省／생략하다, 줄이다, 덜다／bỏ qua, giản lược

・「表１はあまり関係ないので資料から**省きましょう**」

・彼女は裁判で大事なところを**省いて**証言した。 ・{手間／時間／労力…}を**省く**。

関 ヲ省略する、ヲ略す☞1041

自 省ける（・インターネットで予約ができて、店に電話する手間が**省けた**。）

719 **あやまる** ヲ誤る make a mistake, err／错, 弄错／잘못하다, 그르치다, 실수하다／sai, gây lỗi

・運転を**誤って**、事故を起こしてしまった。

・山でリーダーが判断を**誤る**と、遭難する恐れがある。

副 誤って（・**誤って**花瓶を割ってしまった。）

名 誤り

720 **うばう** ヲ奪う take (a thing) by force; absorb (one's attention), fascinate／夺, 夺去, 剥夺; 强烈吸引／빼앗다, 사로잡다／cướp, tước đi, hớp (hồn)

①・コンビニに強盗が入り、レジから売上金を**奪って**逃走した。

・{命／自由／権利／機会／熱…}を**奪う**。

・人身事故により、１万人の通勤の足が**奪われた**。

②・美しい花に{目／心}を**奪われる**。

721 **しまう** ヲしまう put back／收藏, 保存／치우다, 간수하다／cất

・春になったので、冬物を**しまった**。 ・大事な物はこの箱の中に**しまって**ある。

・洗った食器を食器棚に**しまう**。

関 ヲ片付ける、ヲ保管する

722 **なまける** ヲ怠ける be lazy, neglect／偷懒／게으름 피우다／lười biếng

・仕事を**怠ける**。 ・「**怠けて**いないで宿題をやりなさい」

合 怠け者、怠け癖 関 ヲサボる

723 **うしなう** ヲ失う lose; miss; lose (someone) (because of his death); lose (consciousness)／丢失, 失去; 错过 (机会等)；丧亲; 昏迷／잃다, 놓치다, 여의다／đánh mất, bỏ lỡ, mất

①・地震で財産を**失った**。 ・{職／信用／やる気…}を**失う**。

対 ヲ得る 類 ヲなくす

②・{機会／チャンス…}を**失う**。

類 ヲ逃す

③・私は飛行機事故で親を**失った**。

類 ヲ亡くす

④・頭を打って{気／意識}を**失った**。

724 せめる ヲ攻める attack／攻, 进攻／공격하다／tấn công

・敵を**攻める**。 ・積極的に相手チームを**攻めて**勝利した。

合 ガ攻め込む、ヲ攻め立てる 対 ヲ守る 類 ヲ攻撃する

725 にらむ ヲにらむ stare (at); incur one's displeasure／怒目而视; 盯上／노려보다, 주목하다／lườm, để ý

①・その学生は注意されて、逆に先生を**にらんだ**。

合 ヲにらみつける

②・いつも事件を起こす彼は、警察に**にらまれて**いる。

726 せめる ヲ責める blame／责备, 责怪／꾸짖다, 나무라다, 괴롭히다／chất vấn, trách

・相手の失敗を**責める**。 ・過ちをおかした自分を激しく**責めた**。

合 ヲ責め立てる

727 うらぎる ヲ裏切る betray; disappoint, be contrary to one's expectation／背叛／배신하다, 어긋나다／phản bội, làm thất vọng

①・彼は味方を**裏切り**、敵のグループに入った。

合 裏切り者 名 裏切り

②・田中選手はファンの期待を**裏切り**、１回戦で負けてしまった。

・{予想／信頼／友情…}を**裏切る**。

728 たよる ヲ頼る rely on, depend on; count on／依赖; 投靠／의지하다, 연줄을 찾다／dựa vào, trông cậy vào

①・彼は学費を親に**頼らず**、自分で働いて払っている。

・いつまでも辞書に**頼って**いると、読む力がなかなかつかない。

②・東京にいる親せきを**頼って**日本へ来た。

★名 **頼り**

・ガイドブックを**頼り**に旅行をした。 ・地震や停電のときはラジオが**頼り**になる。

・彼女は仕事ができるので同僚や後輩から**頼り**にされている。

連 ヲ__に、__になる⇔ならない、ヲ__にする

729 あう ガ遭う encounter, meet with／遭遇, 遇上／당하다, 겪다／gặp, đối mặt với

・交通事故に**遭って**けがをした。 ・困難に**遭って**もあきらめてはいけない。

730 まねく ヲ招く invite; beckon; call in; bring about, cause／招待, 邀请; 招手; 招聘; 招致／초대하다, 손짓하여 부르다, 초빙하다, 일으키다／mời, gọi, dẫn đến

①・自宅に友人を**招いた**。 ・結婚式に**招かれて**スピーチをした。

類 ヲ招待する 名 招き（・お**招き**ありがとうございました。）

②・海外で出会った少年は、自分について来いと手で**招いた**。

合 ヲ手招きスル

③・〇〇大学は有名な漫画家を教授に**招いた**。

④・首相の言葉は世間の批判を**招いた**。 ・点検ミスが大事故を**招いた**。

類 ヲ引き起こす

招き猫

731 **ひっかかる**　ガ引っ掛かる　get caught, be hooked; be cheated, be entangled; have a thing on one's mind／卡住, 挂住; 受骗; 被查出来; 不对劲／걸리다, 속다, 걱정되다／bị mắc vào, bị vướng vào, bị lừa

①・山で服が木に**引っかかって**破れてしまった。　・髪が痛んでいて、指に**引っかかる**。

②・血液検査{に／で}**引っかかった**。

③・この情報はなんだか**ひっかかる**。もう少し調べてみよう。

関 ガ気にかかる

④・悪い男に**引っかかって**、彼女は全財産をとられてしまった。

類 ガだまされる

732 **ひっかける**　ヲ引っ掛ける　scratch; throw on; splash; cheat; have (a drink) ／挂上, 勾住; 披上, 套上; 浇, 溅; 受骗上当; 喝酒／걸다, 걸치다, 끼얹다, 속이다, 들이켜다／treo, làm bẩn, đổ, lừa

①・釘に服を**ひっかけて**破ってしまった。

②・ちょっと寒かったのか、弟は上着を**ひっかけて**コンビニに買い物に行った。

・サンダルは**ひっかけて**いるだけなので脱げやすい。

③・雨の日、走って来た車に泥水を**ひっかけられた**。

・映画の中で女が男にコップの水を**引っかける**シーンがあった。

④・「悪い男に**ひっかけられない**ようにね」

類 ヲだます

733 **ひっくりかえる**　ガひっくり返る　turn over, reverse; fall (on one's back); be in confusion ／颠倒过来; 倒; 翻过／뒤집히다, 넘어지다, 벌렁 눕다 ／bị lật, đảo lộn, nằm ngửa, lung tung

①・ボートが波で**ひっくり返って**上下さかさまになった。

・世の中が**ひっくり返る**ような事件が起こった。

②・すべって仰向けに**ひっくり返った**。　・ベッドに**ひっくり返って**本を読むのが楽しみだ。

③・まだ引っ越したばかりで、家中**ひっくり返って**いる。

734 **ひっくりかえす**　ヲひっくり返す　overturn; knock over; turn out／翻过来; 弄倒; 翻出来／뒤집다, 넘어뜨리다, 뒤적이다／lật, làm đổ, lộn ra, phơi bày ra

①・魚を**ひっくり返して**焼く。　・この箱を**ひっくり返して**机の代わりにしよう。

②・机の上のコーヒーをうっかり**ひっくり返して**しまった。

③・ポケットを**ひっくり返して**切符を探したが見つからなかった。

735 **ずれる**　ガずれる　slip (out of place), be not in the right place; deviate, be off the point／错位, 移动; 偏离, 跑题／조금 벗어나다, 빗나가다／trật ra, lệch

①・地震で鉄道のレールが**ずれた**。　・写真を撮るとき、ピントが**ずれて**しまった。

②・彼の考え方は一般から少し**ずれて**いる。

・やることがいつの間にか本来の目的から**ずれて**しまった。

名 ①②ずれ→ニ__がある⇔ない（・二人の意見には少し**ずれがある**。　・印刷に**ずれがある**。）

736 **ずらす**　ヲずらす　shift; put off; stray from (the point)／移动, 挪动; 错开, 偏离／조금 옮기다, 늦추다／làm lệch, làm chếch, thay đổi

①・机を少し**ずらして**床を掃除した。　・帽子をななめに**ずらして**かぶった。

②・旅行の予定を１週間**ずらした**。　・「論点を**ずらさず**に、きちんと答えてください」

737 **くずれる** ガ崩れる

fall to pieces, collapse／倒塌, 坍塌, 瓦解／무너지다, 흐트러지다, 나빠지다／sụt lở, đổ sụp

・大雨で山が**崩れた**。

・{天気・天候／バランス／姿勢・態勢／体制／化粧／アリバイ…}が**崩れる**。

関 ガ壊れる、ガ崩壊する、ガ乱れる☞1075　名 崩れ

738 **くずす** ヲ崩す

level, break down, collapse／使倒塌, 搅乱, 弄乱／무너뜨리다, 흩뜨리다, 헐다／phá, phá vỡ

・山を**崩して**住宅地が造られている。

・{バランス／体調／調子・ペース／姿勢・態勢／足／表情／お金／アリバイ…}を**崩す**。

関 ヲ壊す

739 **あれる** ガ荒れる

be rough; got out of control; go to ruin, get rough; behave violently／坏天气, (海涛) 汹涌; 起纠纷; 荒芜, 荒废; (皮肤) 变粗糙, 变坏; 胡闹, 荒唐／거칠어지다, 과격해지다, 황폐해지다, 까칠까칠해지다, 날뛰다／dữ dội, hỗn loạn, bị rối loạn, làm loạn

①・台風の接近で山も海も**荒れて**いる。　・**荒れた**天気

②・{会議／試合…}が**荒れる**。

合 ①②大荒れ、荒れ模様

③・戦争で国が**荒れる**。　・洗剤で手が**荒れる**。　・薬の飲み過ぎで胃が**荒れる**。

④・酒を飲んで**荒れる**。　・**荒れた**生活

740 **あらす** ヲ荒らす

break into, raid; devastate／弄乱, 毁坏; 糟蹋, 搞坏／엉망으로 만들어 놓다, 망가뜨리다, 휩쓸다, 손상하다／làm loạn, gây rối loạn

①・泥棒に入られ、部屋が**荒らされた**。　・サルに畑を**荒らされた**。

②・{国／肌／胃…}を**荒らす**。

Unit 08 動詞 B 練習問題 681 ～ 740

レベル ★★★

Ⅰ （　　）に助詞を書きなさい。

1．ふろ（　　）つかる。
2．海（　　）もぐって魚をとる。
3．後ろ（　　）振り向く。
4．鏡（　　）全身（　　）映す。
5．仲間（　　）加わる。
6．友人（　　）パーティー（　　）招く。
7．水（　　）浮く。
8．部屋（　　）本棚で二つ（　　）区切る。
9．事故（　　）あう。
10．学費（　　）親（　　）頼る。
11．前を走る選手（　　）追いかける／（　　）追いつく／（　　）追い越す。

Ⅱ 下の表を完成させなさい。

自動詞	他動詞	自動詞	他動詞
映る	1．	ずれる	4．
浮かぶ	2．	くずれる	5．
3．	加える	荒れる	6．

Ⅲ 「ます形」が名詞になる言葉に○を付けなさい。　例：招く→招き

区切る　組み立てる　しまう　ずれる　追いつく　追い越す　救う　裏切る
誤（あやま）る　頼る　失う　省く　仕上がる　仕上げる　通りかかる　奪（うば）う

Ⅳ 下から選んだ語といっしょにして、一つの言葉にしなさい。

例　取る＋上げる→（取り上げる）

1．にらむ→（　　　　）
2．攻める→（　　　　／　　　　）
3．しばる→（　　　　）
4．組む　→（　　　　／　　　　）
5．飛ぶ　→（　　　　／　　　　／　　　　）

合わせる　込む　立てる　つける　はねる　回る

Ⅴ （　　）に下から選んだ語を書いて、一つの言葉にしなさい。

1．（　　　　）起こす
2．（　　　　／　　　　）かかる
3．（　　　　）返る
4．（　　　　／　　　　）出す

しぼり　通り　引き　引っ　ひっくり

Ⅵ いっしょに使う言葉を選びなさい。(　)の数字は選ぶ数です。

1.〔 あと 国 作戦 犯人 流行 〕を追う。(3)
2.〔 ペア クラス 足 顔 予算 〕を組む。(3)
3.〔 水 音量 タオル 時間 〕をしぼる。(2)
4.〔 えんぴつ 予算 料理 睡眠時間 計画 〕を削る。(3)
5.〔 意識 顔 命 財産 悲しみ 信用 〕を失う。(4)

Ⅶ いっしょに使う言葉を下から選んで書きなさい。

A

1.(　　　　)が崩(くず)れる。　2.(　　　　)が巡(めぐ)る。　3.(　　　　)が回る。
4.(　　　　)が浮かぶ。　5.(　　　　)がずれる。　6.(　　　　)が荒れる。
7.(　　　　)がはねる。　8.(　　　　)がひっくり返る。

アイデア	油	季節	上下	手	天気	ピント	目

B

1.(　　　　)を崩(くず)す。　2.(　　　　)を防ぐ。　3.(　　　　)を背負う。
4.(　　　　)を省(はぶ)く。　5.(　　　　)を誤(あやま)る。　6.(　　　　)を浮かべる。
7.(　　　　)を救(すく)う。　8.(　　　　)を裏切る。　9.(　　　　)を補(おぎな)う。
10.(　　　　)を怠(なま)ける。　11.(　　　　)を取り入れる。

命	期待	事故	仕事	洗濯物(せんたくもの)	体調	手間(てま)	涙(なみだ)	判断	不足	リュック

Ⅷ (　　)に入る言葉を下から選び、適当な形にして書きなさい。

1. 今日の授業は田中(たなか)さんを(　　　　　)全員出席だった。
2. 帰国したクラスメートからの手紙を、みんなで(　　　　　)読んだ。
3. 授業中にマンガの本を読んでいて、先生に(　　　　　)た。
4. 出勤時間を少し(　　　　　)と、すいている電車に乗れる。
5. 部屋が(　　　　　)いる。どろぼうが入ったに違いない。
6. 水に(　　　　　)おくと、汚れがよく落ちる。
7. 使ったものは、元(もと)の場所に(　　　　　)ましょう。
8. あの会社は、昨年、新入社員を 30 人も(　　　　　)そうだ。
9. 「地震のときは、まず机の下に(　　　　　)ください」
10. 姉は仕事で全国を(　　　　　)いる。
11. 毎年交通事故で多くの人命(じんめい)が(　　　　　)いる。
12. 「あなたのせいじゃないんだから、そんなに自分を(　　　　　)ほうがいいよ」
13. 職場(しょくば)の健康診断で(　　　　　)、病院で詳(くわ)しい検査を受けるように言われた。

あらす	うばう	しまう	ずらす	せめる	つける	とる
とびまわる	とりあげる	のぞく	ひっかかる	まわす	もぐる	

741 **みとめる** ヲ認める admit, confess; authorize, permit; recognize; see／承认; 判定, 许可; 得到赏识, 得到承认; 发现, 可看出／인정하다, 높이 평가하다／thừa nhận, công nhận, xác nhận, nhận thấy

①・「これは私のものだと**認めます**」 ・彼は犯行を**認めた**。
類ヲ肯定する☞622

②・裁判所は彼を相続人と**認めた**。 ・入学を**認める**。 ・例外を**認めない**。
類ヲ認可する、ヲ許可する☞356、ヲ認定する

③・彼は業績が**認められて**教授になった。 ・彼女の慈善事業は世の中に**認められた**。
類ヲ評価する☞614

④・部屋に人影は**認められなかった**。 ・彼の作文には苦心の跡が**認められる**。
※受身形で使うことが多い。 類ヲ見る

742 **みなおす** ヲ見直す look again; reconsider; have a better opinion of ~／重新看; 重新研究; 重新评价／다시 보다, 재점검하다, 달리 보다／xem lại, cân nhắc lại, nhìn nhận lại

①・「テストを出す前にもう一度**見直しなさい**」 ・間違いがないよう何回も**見直す**。
関ヲチェックする

②・景気悪化でこの計画は**見直す**必要がある。
類ヲ再検討する

名①②見直し

③・普段目立たない彼の勇気ある発言を聞いて彼を**見直した**。
・「あなたって、けっこう正義感が強いのね。**見直しちゃった**」

743 **みなれる** ヲ見慣れる familiar, get used to seeing／看惯, 看熟／낯익다, 늘 보아 오다／quen biết, quen thuộc

・**見慣れない**人が教室にいる。 ・外国から帰って**見慣れた**風景を見るとほっとする。
・私は銀行員なので、札束を**見慣れて**いる。

744 **もとめる** ニ＋ヲ求める look for, seek; demand; buy／要求, 寻求; 请求; 购买／구하다, 찾다, 요구하다, 사다／tìm kiếm, yêu cầu, mua

①・彼女は職を**求めて**いる。 ・刑事は手掛かりを**求めて**毎日歩き回っていた。
・「Xの値を**求めよ**」
関ヲ探す 慣求む～（・〈掲示などで〉**求む**販売員）

②・被害者は加害者に損害賠償を**求めた**。 ・組合は会社に賃上げを**求めた**。
・{説明／援助／助け…}を**求める**。
関ニ＋ヲ要求する☞291、ニ＋ヲ頼む 名求め→__に応じる

③・「切符はご乗車になる前にお**求め**ください」 ・「お**求め**になりやすい価格になっています」
類ヲ買う

745 **もれる** ガ漏れる
leak (out); escape, express; be left out／漏, 透出; 发出, 流露; 泄露, 被淘汰／새다, 누설되다, 누락되다／rò rỉ, lọt, buông ra, sót, bị bỏ lại

①・台所でガスが**漏れて**いる。・カーテンの隙間から明かりが**漏れて**いた。
・秘密が外に**漏れる**。・隣の部屋から女性の泣き声が**もれて**いた。
合 ガス漏れ、水漏れ、情報漏れ

②・思わず{本音／微笑み／ため息／言葉／声…}が**もれる**。
・うめき声が彼の口から**漏れた**。

③・名簿から名前が**漏れて**いる。・けがをした彼女は代表選手の選から**もれた**。
類 ガ抜ける
合 連絡漏れ、もれなく（・応募者には**もれなく**賞品がプレゼントされる。）

746 **もらす** ヲ漏らす
spill, let out; express; miss／漏, 露出, 泄漏; 发出, 流露出; 遗漏／새게 하다, 누설하다, 내다, 빠뜨리다, 놓치다／bỏ sót, tiết lộ, buông, bỏ sót

①・一滴も**漏らさず**水をバケツで運んだ。・このカーテンは光を**漏らさない**。
・彼は会社の秘密を他社に**もらして**金銭を受け取っていた。

②・{不平／本音／ため息／声…}を**もらす**

③・彼女はどんな細かなことも**漏らさず**書き留めた。・重要な説明を聞き**もらした**。
類 ヲ抜かす　合 ヲ聞き＿

747 **なる** ガなる
bear／结（果）／열리다／ra (quả)

・庭に実が**なる**木を植えた。
関 ガ実る☞1071

748 **こげる** ガ焦げる
be burned／焦, 糊; 烤焦; 晒褪色／눋다, 타다／cháy

・焼き過ぎて、魚が真っ黒に**焦げて**しまった。・じゅうたんの**焦げた**あとを修繕する。
合 焼け焦げ、焦げあと、おこげ
他 焦がす

749 **はんする** ガ反する
be contrary to, against; violate／辜负, 违反; 违法／반하다, 어긋나다, 위반되다／làm ngược lại, vi phạm

①・両親の期待に**反して**、大学に進学しなかった。・趣旨に**反する**。

②・マルチ商法は法に**反する**商法だ。
・契約に**反する**行為があった場合、損害賠償を要求されることもある。

連 法に＿　類 ①②ガ背く　②ガ違反する☞71

750 **ふくれる** ガ膨れる
swell; increase; sulk／鼓起来; 膨胀; 噘嘴／부풀다, 많아지다, 뾰로통해지다／nở phình ra, tăng, sưng lên

①・網の上でもちが**ふくれて**いる。
・{パン／風船…}が**ふくれる**。

②・{予算／借金…}が**ふくれる**。
合 ①②ガ膨れ上がる

③・娘は怒るとすぐ**ふくれる**。

751 **ふくらむ** ガ膨らむ swell out, be full of ~; increase／鼓起来; 膨胀／부풀다, 팽창하다／nở, to ra, lớn lên, tăng

①・桜のつぼみが**ふくらんだ**。 ・{期待／希望}に胸が**膨らむ**。

・{パン／風船／夢／希望／期待／疑惑…}が**ふくらむ**。

名 ふくらみ

②・{予算／借金／計画…}が**ふくらむ**。

752 **ふくらます** ヲ膨らます puff out (one's cheeks), swell, inflate; be filled with／噘嘴, 使鼓起来; 胸中充满（希望、期待等）／부풀리다／làm cho to, thổi phồng lên, tràn đầy

①・娘は怒るとほおを**ふくらます**。 ・タイヤに空気を入れて**ふくらます**。

・{風船／気球／袋／パン…}を**ふくらます**。

②・新入生は{希望／期待}に胸を**膨らませて**学校に行った。

753 **とがる** ガとがる get pointed [sharp]／尖, 弄尖, 噘嘴／뾰족해지다／nhọn

・この靴は先が**とがって**いる。 ・鉛筆を削って**とがらせる**。 ・口を**とがらせて**不満を言う。

754 **あてはまる** ガ当てはまる apply (a rule to a case)／适用, 符合／들어맞다, 적합하다／thích hợp

・昔話の教訓は、現代にも**当てはまる**ものが多い。

・私はこの条件に**当てはまらない**から、この奨学金の申請は無理だ。

他 当てはめる（・中田選手の行為を規則に**当てはめる**と、1週間の出場禁止になるだろう。）

関 ガはまる☞205 ヲはめる☞206

755 **つく** ガ就く get (a job), become; get to／就（职）, 从事; 就（寝）, 踏上／취업하다, 취임하다, 오르다, 잠자리에 들다／làm, trở thành, đi

①・大学を卒業して教職に**ついた**。 ・入社して10年目に部長のポストに**ついた**。

・王位に**つく**。 ・スタッフ全員が配置に**ついて**開店を待った。

②・眠りに**つく**。

慣 床に就く（・毎日夜12時にはもう床に**ついて**いる。）

756 **うけもつ** ヲ受け持つ be in charge (of ~)／担任, 负责／담당하다／đảm nhiệm

・サークルで、今年は会計を**受け持つ**ことになった。

・高橋さんは新聞配達でA地区を**受け持って**いる。

類 ヲ担当する☞606 名 受け持ち

757 **したがう** ガ従う obey, follow, go along／听从; 按照; 跟随; 沿着／따르다／tuân theo, theo

①・「非常の際は係員の指示に**従って**避難してください」 ・{命令／言いつけ…}に**従う**。

②・説明書に**従って**パソコンをセットした。 ・未成年者の喫煙は法律に**従って**罰せられる。

③・流れに**したがって**川を下る。

類 ①～③ガ沿う☞1033

④・生徒たちは引率の先生に**したがって**遠足に出発した。

・秘書は社長に**したがって**取引先に出かけた。

関 ガついて行く

他 従える（・部長は部下を**従えて**飲みに行った。）

758 **つぶやく**　　ヲつぶやく　　mutter／嘟囔，（小声）嘀咕／중얼거리다, 투덜거리다／nói thầm

・彼女は下を向いて、何かぶつぶつ**つぶやいて**いた。

関 ガささやく　名 つぶやき

759 **のべる**　　ヲ述べる　　state, express／叙述／말하다, 진술하다／nêu

・自分の意見を**述べる**。　・「真実を**述べる**ことを誓います」

類 ヲ言う

760 **めざめる**　　ガ目覚める　　wake (up); open one's eyes, be awakened／睡醒; 觉醒, 醒悟／잠에서 깨다, 눈뜨다, 깨닫다 ／tỉnh giấc, thức tỉnh

①・早朝、鳥の声で**目覚めた**。

②・子どもは自我に**目覚め**、大人になっていく。　・{現実／責任感／美／性…}に**目覚める**。

類 ヲ自覚する

761 **かぎる**　　ガ／ヲ限る　　(not) only ; be the best; on that particular occasion; not necessarily／限定; 最好; 唯有; 不一定, 未必; (名) 有限; 尽可能／한하다, 제일이다, 한정하다, 한계, 한껏／chỉ riêng, là tốt nhất, hẳn

自

①・日本では、マンガを読むのは子どもに**限らない**。

②・風邪をひいたときは、暖かくして寝るに**限る**。

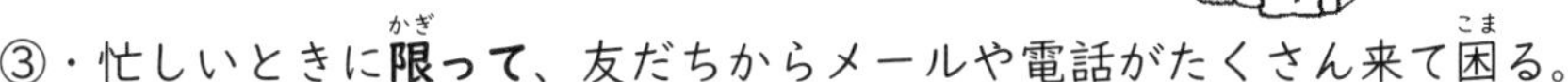

③・忙しいときに**限って**、友だちからメールや電話がたくさん来て困る。

④・日本人だからといって、日本文化に詳しいとは**限らない**。

他

・今後は会員を 30 歳以上に**限る**ことになった。

名 限り(①・資源には**限り**がある。

②・力の**限り**がんばろう。　・できる**限り**のことはするつもりだ。)

762 **かたよる**　　ガ片寄る／偏る　　cluster on one side; be biased [prejudiced]／偏向一边; 偏颇, 不平衡／쏠리다, 기울다, 치우치다／dồn về một phía, phiến diện

①・ボートで客が一方に**片寄った**ため、船体が傾いてしまった。

②・あの人の考え方は**偏って**いる。　・栄養が**偏る**と健康が損なわれる恐れがある。

名 ①②偏り→＿がある⇔ない

763 **うすまる**　　ガ薄まる　　attenuate／变淡／싱거워지다, 엷어지다, 묽어지다／bị loãng

・氷がとけてジュースが**薄まった**。　・{味／色／濃度…}が**薄まる**。

764 **うすめる**　　ヲ薄める　　attenuate, dilute (the liquid), weaken／弄淡, 稀释／싱겁게 하다, 묽게 하다, 엷게 하다／làm loãng, làm nhạt

・水を足して味を**薄めた**。　・{味／色／濃度…}を**薄める**。

イ形 薄い

765 **うすれる**　　ガ薄れる　　get faint, fade／渐薄, 渐淡, 模糊／엷어지다, 희미해지다, 줄어들다／mờ dần, nhạt đi

・霧が**薄れ**、見通しが良くなった。　・時がたち、記憶も**薄れて**しまった。

・{関心／興味／緊張感／新鮮み／ありがたみ／意識…}が**薄れる**。

766 すきとおる　　ガ透き通る　　be transparent, be clear／透明, (声音) 清脆／투명하다, 맑다／trong suốt

・川の水が**透き通って**いる。　・**透き通った**{ガラス／グラス／空気／声…}

・彼女は**透き通る**ような肌をしている。

関 透明な☞843

767 しずまる　　ガ静まる／鎮まる　　become quiet, subside, be calmed down／安静下来, 平静下来; 痛止住, 平息／조용해지다, 가라앉다, 진정되다／yên tĩnh, lắng xuống

[静]・先生が入ってくると、教室がしいんと**静まった**。　・{騒ぎ／嵐…}が**静まる**。

合 ガ静まり返る、ガ寝__

[鎮]・薬を飲んだら痛みが**鎮まった**。　・{興奮／怒り／気…}が**しずまる**。

類 ガ{収／治}まる☞1031

768 しずめる　　ヲ静める／鎮める　　quiet, relieve, calm down／使安静; 平息, 止痛／조용하게 하다, 가라앉히다, 진정시키다／làm trật tự, làm lắng xuống

[静]・司会者は騒がしい場内を一言で**静めた**。

[鎮]・警察は市民の暴動を**鎮めた**。　・薬を飲んで痛みを**鎮めた**。

・{興奮／怒り／気…}を**しずめる**。

類 ヲ{収／治}める☞1032　関 ヲ鎮圧する、鎮静剤

769 すぐれる　　ガ優れる　　excel, excellent; (do not) feel well／出色, 优秀; (脸色, 身体等) 好／뛰어나다, 훌륭하다, 좋은 상태이다／nổi trội, xuất sắc, tốt

①・彼は運動能力{が／に}**優れて**いる。　・**優れた**{人／才能／力／センス…}

関 優秀な

②・{気分／顔色／体調／健康…}が**すぐれない**。

※常に「～ない」の形で使う。

770 おちつく　　ガ落ち着く　　keep calm; settle (down); decide (on); get settled; quiet, unobtrusive／平静, 沉着; 安定; 达成一致; 安顿好; 协调／침착하다, 안정되다, 결말나다, 정착하다, 차분하다／bình tĩnh, ổn định, được chốt, dừng lại, đằm

①・「あわてないで、**落ち着いて**話してください」　・**落ち着いた**{態度／生活…}

②・戦後10年経ち、ようやく世の中が**落ち着いて**きた。　・{天候／病状}が**落ち着く**。

名 ①②落ち着き→①__がない　①②__を取り戻す

③・労使の話し合いの結果、ボーナスは4カ月分ということに**落ち着いた**。

④・以前はよく引っ越しをしたが、最近ようやくこの町に**落ち着いた**。

⑤・**落ち着いた**{色／デザイン／声…}

※名詞を修飾することが多い。

771 ながびく　　ガ長引く　　be prolonged／延长／오래 걸리다, 길어지다／kéo dài

・仕事が**長引いて**約束に遅れてしまった。　・今年の風邪は**長引く**傾向があるようだ。

772 おとろえる　　ガ衰える　　become weaker; decline／衰弱, 衰退; 衰亡／쇠약해지다, 쇠퇴하다／suy yếu

①・年を取ると、体力が**衰える**。　・{勢い／食欲…}が**衰える**。

②・{国／産業…}が**衰える**。

対 ガ栄える

名 ①②衰え

773 **そなわる** ガ備わる be equipped (with); possess, be endowed with／装有, 装备; 具备／갖추어지다, 구비되다／được trang bị, có được, hội tụ

①・新幹線にはさまざまな安全装置が**備わって**いる。

②・犬には鋭い嗅覚が**備わって**いる。 ・彼女には作家としての素質が**備わって**いる。

774 **そなえる** ヲ備える furnish; possess, be endowed with; prepare／设置, 备置; 具备; 准备, 防备／갖추다, 비치하다, 대비하다／trang bị, có, chuẩn bị

①・学校には火災報知機が**備えて**ある。 ・会議室にＡＶ機器を**備える**。

合 ヲ備え付ける、備え付け 関 設備

②・高い性能を**備えた**ロボット ・この俳優は人気と実力を兼ね**備えて**いる。

合 ヲ兼ね＿

③・将来に**備えて**貯蓄をする。 ・防災用品を買って地震に**備える**。

関 ヲ準備する

名 ①③備え→＿がある⇔ない

775 **たくわえる** ヲ蓄える save, store; have a great reserve of／存储, 储备; 积累, 保存／모아두다, 비축하다, 저축하다, 쌓다／tích lũy, chuẩn bị

①・お金を**蓄える**。 ・食料を貯蔵庫に**蓄える**。 ・植物は葉に養分を**蓄えて**いる。

関 ヲためる

名 蓄え（・失業したが、しばらくはそれまでの**蓄え**で生活できた。）→＿がある⇔ない

②・本を読んで知識を**蓄える**。 ・{力／体力…}を**蓄えて**おく。

776 **ととのう** ガ整う be ready; proper, well-formed／齐备, 谈妥; 整齐, 匀称, 端正／갖추어지다, 성립되다, 정돈되다／sẵn sàng, xong xuôi, chỉnh tề, được trau chuốt

①・準備が**整った**。 ・{商談／結婚の話…}が**整った**。 関 ガまとまる

②・きちんと**整った**服装をする。 ・**整った**文章を書く。 ・彼は**整った**顔立ちをしている。

対 ガ乱れる☞ 1075

777 **ととのえる** ヲ整える／調える prepare; fix; adjust／准备好; 整理, 齐整; 调味儿／갖추다, 가다듬다, 조절하다／sẵn sàng, chỉnh, trau chuốt

①・準備を**整えた**。

②・面接の前に服装や髪を**整える**。 ・文章を**整える**。 ・列を**整える**。

対 ヲ乱す☞ 1076

③・味を**調える**。

778 **おおう** ヲ覆う cover／罩, 蒙上, 遮盖; 覆盖／덮다, 가리다／phủ

・テーブルをテーブルクロスで**覆った**。 ・山頂は雪{で／に}**覆われて**いた。

・地球の大部分は水{で／に}**覆われて**いる。

・事故現場は目を**覆いたくなる**ような、ひどい状態だった。

関 ヲカバーする☞ 829 名 覆い→ニ＿をかける、ニ＿をする

779 **てる** ガ照る shine／照, 照耀／비치다, 개다／tỏa sáng

・日が**照って**いるうちに洗濯物を干そう。 ・月が明るく**照る**。

合 ガ照りつける（・日が強く**照りつける**。）、日照り（・**日照り**が続いて農作物がだめになった。）、かんかん照り

780 **てらす** ヲ照らす shine; in the light of／照，照耀；对照，参照／비추다, 비추어 보다／chiếu sáng, chiếu theo

①・懐中電灯で足元を**照らし**ながら夜道を歩いた。
②・犯罪は、法律に**照らして**処分される。
合 ヲ照らし合わせる☞453　関 ヲ照合する

781 **そまる** ガ染まる be dyed; be tinged with; be affected by／染色，染上；变得；沾染／물들다, 감화되다／được nhuộm, nhuốm, thấm nhuần

①・染料{で／に}布が**染まる**。・この染料は革にもよく**染まる**。
②・恥ずかしさ{で／に}ほおが赤く**染まった**。・夕日に**染まった**部屋
③・{新しい思想／土地の風習／悪…}に**染まる**。

782 **そめる** ヲ染める dye; blush, tinge; have (a hand) in ～／染，染色；变得／물들이다, 염색하다, 관계하다／nhuộm, làm cho nhuốm

①・染料で布を**染める**。・白髪を黒く**染めた**。
②・恥ずかしさ{で／に}ほおを赤く**染めた**。・夕焼けが空を真っ赤に**染めた**。
慣 手を染める（・犯罪に**手を染める**。）

783 **ダブる** ガダブる be doubled, fall on／重，重复／겹치다／bị nhân đôi, trùng

・目が疲れてパソコンの字が**ダブって**見える。
・うっかりして同じ日に予定を**ダブって**入れてしまった。
関 ガ重なる、二重　名 ダブり

784 **あこがれる** ガ憧れる long for／憧憬，向往／동경하다, 그리워하다／ngưỡng mộ

・{プロの選手／スター…}に**あこがれる**。
・子どものころ、田舎に住んでいた私は華やかな都会に**あこがれて**いた。
名 あこがれ→ニ__を抱く

785 **うらやむ** ヲうらやむ envy, be envious (of)／羡慕／부러워하다／ghen tị

・人の幸せを**うらやんでも**しかたがない。
・彼は宝くじに当たって、まわりから**うらやまれて**いる。
関 ヲねたむ　イ形 うらやましい

786 **あきらめる** ヲ諦める abandon, give up／断念，死心／단념하다, 체념하다／từ bỏ, nản

・大けがをして、プロのサッカー選手になる夢を**あきらめた**。
類 ヲ断念スル　名 あきらめ→__がいい⇔悪い、__がつく

787 **あきれる** ガあきれる be disgusted [shocked]／惊讶，愕然／어이가 없어 놀라다, 기가 막히다／chán

・新入社員があまりにものを知らないので、**あきれて**しまった。
・彼の非常識な態度に**あきれた**。・試験の日にちを間違えるとは、**あきれて**ものも言えない。
合 ガあきれ返る

788 **おそれる**　ヲ恐れる

fear, be afraid of; fierce; terribly／害怕; 担心; 让人害怕的; 让人担心的／두려워하다, 겁내다, 무섭다, 대단하다／sợ, lo lắng

・動物は火を**恐れる**。　・{敵／火事／死／人の目…}を**恐れる**。

・「失敗を**恐れて**いては何もできないよ」　・病気が悪化するのではないかと**恐れて**いる。

類 ヲ怖がる　名 恐れ→__を抱く、～__がある

★イ形 **恐ろしい**

・私は地震が**恐ろしくて**たまらない。　・彼は**恐ろしい**顔で私を見た。

・地球の温暖化がどこまで進むか**おそろしい**。

→副 恐ろしく(・今日の試験は**恐ろしく**難しかった。)

789 **うらむ**　ヲ恨む

have a grudge, feel resentment／恨, 怨恨／원망하다／ghét

・私は今でも、私をいじめた同級生を**恨んで**いる。

関 ヲ憎む　名 恨み→ニ__を持つ、ニ__を抱く

790 **なぐさめる**　ヲ慰める

comfort, console／安慰, 使心情舒畅／위로하다, 즐겁게 하다／an ủi, xoa dịu

・失恋した友だちをみんなで**なぐさめた**。　・音楽を聴くと心が**なぐさめられる**。

名 慰め

コラム 17　**臓器**　Organs／内脏器官／장기／cơ quan trong cơ thể

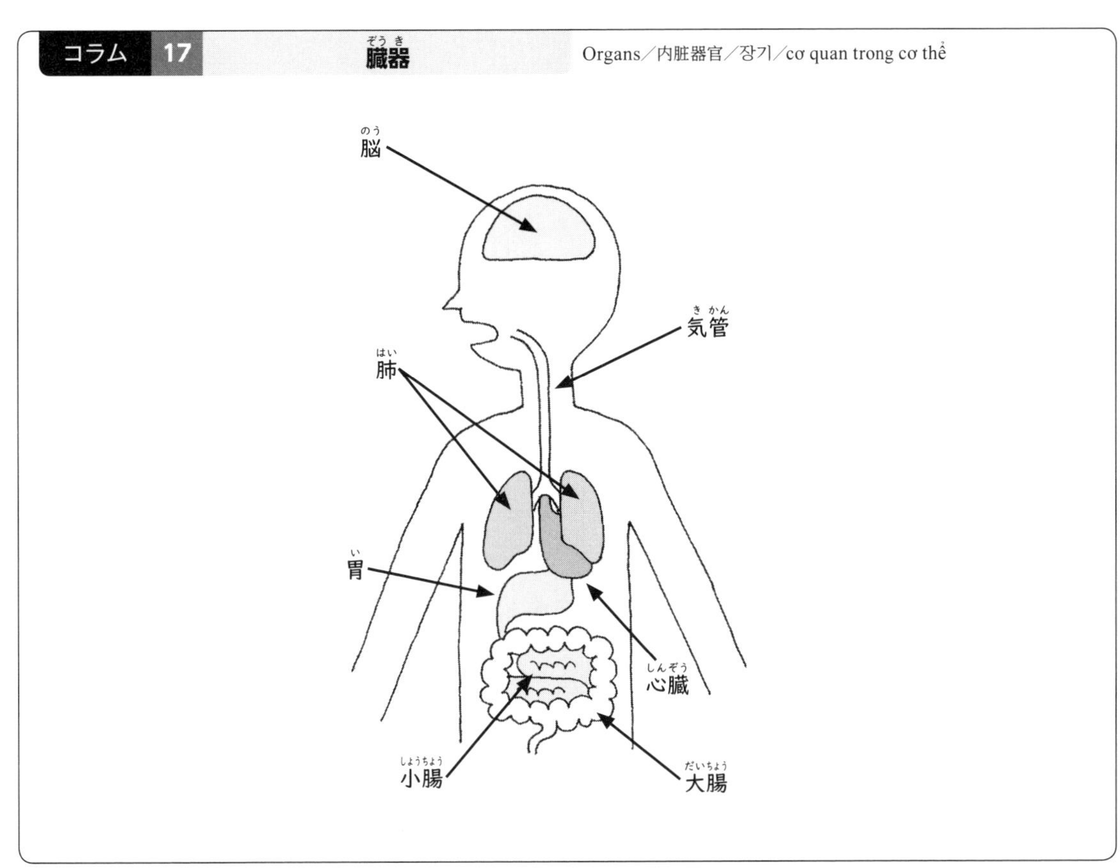

Unit 08 動詞B 練習問題

741 ～ 790

レベル ★★★★

Ⅰ （　　）に助詞を書きなさい。

1．指示（　　）従う。
2．木（　　）実（　　）なる。
3．スター（　　）あこがれる。
4．人（　　）うらやむ。
5．敵（　　）恐れる。
6．希望（　　）胸（　　）ふくらむ。
7．仕事（　　）就く。
8．条件（　　）あてはまる。
9．布（　　）染める。
10．テーブル（　　）布（　　）覆う。
11．工場（　　）新しい機械（　　）備える。／将来（　　）備える。
12．最近健康（　　）優れない。／彼女は運動能力（　　／　　）優れている。

Ⅱ 下の表を完成させなさい。

自動詞	他動詞	自動詞	他動詞
もれる	1．	6．	染める
しずまる	2．	こげる	7．
3．	備える	8．	薄める
ふくらむ	4．	照る	9．
5．	整える	従う	10．

Ⅲ 「ます形」が名詞になる言葉に○を付けなさい。　例：限る→限り

見直す　求める　認める　もれる　ふくれる　ふくらむ　受け持つ
落ち着く　長引く　たくわえる　整える　恐れる　あきらめる　あきれる
うらやむ　うらむ　つぶやく

Ⅳ いっしょに使う言葉を選びなさい。（　　）の数字は選ぶ数です。

1．［　ガス　金銭　秘密　ため息　仕事　］がもれる。（3）
2．［　成績　夢　期待　本　風船　つぼみ　］がふくらむ。（4）
3．［　雨　霧　味　意識　関心　記憶　雑誌　］が薄れる。（4）
4．［　勢い　体力　成績　人間　産業　］が衰える。（3）

Ⅴ いっしょに使う言葉を下から選んで書きなさい。

A

1．(　　　　　　　)水　　　　　2．(　　　　　　　)えんぴつ
3．(　　　　　　　)態度　　　　4．(　　　　　　　)考え方
5．(　　　　　　　)風景　　　　6．赤く(　　　　　　　)布(ぬの)
7．(　　　　　　　)才能　　　　8．法律に(　　　　　　　)行為

おちついた　かたよった　すきとおった　すぐれた　そめた　とがった　はんした　みなれた

B

1．(　　　　　)が照(て)る。　　　2．(　　　　　)が鎮(しず)まる。
3．(　　　　　)が長引く。　　　4．(　　　　　)がこげる。
5．(　　　　　)を述(の)べる。　　　6．(　　　　　)をあきらめる。
7．(　　　　　)をつぶやく。　　8．(　　　　　)を求(もと)める。
9．(　　　　　／　　　　　)を整える。

意見　会議　興奮(こうふん)　準備　助け　肉　日　独(ひと)り言(ごと)　服装　夢

(一度しか使えません)

Ⅵ (　　)に入る言葉を下から選び、適当な形にして書きなさい。

1．証拠(しょうこ)を見せられ、彼はやっと自分が犯人であることを(　　　　　　　)。
2．我慢(がまん)強い彼女が不平を(　　　　　　　)なんて、珍しい。
3．最近は夏に(　　　　　　　)ず、冬でもアイスクリームがよく売れている。
4．この子は不機嫌になるとすぐに(　　　　　　　)、口をきかなくなる。
5．日本列島(れっとう)は高気圧に(　　　　　　　)、いい天気が続いている。
6．現代の若者はだめだと思っていたが、最近、彼らを(　　　　　　　)できごとがあった。
7．うっかりして、商品を(　　　　　　　)注文してしまった。
8．夫は子どもが生まれて１カ月ほどたってから、ようやく父親としての責任感に(　　　　　　　)ようだ。
9．毎日ラーメンを食べていたら、「よくあきないね」と(　　　　　　　)。
10．つらいとき友だちが(　　　　　　　)くれて、とてもうれしかった。
11．地震に(　　　　　　　)、我(わ)が家(や)には６リットル分の水が(　　　　　　　)ある。

あきれる　おおう　かぎる　そなえる　たくわえる　だぶる　なぐさめる　ふくれる　みなおす　みとめる　めざめる　もらす

Unit 08 動詞 B 681 ～ 790

確認問題

レベル ★★★☆

Ⅰ（　　）に入れるのに最もよいものを、a・b・c・dから一つ選びなさい。

1．この事件はテレビや新聞にも大きく（　　）上げられた。
a　立ち　b　引き　c　取り　d　振り

2．私がどんなにがんばっても、彼女に追い（　　）ことは難しいだろう。
a　かける　b　きる　c　こす　d　つく

3．通り（　　）人に、駅への道をたずねた。
a　かけた　b　かかった　c　きった　d　こした

4．兄は営業マンとして全国を飛び（　　）いる。
a　上がって　b　走って　c　はねて　d　回って

Ⅱ（　　）に入れるのに最もよいものを、a・b・c・dから一つ選びなさい。

1．トラックに（　　）大けがをした。
a　はねられて　b　当てられて　c　ひっくり返されて　d　荒らされて

2．「この本はみんなで（　　）読んでください」
a　まねいて　b　めぐって　c　まわして　d　しあげて

3．犯人は被害者の手足をしばり、現金を（　　）逃げた。
a　取り入れて　b　うばって　c　おおって　d　せめて

4．その問題について、A氏はB氏と反対の立場を（　　）。
a　あった　b　せおった　c　とった　d　みとめた

5．状況が変わったのだから、1年前に立てた計画は（　　）必要がある。
a　当てはめる　b　受け持つ　c　引っかける　d　見直す

6．最近では多くのホテルにパソコンが（　　）られている。
a　たくわえ　b　ととのえ　c　組み立て　d　そなえ

7．彼女は（　　）態度で話し始めた。
a　落ち着いた　b　すぐれた　c　片寄った　d　透き通った

8．田中さんは昔は貧しかったが、今では人が（　　）ような豊かな生活を送っている。
a　うらむ　b　うらやむ　c　なぐさめる　d　おそれる

Ⅲ ＿＿＿の言葉に意味が最も近いものを、a・b・c・dから一つ選びなさい。

1．上野さんが仲間に<u>加わって</u>くれればいいのだが。
a　認めて　b　救って　c　入って　d　救って

2．今年度のアメリカ進出は<u>断念する</u>と、社長は言った。
a　あきれる　b　あきらめる　c　したがう　d　反する

3．ここは親を失った子どもたちのための施設です。

a　のがした　b　のぞいた　c　はぶいた　d　なくした

4．ちょっとしたことが大きな事故を招く場合がある。

a　引き起こす　b　防ぐ　c　つなげる　d　ひっかける

5．「あの、とがった屋根の建物はなんですか」

a　先が丸くなっている　b　先が細くなっている

c　全体が丸くなっている　d　全体が細くなっている

Ⅳ　次の言葉の使い方として最もよいものを、a・b・c・dから一つ選びなさい。

1．つかる

a　寒い日は、ふとんにつかっているのが気持ちいい。

b　クラスメートの友情につかって、泣いてしまった。

c　湖に富士山の姿がつかっている。

d　おふろにつかって、冷えた体を温めた。

2．くずす

a　千円札がなかったので、銀行でくずしてきた。

b　空き缶はくずしてから捨てた方が、量が減っていい。

c　この子は乱暴で、すぐにおもちゃをくずしてしまう。

d　会議は予定を1週間くずして行うことになった。

3．浮く

a　散歩しているときに、いいアイデアが浮いた。

b　力を抜くと、体は水に浮いた。

c　目を閉じると、母の顔が目に浮いた。

d　午前5時、太陽が空に浮いた。

4．けずる

a　収入が減ったからといって、食費をけずるわけにはいかない。

b　インターネットを利用すれば、調べる手間をけずることができる。

c　カンニングをするなんて、教師の信頼をけずる行為だ。

d　この薬は強いので、飲みすぎると胃をけずることがある。

5．述べる

a　祖母は何か述べていたが、声が小さくて聞こえなかった。

b　課長の悪口を述べていたら、そこへ課長が現れた。

c　彼はいつも堂々と自分の意見を述べる。

d　近所の子は、会えば必ずにっこりと挨拶を述べる。

Unit 09 カタカナB

791 〜 840

レベル ★★★☆

61

791 **インテリア** interior (accessory), decor／室内装饰／인테리어, 실내 장식／nội thất

・友だちの部屋はインテリアの趣味がいい。

合 __ショップ、__デザイン、__デザイナー

792 **コーナー** section; session; corner／专柜; 节目; 弯道／코너／quầy, phần, góc

①・冬になるとデパートにはお歳暮の**コーナー**が設けられる。

合 特設__

②・ほとんどのニュース番組には、天気予報の**コーナー**がある。

③・ランナーはトラックの第3**コーナー**を回った。 連 __を回る

793 **カウンター** counter; bar／柜台, 吧台／카운터／quầy, quầy thanh toán

①・デパートには入口に案内の**カウンター**がある。

合 インフォメーション__

②・食堂のテーブル(席)が空いていなかったので、**カウンター**(席)で食べた。

794 **スペース** space, room／空间; 空白／스페이스, 공간, 여백／không gian, khoảng trống

①・部屋に大型テレビを置きたいが、**スペース**がない。

類 余地、空間

②・この紙面は、行と行の間の**スペース**が広い。 ・教科書の**スペース**にメモを書き込む。

類 余白、間隔

連 ①②__がある⇔ない、__が大きい⇔小さい、__が広い⇔狭い、__を空ける⇔詰める、__を取る

795 **オープン** ガ／ヲオープンスル opening up a store; open, frank／开业, 开张; 坦率, 开放／오픈, 개점, 개방적임／mở, cởi mở

①・駅前に新しいデパートが**オープンした**。 ・彼は脱サラしてレストランを**オープンした**。

合 __セール、新装__ 類 ガ／ヲ開店スル☞664、ガ／ヲ開場スル 関 オープニング

② [ナ形 オープンな]・彼女は**オープンな**性格で、だれとでもすぐ仲良くなる。

・ホテルのロビーは**オープンな**空間だ。 ・何でも**オープンに**話す。

合 __スペース、__カー 類 開放的な

796 **センター** center; center field; center, middle／中心; 中场手; 中央／센터, 중견수, 중앙／trung tâm, tâm, chính giữa

①・駅前のショッピング**センター**で買い物をする。

合 サービス__、カルチャー__、文化__、消費者__

②・舞台の**センター**に立つ。

類 中央 関 中心

③・〈球技〉**センター**を守る。

797 **カルチャー** culture／文化; 学习／컬처, 문화, 교양／văn hóa

①・外国の生活で**カルチャー**ショックを受けることがある。

合 __ショック、ポップ__、サブ__　類 文化

②・町の**カルチャー**センターで書道を習っている。

合 __スクール、__センター

798 **ブーム** boom／风潮, 流行／붐／trào lưu

・1960年代にフォークソングが**ブーム**になった。　・今、登山が**ブーム**だ。

・バブル経済の**ブーム**に乗って、株を買う人が増えた。

連 __になる、__が起こる、__に乗る　類 流行、はやり

799 **インフォ(ー)メーション** information／信息, 情报／인포메이션, 안내, 정보／thông tin

①・駅には観光客用の**インフォメーション**デスクがある。

合 __サービス、__デスク、__カウンター、__センター　類 案内

②・企業の詳しい**インフォメーション**は、ホームページに載っている。

合 __ギャップ　類 情報

800 **キャッチ** ヲキャッチスル catch／接球, 接受; 广告词, 宣传口号／캐치／bắt, cửa miệng

①・ボールを**キャッチする**。　・{電波／情報…}を**キャッチする**。

合 __ボール　関 キャッチャー

②・新人歌手は、デビューのときにさまざまな**キャッチ**フレーズがつけられる。

合 __フレーズ、__コピー、__セールス

801 **メディア** media／媒体／미디어／phương tiện

・今は、さまざまな**メディア**から情報を得ることができる。

合 マス__、マルチ__、__リテラシー

802 **コメント** ガコメントスル comment／评语, 评论／코멘트, 의견／bình luận

・評論家がテレビで経済について**コメントして**いた。　・新聞に優勝者の**コメント**が載った。

・記者は取材をして関係者から**コメント**を取った。

連 __を出す、__を取る、__をもらう　合 ノー__　関 コメンテーター

803 **コラム** column／专栏／칼럼／cột

・新聞や雑誌には多くの**コラム**がある。

合 __記事　関 コラムニスト

804 **エピソード** episode, anecdote／插曲, 小故事, 轶事／에피소드／giai thoại

・日常生活の**エピソード**をエッセイに書く。

・母は父との出会いのときの**エピソード**を話してくれた。

類 逸話

62

805 **アリバイ** alibi／不在现场的证明／알리바이／bằng chứng ngoại phạm

・彼には事件当日の**アリバイ**がある。　・警察は犯人の**アリバイ**を崩した。

連 __がある⇔ない、__を証明する、__が崩れる・__を崩す、__を作る

806 **シリーズ** series／系列，丛书／시리즈／bộ

・この映画は、評判がよかったので**シリーズ**化された。

・『語彙トレーニング』の本は、**シリーズ**で出ている。

合 __物、ヲ__化スル

807 **ポイント** point／要点；重点，关键处；点数；得分；（字体）磅／포인트, 요점, 득점／điểm, điểm quan trọng

①・スクリーンの**ポイント**を指しながら、プレゼンテーションをした。

合 ウイーク__、ターニング__、チャーム__、ピン__　類 点

②・あの先生は**ポイント**を押さえた話し方をするので、わかりやすい。

・この仕事を成功させる**ポイント**は、時間のむだを出さないことだ。

合 キー__、重要__、セールス__、ワン__　連 __を押さえる　類 要点

③・スーパーの**ポイント**をためて商品券と交換した。

合 __カード

④・**ポイント**では負けたが、内容ではいい勝負だった。

合〈スポーツ〉マッチ__　類 得点

⑤・「この書類は 12 **ポイント**で打ってください」

関 フォント

808 **キー** key／钥匙；关键；按键／키, 열쇠, 관건, 건반／chìa khóa, câu trả lời, phím

①・車の**キー**を中に入れたままロックしてしまった。

合 __ホルダー　類 鍵

②・メンバー全員の協力が成功の**キー**だ。

・事件の**キー**を握っているのは、3人の証人だ。

連 __を握る　合 __ポイント、__ワード、__センテンス　類 鍵、ポイント

③・{ピアノ／パソコン…}の**キー**

連 __をたたく、__を打つ　合 __ボード

809 **マスター**　ヲマスタースル mastering; master／掌握，精通；老板；硕士；万能钥匙／마스터, 터득함, 주인, 석사／làm cho thành thạo, chủ, thạc sỹ

①・独学で日本語を**マスターした**。　・{技術／方法／語学…}を**マスターする**。

類 ヲ習得スル

②・{喫茶店／バー…}の**マスター**

関 主人☞8

③・**マスター**コースで学ぶ。

類 修士

④・ホテルでキーをなくしたので、**マスター**キーで開けてもらった。

810 **ビジネス** business／商务, 工作／비즈니스／công việc, kinh doanh

・彼は**ビジネス**で世界中を飛び回っている。

・友人は実業家だが、**ビジネス**抜きで付き合っている。

合 __マン、__ホテル、サイド__、__チャンス、
[名詞]＋ビジネス（・情報**ビジネス**、ベンチャー**ビジネス**）　関 仕事、事業

811 **キャリア** career; carrier／工作经验; 通过公务员考试的公务人员; 手推车; 带菌者／커리어, 경력, 고급 공무원, 간부 공무원 ／kinh nghiệm, nghề, người vận chuyển, cái đèo hàng, tiền sử

[career]

①・この仕事は**キャリア**のある人でないと務まらない。

・彼女は新入社員だが、仕事の**キャリア**は長い。

・社会人としての**キャリア**を積んでから大学院に入る人が増えた。

連 __がある⇔ない、__が長い⇔短い、__を積む、__が豊富だ　合 __アップ

②・彼は警察庁の**キャリア**だ。

合 __組　対 ノン__

[carrier]

①・**キャリア**に乗せて荷物を運ぶ。

②・肝炎の**キャリア**だからといって発症するとは限らない。

類 保菌者

812 **ベテラン** veteran, expert／老手, 内行／베테랑／người dày dạn kinh nghiệm

・田中さんは教師歴 20 年の**ベテラン**だ。　・**ベテラン**の職人

対 新米、新人

813 **フリー** freelance; free, single; free (of charge)／自由工作者; 无所属; 免费／프리, 자유 계약, 자유로움, 무료／tự do, độc thân, miễn phí

①・彼は**フリー**（ランス）のカメラマンをしている。

合 __ライター

②［ナ形 フリーな］・彼は政治家を辞めて、**フリーな**立場で活動している。
・恋人と別れて今は**フリーだ**。

合〈サッカー〉__キック　類 自由な

③・今、キャンペーンで、インターネットを1カ月料金**フリー**で使うことができる。

合 __チケット、__パス、__ダイヤル　類 無料、ただ

814 **エコノミー** economy／节能, 经济实惠; 经济／이코노미, 절약, 경제／phổ thông, tiết kiệm, kinh tế

①・飛行機ではいつも**エコノミー**クラスに乗っている。

・パソコンを**エコノミー**モード（→エコモード）にすると、消費電力が抑えられる。

合 __モード、__クラス　類 節約　関〈飛行機〉ビジネスクラス、ファーストクラス

②・子どもたちに経済を教える「**エコノミー**・カレッジ」が各地で開かれている。

類 経済　関 エコノミスト

🔊 63

815 **キャッシュ** cash／现金／캐시, 현금／tiền mặt

・彼は車の代金を**キャッシュ**で払ったそうだ。

合 __カード　類 現金☞86　関 クレジット

816 **インフレ(←インフレーション)** inflation／通货膨胀／인플레／lạm phát

・**インフレ**で物価が上昇している。

対 デフレ（←デフレーション）

817 **デモ(←デモンストレーション)** demonstration／示威游行／데모, 시위／biểu tình

・増税に抗議して、国のあちこちで**デモ**が行われた。

連 __を{する／行う}、__に出る、__が起きる　合 __行進、__隊、反対__、抗議__

関 抗議集会

818 **メーカー** manufacturer; entertainer; maker／厂商; 制造者; 制造机／메이커, 유명 제품의 제조 회사／hãng sản xuất, hoạt náo viên, máy

①・**メーカー**は海外に工場を持っていることが多い。

合 __品、[名詞]＋メーカー(・食品**メーカー**、自動車**メーカー**)　類 製造業者

②・彼はクラスのムード**メーカー**だ。

合 ムード__、トラブル__

③・結婚祝いにコーヒー**メーカー**をもらった。

819 **システム** system／系统, 体系／시스템／hệ thống

・今、教育**システム**の見直しが進んでいる。

・新製品を生産するため、工場の**システム**を変更した。

・この会は、紹介者がいないと入会できない**システム**になっている。

合 [名詞]＋システム(・料金前払い**システム**)、__エンジニア　類 仕組み、体系、制度

820 **ケース** case／盒子, 箱; 实例, 事例／케이스, 상자, 경우／hộp đựng, hộp, trường hợp

①・指輪を**ケース**にしまった。　・ビールを３**ケース**注文した。

合 スーツ__、ガラス__、[数字]＋ケース　類 容器、入れ物

②・いじめがきっかけで不登校になる**ケース**が多い。

・これは特殊な**ケース**で、だれにでも当てはまるわけではない。

合 __バイ__、モデル__　類 事例、場合

821 **パターン** pattern／类型, 模式／패턴, 유형／kiểu, dạng

・血液型性格占いは、人間の性格を四つの**パターン**に分けている。

・最近は大学入試にもいろいろな**パターン**がある。

合 ワン__　類 型、類型

822 **プラン** plan／计划; 方案／플랜, 계획／kế hoạch, gói

①・両親は、定年後に海外移住する**プラン**を立てている。

連 __がある⇔ない、__を立てる、__を練る　類 計画、案☞311

②・携帯電話の一番安い料金**プラン**に申し込んだ。

823 **トラブル** trouble／纠纷, 纷争／트러블／có vấn đề

・テレビの音のことでアパートの隣人と**トラブル**になった。

連 __になる、__が起こる・を起こす、__が{生じる／発生する}、__に巻き込まれる

合 __メーカー、金銭__　類 もめ事

824 **エラー** error／错误; 失误／에러, 실수, 실책／lỗi

①・このデジカメ(←デジタルカメラ)はよく**エラー**が起こる。

・パソコンに入力していたら、画面に**エラー**の表示が出た。

連 __をする、__が起こる・__を起こす　合 __メッセージ、__コード、__画面、__表示

②・〈野球で〉外野手の**エラー**で１点取られた。

関 ミス

825 **クレーム** complaint, objection／索赔／클레임, 불평／sự phàn nàn, sự khiếu nại

・「買った肉が変なにおいがする」と、スーパーに**クレーム**があった。

・最近は、小さなことで学校に**クレーム**をつける親が多くなった。

連 ニ__がある、ニ__がつく・ニ__をつける　類 苦情☞903　関 文句

826 **キャンセル**　ヲキャンセルスル cancellation／取消／캔슬, 취소／hủy

・ホテルの予約を**キャンセルした**。　・{チケット／予定／契約…}を**キャンセルする**。

・チケットは売り切れだったが、直前に**キャンセル**が出てコンサートに行けた。

連 ニ__が出る　合 __料、__待ち　類 取り消し☞217

827 **ストップ**　ガ／ヲストップスル stop／停止, 中止／스톱, 정지／dừng lại

・踏切事故で電車が１時間**ストップした**。

・駅前開発計画は、住民の反対で**ストップしている**。

連 ニ__がかかる・ニ__をかける　合 ドクター__　類 ガ／ヲ停止スル☞368

828 **カット**　ヲカットスル　cut; reduction／切; 裁减; 剪辑; 剪（发）; 刻花／컷, 자름, 삭감, 커트／cắt, giảm

①・ケーキを八つに**カットした**。　・木材を20センチの長さに**カットして**箸を作った。

関ヲ切る、カッター（ナイフ）

②・会社の業績が悪く、賃金が**カットされた**。

・このままだと予算オーバーなので、少し**カットしなければ**ならない。

合予算＿、コスト＿、経費＿、賃金＿　類ヲ削減スル　関ヲ削る☞699

③・映画から残酷な場面が**カットされた**。　・古い録音から雑音を**カットして**ＣＤ化した。

合ノー＿、ノイズ＿　類ヲ除去スル、ヲ削除スル

④・髪が伸びてきたので美容院で**カットした**。

・〈美容院で〉「今日はどうなさいますか」「**カット**をお願いします」

合ヘア＿、ショート＿

⑤・りんごを**カットして**うさぎの形にした。

合＿グラス　関ヲ切る

829 **カバー**　ヲカバースル　cover; making up for; covering／套子; 弥补; 覆盖／커버, 덮개／vỏ, bọc, che dấu, phủ

①・ソファーを**カバー**で覆う。　・服に**カバー**を{して／かけて}たんすにしまう。

連ニ＿をかける　合洋服＿、枕＿、ブック＿　類覆い　関ヲ覆う☞778

②・私の仕事のミスを同僚が**カバーして**くれた。

・この選手は小柄な体格を優れたテクニックで**カバーして**いる。

関ヲ補う☞714

③・携帯電話の電波は、ほとんど全国を**カバーして**いる。

830 **リハビリ（←リハビリテーション）**　rehabilitation／康复, 医疗指导／리허빌리테이션, 재활／phục hồi chức năng

・骨折で入院し、退院後もしばらく**リハビリ**のため病院に通った。

連＿をする　合＿運動、＿センター

831 **プレッシャー**　pressure／（心理）压力／중압감, 정신적인 압박／áp lực

・この仕事は、新入社員には**プレッシャー**が大きい。

・「がんばれ」と言われると、かえって**プレッシャー**になることがある。

※精神的な面に使い、この場合は「圧力」とは言わない。　圧力☞600

連＿がある⇔ない、＿を受ける、＿を感じる、ニ＿がかかる・ニ＿をかける、＿が大きい、＿に強い⇔弱い、＿に押しつぶされる

類精神的重圧

832 **カウンセリング**　ヲカウンセリングスル　counseling／心理辅导, 心理疏导／카운슬링, 상담, 심리 치료／tư vấn tâm lý

・学校で子どもたち{を／に}**カウンセリングする**仕事をしている。

・最近悩み事があってよく眠れないので、病院で**カウンセリング**を受けた。

連＿を受ける　関カウンセラー

833 **キャラクター** personality; character／性格; 出场人物／캐릭터, 성격, 등장인물／tính cách, nhân vật

①・彼はちょっと変わった**キャラクター**の持ち主だ。
類人柄、性格

②・アニメや漫画の**キャラクター**が商品化されている。
合＿商品　関登場人物

834 **ユニークな** unique／独特的, 独一无二的／유니크하다, 독특하다／độc đáo

・彼女は**ユニークな**性格だ。

・**ユニークな**{人／考え／アイデア／意見／商品／作品…}
合ユニークさ　類独特な☞859、個性的な

835 **ルーズな** not punctual, sloppy／散漫的, 松弛的／루스하다, 해이하다, 느슨하다／không chuẩn, không nghiêm túc

・あの人は時間に**ルーズだ**。　・**ルーズな**{人／性格／生活／生活態度…}
合ルーズさ、ルーズソックス　類だらしない☞250、しまりがない

836 **ロマンチックな** romantic／浪漫的／로맨틱하다／lãng mạn

・デートをするなら**ロマンチックな**場所がいい。

・**ロマンチックな**{人／話／物語／映画…}
※「ロマンティック」とも言う。　関ロマンチスト、ロマンス

837 **センス** sense／品位, 审美能力／센스／gu, năng khiếu

・彼女はいつも**センス**のいい服を着ている。　・彼は文学的な**センス**に恵まれている。
連＿がある⇔ない、＿がいい⇔悪い　類感性、感覚☞273

838 **エコロジー(→エコ)** ecology／环保／에코, 친환경／sinh thái học

・最近は、どの国でも**エコロジー**の考え方が当たり前になった。

・**エコ**の観点から、なるべくごみが出ないように生活している。
合＿運動、＿製品、＿商品、＿グッズ、＿カー、＿マーク
関リサイクル、環境問題☞コラム20「環境問題」

839 **ダム** dam／水坝, 水库／댐／đập

・山奥に**ダム**が建設された。
関水力発電

840 **コンクリート** concrete／混凝土／콘크리트／bê tông

・この壁は**コンクリート**でできている。　・**コンクリート**を固める。
合鉄筋＿　関セメント

Unit 09 カタカナB 練習問題 791 〜 840

レベル ★★★☆

Ⅰ (　　)に助詞を書きなさい。

1．りんごを四つ(　　)カットした。
2．あの人は時間(　　)ルーズだ。
3．自動車をキャッシュ(　　)買った。
4．患者(かんじゃ)(　　)カウンセリングをする。
5．服(　　)カバーをしてハンガーにかけた。

Ⅱ 「する」が付いて動詞になる言葉に○を付けなさい。

ブーム　カバー　プラン　オープン　クレーム　キャッチ　トラブル
コメント　ストップ　コーナー

Ⅲ ナ形容詞になる言葉に○を付けなさい。

フリー　センター　オープン　ブーム　ユニーク　ロマンチック　エラー

Ⅳ AとBの語を組み合わせて一つの言葉を作り、(　　)に書きなさい。

A

キー　カルチャー　ビジネス　インテリア　インフォメーション

B

クラス　センター　カウンター　デザイナー　ワード

(二度使う語もある)

(　　　　　　　　)(　　　　　　　　)
(　　　　　　　　)(　　　　　　　　)
(　　　　　　　　)(　　　　　　　　)

Ⅴ 意味が近い言葉を下から一つ選んで書きなさい。

1．ケース(　　　)　2．センス(　　　)　3．ブーム(　　　)
4．パターン(　　　)　5．システム(　　　)　6．キャリア(　　　)
7．スペース(　　　)　8．キャンセル(　　　)
9．キャラクター(　　　)

型　感覚　空間　経歴　性格　制度　場合　流行　取り消し

Ⅵ　正しい言葉を〔　　　〕の中から一つ選びなさい。

A

1. スペースが〔　いい　広い　高い　長い　強い　〕。
2. センスが〔　いい　広い　高い　長い　強い　〕。
3. プレッシャーに〔　いい　広い　高い　長い　強い　〕。

B

1. ブームが〔　出る　起こる　流れる　〕。
2. アリバイが〔　破れる　壊れる　崩れる　〕。
3. トラブルが〔　起こる　生まれる　現れる　〕。
4. クレームを〔　かける　あらわす　つける　〕。
5. キャリアを〔　積む　上がる　繰り返す　〕。
6. プレッシャーを〔　得る　受ける　もらう　〕

C

1. 情報を〔　オープン　キャッチ　〕する。
2. 方法を〔　マスター　リハビリ　〕する。
3. 〔　ビジネス　トラブル　〕に巻き込まれる。
4. 〔　コメント　カウンセリング　〕を受ける。
5. 〔　ポイント　キー　〕を押さえて説明する。
6. 〔　カルチャー　エコノミー　〕ショックを受ける。
7. 新聞の〔　エピソード　コラム　〕を読む。

Ⅶ　（　　　）に入る言葉を下から選んで書きなさい。

1. 彼は入社20年の(　　　　　　)だ。
2. (　　　　　　)の水は発電に利用される。
3. 政府の政策に反対して(　　　　　　)が行われた。
4. (　　　　　　)のときは、物価も給料も上がる。
5. 多くの(　　　　　　)が海外に工場を持っている。
6. 俳優の結婚をさまざまな(　　　　　　)が取材した。
7. 環境を守るために(　　　　　　)運動をしている。
8. (　　　　　　)を固めてビルの土台が作られた。
9. 世界遺産を紹介する番組が(　　　　　　)で放送されている。

インフレ	エコロジー	コンクリート	シリーズ	
ダム	デモ	ベテラン	メーカー	メディア

Unit 05 09 カタカナA・B 461〜510/791〜840

確認問題

レベル ★★★☆

Ⅰ (　　)に入れるのに最もよいものを、a・b・c・dから一つ選びなさい。

1．彼の冗談はいつもワン(　　　　)でつまらない。

　a　ケース　　b　プラン　　c　モデル　　d　パターン

2．放課後(ほうかご)に(　　　　　)活動をしたくて演劇部(えんげきぶ)に入った。

　a　エコ　　b　レジャー　　c　サークル　　d　レクリエーション

Ⅱ (　　)に入れるのに最もよいものを、a・b・c・dから一つ選びなさい。

1．(　　　)を組んでゲームをした。

　a　コーナー　　b　ペア　　c　リズム　　d　レギュラー

2．(　　　)をつかむと仕事が速くなる。

　a　サービス　　b　ビジネス　　c　ポイント　　d　キー

3．彼は芸術の(　　　)に恵まれている。

　a　センス　　b　キャリア　　c　ベテラン　　d　キャラクター

4．A社は世界を(　　　)する一流企業だ。

　a　ゴール　　b　センター　　c　トップ　　d　リード

5．同僚(どうりょう)が私のミスを(　　　)してくれた。

　a　カバー　　b　コントロール　　c　モニター　　d　レッスン

6．社会人になって生活の(　　　)が変わった。

　a　カルチャー　　b　スタイル　　c　スペース　　d　レジャー

7．(　　　)の異常で、すべてのATM(現金自動支払機(しはらいき))が止まってしまった。

　a　サービス　　b　カリキュラム　　c　システム　　d　ダイヤ

8．ゴミの出し方について隣のうちと(　　　)になった。

　a　アリバイ　　b　クレーム　　c　トラブル　　d　プレッシャー

9．この映画は本当にあった事件を(　　　)にしている。

　a　サンプル　　b　マスター　　c　メディア　　d　モデル

10．それぞれの(　　　)によってやり方を変える必要がある。

　a　ガイド　　b　ケース　　c　コース　　d　レース

Ⅲ ＿＿＿に意味が最も近いものを、a・b・c・dから一つ選びなさい。

1．あの人は生活が<u>ルーズだ</u>。

　a　地味だ　　b　派手だ　　c　だらしない　　d　ゆるい

2．彼女は<u>ユニークな</u>性格だ。

　a　独特な　　b　特別な　　c　特殊な　　d　例外的な

3．試合でベストをつくした。

a　最高　　b　最善　　c　最大　　d　最良

4．この健康食は一時的なブームで終わった。

a　時代　　b　発展　　c　普及　　d　流行

5．各国のトップが集まって会談を行った。

a　一番　　b　最初　　c　首脳　　d　先頭

Ⅳ　次の言葉の言い方として最もよいものを一つ選びなさい。

1．スタイル

a　スタイルのいい生活を送りたい。

b　この作文はとてもスタイルがいい。

c　彼はモデルのようにスタイルがいい。

d　人気の店でスタイルのいい服を買った。

2．パス

a　会社の面接試験にパスした。

b　電車は長いトンネルをパスした。

c　目的地をパスして行き過ぎてしまった。

d　フリーチケットでいろいろな電車をパスした。

3．リハビリ

a　リハビリに熱中して大学に合格した。

b　老人をリハビリするのが介護の仕事だ。

c　自転車が壊れたので、自分でリハビリした。

d　社会復帰するには、しばらくリハビリが必要だ。

4．オーバー

a　制限速度をオーバーに運転した。

b　彼はオーバーな生活を送っている。

c　彼女はいつもオーバーな話し方をする。

d　1時間に降った雨の量が100ミリをオーバーになった。

5．プレッシャー

a　機械で金属をプレッシャーして形を作る。

b　屋根に積もった雪のプレッシャーで家がつぶれた。

c　やりがいのある仕事だが、プレッシャーも大きい。

d　教師をしている親のプレッシャーで私も教師になれた。

Unit 10 形容詞 B　841 ～ 890

レベル ★★★

65

841 たんじゅんな　単純な　simple; simple-minded; simply／简单; 单纯; 只是／단순하다／đơn giản

①・この機械は**単純な**しかけで動く。　・同じ作業を繰り返す**単純な**仕事
・**単純な**{仕組み／構造／理屈／理論／見方…}　・ものごとを**単純に**考える。
合 単純さ、単純作業、単純明快な　対 複雑な　類 簡単な、シンプルな

②・私は**単純な**性格だから、お世辞でもほめられるとうれしい。　・**単純な**人
・彼は人の言うことを**単純に**信じすぎる。

③・これは**単純に**私個人の問題だ。
類 ただ、単に☞1146

842 じゅんすいな　純粋な　pure; genuine／纯真; 纯粹, 纯净／순수하다／thuần khiết, đơn thuần

①・あの人は**純粋な**心の持ち主だ。　・**純粋な**{人／性格／気持ち…}
合 純粋さ　対 不純な　関 清純な、純情な

②・この話は**純粋な**フィクションだ。　・100%**純粋な**水は工業用として用いられる。
・「これは**純粋に**あなたのためを思って言っているのです」
合 純粋性、純粋培養

843 とうめいな　透明な　transparent, clear／透明／투명하다／trong suốt

・水や空気は無色**透明だ**。　・**透明な**{氷／ガラス／プラスチック…}
合 透明さ、透明性(・情報の**透明性**を高める。)、透明感、半透明、無色透明
対 不透明な　類 透き通った☞766

844 さわやかな　爽やかな　refreshing; fresh and agreeable／清爽, 爽朗; 爽快, 清楚, 嘹亮／상쾌하다, 시원스럽다, 명쾌하다／khoan khoái, dễ chịu, nhẹ nhàng

①・朝の空気は**さわやかだ**。　・**さわやかな**{風／天気／気分／味…}
類 爽快な

②・**さわやかな**{人／人柄／笑顔／声…}　・**さわやかに**あいさつする。
合 ①②さわやかさ

845 すなおな　素直な　gentle, mild; obedient／直率; 听话, 顺从／순진하다, 순순하다／trong sáng, thuần, thật thà

①・この童話を読むと、子どものような**素直な**気持ちになれる。
・**素直な**{人／性格／心…}
対 頑固な☞265　関 純情な、純真な

②・いつも反抗的な学生が、今日は**素直だ**。　・彼女はいくら自分が悪くても**素直に**認めない。
・優勝したが、試合の内容が良くないので**素直に**喜べない。
対 反抗的な、ひねくれた　関 従順な
連 ①②素直になる　合 ①②素直さ

846 **そっちょくな　　率直な**　　frank, straightforward／直率, 坦率, 坦白／솔직하다／thẳng thắn

・彼は**率直な**人で、言うべきことをきちんと言う。

・**率直な**{考え／感想／意見／反応…}　・**率直に**{話す／述べる／わびる…}。

合 率直さ　　関 正直な、単刀直入な

847 **せいじつな　　誠実な**　　honest／诚实／성실하다／trung thực

・男女とも、「**誠実な**人と結婚したい」という若者が多い。　・**誠実な**人柄

合 誠実さ　　対 不誠実な　　関 真面目な

848 **けんきょな　　謙虚な**　　modest／谦虚, 谦和／겸허하다／khiêm tốn

・彼は**謙虚な**人柄だ。　・**謙虚な**{人／気持ち／態度／姿勢…}

・「自分が偉いと思わず**謙虚に**なりなさい」　・**謙虚に**{反省する／人の話に耳を傾ける…}。

連 謙虚になる　　合 謙虚さ

849 **かしこい　　賢い**　　wise, clever／聪明; 高明／현명하다, 영리하다, 똑똑하다／thông minh, khôn ngoan

①・こんな難しい話が理解できるとは**賢い**子だ。

②・物があふれているなか、**賢い**消費者にならなければいけない。

類 賢明な

合 ①②賢さ　　類 ①②利口な

850 **しんちょうな　　慎重な**　　prudent, cautious／慎重, 稳重, 谨慎／신중하다／thận trọng, cẩn thận

・私は**慎重な**性格なので、よく考えてからでなければ行動しない。

・景気の回復について専門家は**慎重な**見方をしている。

・**慎重な**{人／態度／姿勢／行動／やり方／判断／対応…}

・**慎重に**{考える／選ぶ／扱う…}。

合 慎重さ　　対 軽率な、軽々しい　　類 注意深い　　関 優柔不断な

851 **おだやかな　　穏やかな**　　calm, quiet／温和, 平静, 安详／온화하다, 차분하다／ôn hòa, nhẹ nhàng

・このあたりは気候が**穏やかで**住みやすい。　・**穏やかな**{天気／海／一日／性格／人…}

・「大きな声を出さないでください。**穏やかに**話し合いましょう」

合 穏やかさ　　関 平穏な、円満な、静かな

852 **しんけんな　　真剣な**　　serious／认真／진지하다／nghiêm trọng, nghiêm túc

・二人は結婚するつもりで**真剣に**つき合っている。　・問題解決に**真剣に**取り組む。

・**真剣な**{目／顔／表情／態度／気持ち／話…}

合 真剣さ、真剣み、真剣勝負　　類 まじめな　　関 本気☞283

853 **せいしきな**　　正式な　　formal, official／正式／정식이다／chính thức

・日本のお札の**正式な**名称は「日本銀行券」だ。
・３カ月の試用期間を経て、**正式に**社員として採用された。
・**正式に**{手続きする／発表する／習う／許可する／認める／謝罪する／離婚する…}。
※「正式の」という形になることもある。
合 正式名称、正式採用、正式発表　対 略式{な／の}　関 公式、本式、正規、本格的な

854 **おもな**　　主な　　main, principal／主要／주되다, 대부분이다／chính, chủ yếu

・「今日の**主な**ニュースを五つお伝えします」　・この車は**主に**輸出用に作られている。
・作家の収入は印税が**主だ**。
類 主要な

855 **しゅような**　　主要な　　principal, main／主要／주요하다／quan trọng, chính

・会の**主要な**役員が集まって今後の方針を議論した。
合 主要＋[名詞]（・**主要**点、**主要**人物、**主要**都市、**主要**産業）　類 主な
※名詞修飾で使うことが多い。

856 **きちょうな**　　貴重な　　precious, valuable／宝贵, 贵重／귀중하다／quý báu

・留学という**貴重な**体験をした。　・これは大変数が少ない**貴重な**品種のチョウだ。
合 貴重さ、貴重品

857 **いだいな**　　偉大な　　great／伟大／위대하다／vĩ đại

・アインシュタインは科学の分野で**偉大な**功績をあげた。
・**偉大な**{人物／生涯／業績…}
※日常的なものごとには使わない。　合 偉大さ　関 立派な、すばらしい

858 **えらい**　　偉い　　great, admirable; in a high position／地位高, 了不起; 卓越, 出色／높다, 훌륭하다／quan chức, cao thượng

①・卒業式には市長や大臣など**偉い**人が来ていた。
②・貧しい人を助け続けた彼女は**偉い**と思う。
類 立派な
合 ①②偉さ

859 **どくとくな**　　独特な　　unique, peculiar／独特, 特有／독특하다／độc đáo, đặc sắc

・ブルーチーズには**独特な**香りがある。　・**独特な**{方法／表現／文体／考え…}
※「独特の」という形もよく使われる。　類 独自な、特有な、固有な、ユニークな☞834

860 **とくしゅな**　　特殊な　　special, particular／特殊, 特别／특수하다／đặc thù

・この仕事には**特殊な**技能が必要だ。　・**特殊な**{物質／能力／職業／事情／例／ケース…}
合 特殊性、特殊撮影　対 普通の、一般的な☞323、普遍的な　関 特別な、独特な

861 **きみょうな**　**奇妙な**　strange, odd／奇怪, 怪异／기묘하다／kỳ lạ

・この魚は**奇妙な**形をしている。　・**奇妙な**{人／話／できごと…}

・「昨日の夜、近所中の猫がいっせいに鳴いたんですよ」「それは**奇妙ですね**」

合 奇妙さ　類 妙な、変な　関 不思議な

862 **みょうな**　**妙な**　strange; curious／奇怪, 异常／묘하다／kỳ lạ

・**妙な**ことに、初めて来たこの場所をなんだか知っているような気がする。

・私と彼女は性格も育った環境も違うが、**妙に**気が合う。

類 奇妙な、変な　関 不思議な

863 **あやしい**　**怪しい**　suspicious; questionable; uncertain; not promising／奇怪; 可疑; 拙劣; 靠不住／이상하다, 수상하다, 의심스럽다, 어설프다, 심상치 않다／đáng nghi, không ổn, không biết trước

①・家の前を**あやしい**男がうろうろしている。

類 不審な

②・その情報は**あやしい**と思う。情報源はどこだろう。

③・彼女の日本語力はかなり**あやしい**。通訳は無理だろう。

動 ①～③ヲ怪しむ

④・「雲が出てきた。明日の天気は**あやしい**ぞ」

合 ①～④怪しさ

864 **いじょうな**　**異常な**　unusual; abnormal／不正常, 异常／이상하다, 비정상적이다／bất thường

・今年の夏の暑さは**異常だ**。　・認知症の祖父に**異常な**言動が見られるようになった。

・医者に「白血球が**異常に**多い」と言われた。

合 異常さ、異常気象、異常性　対 正常な　関 変な

関 異状

※「異状」は名詞としてだけ使う。(・**異状**なし。　・検査の結果、胃に**異状**は認められなかった。)

865 **こうどな**　**高度な**　highly sophisticated, advanced; (at an) altitude／高度, 高级; 海拔高度／정도가 높다, 고도／hiện đại, tầm cao, cao độ

①・このメーカーは**高度な**半導体技術で知られている。　・**高度な**能力

・古代、この地域には**高度に**発達した文明があったと言われる。

合 高度経済成長

② [名 高度]・飛行機は、**高度**１万メートルの上空を飛んでいる。

866 **あらたな**　**新たな**　new, renewed／新／새롭다, 생생하다／mới

・裁判で**新たな**証人が現れた。　・**新たな**{発見／事実／証拠／気持ち…}

・会社に**新たに**パソコンが導入された。　・{気持ち／決意…}を**新たに**する。

・10年前の地震は今でも記憶に**新ただ**。

連 ヲ新たにする　類 新しい

867 **ごうりてきな　合理的な** rational; reasonable／合理／합리적이다／hợp lý, có lý

①・工場の生産ラインは**合理的に**作られている。　・**合理的な**{方法／設計…}

対 非＿

合 合理性、合理主義、ヲ合理化スル（・会社が**合理化**された。）　関 効率的な

②・「その考えは理屈に合わない。もっと**合理的に**考えなさい」

・**合理的な**{考え／判断／意見…}

合 ヲ合理化スル（・彼はすぐ自分のことを**合理化**する。）　対 不合理な、非合理な

868 **きような　器用な** handy; dexterous, clever／灵巧; 精于处世, 善于做人／손재주가 있다, 능숙하다, 요령이 좋다／khéo, khôn khéo

①・彼女は手先が**器用で**、アクセサリーを全部手作りしている。

②・**器用に**世の中を渡る。　・**器用な**生き方

合 ①②器用さ　対 ①②不器用な

869 **てがるな　手軽な** with no circumstance, readily／简单, 方便／손쉽다, 간편하다／dễ dàng

・ジョギングはだれでも**手軽に**できるスポーツだ。

・レトルト食品は**手軽に**食べられて便利だ。

合 手軽さ

870 **てごろな　手ごろな** reasonable; suitable／合适；容易上手, 正合适的／적당하다, 알맞다／phải chăng, vừa tầm

①・この店では**手ごろな**値段でおいしいフランス料理が食べられる。

②・このゲームは難しすぎず、初心者には**手ごろだ**。　・**手ごろな**{大きさ／厚さ／重さ…}

合 ①②手ごろさ

871 **こうかな　高価な** expensive／高价／값이 비싸다, 고가이다／đắt giá

・この博物館には世界一**高価な**宝石が展示してある。　・**高価な**{品／プレゼント…}

合 高価さ　対 安価な

872 **ぜいたくな** luxurious, (use ~) lavishly; demanding too much／讲究, 豪华; 奢侈; 过分的／사치스럽다, 호화롭다／sang trọng, xa xỉ

①・**ぜいたくな**暮らしをする。　・**ぜいたくな**{料理／食事／生活…}

・**ぜいたくに**{暮らす／育つ…}。

合 ぜいたくさ、ぜいたく品　対 質素な　関 豪華な

名 ぜいたく（・貧しいころは、お正月にごちそうを食べるのが年に一度の**ぜいたく**だった。）

連 ＿をする、＿を控える

②・「このクリームは美容成分を**ぜいたくに**使用しています」

連 ヲぜいたくに使う　関 豊かな

③・恵まれた環境で何の不自由もないのに、毎日が退屈とは**ぜいたくな**悩みだ。

873 **ごうかな　豪華な**　luxurious／豪华, 奢侈／호화롭다／xa hoa, hoành tráng

・客を500人招いて**豪華な**結婚披露宴をした。　・**豪華な**{家／衣装／料理…}
・今日は給料日だから、ちょっと**豪華に**ホテルで食事をしよう。
合豪華さ、豪華版　対質素な　関ぜいたくな

874 **こうきゅうな　高級な**　high-quality, expensive／高级, 高档／고급이다／cao cấp

・ツバメの巣は中華料理では**高級な**食材だ。
合高級さ、高級＋[名詞](・**高級**品、**高級**車、**高級**ホテル)　関一流、上等な

875 **じょうとうな　上等な**　fine, superior; good enough／上等, 高档; 优秀／높은 등급이다, 뛰어나다／hảo hạng, đẳng cấp

①・**上等な**お菓子をお土産にいただいた。　・**上等な**{品／コート／ワイン…}
合上等さ　関上質な、高級な
②・優勝は難しいだろう。３位以内に入れれば**上等だ**。

876 **じょうひんな　上品な**　refined, elegant／高档, 有品位, 高雅／품위가 있다, 고상하다／sang trọng

・彼女はいつも**上品な**服を着ている。　・**上品に**{話す／食べる／ふるまう…}。
・**上品な**{デザイン／味／化粧／顔立ち／言葉遣い／話し方／雰囲気…}
合上品さ　対下品な　類品がある　関品☞898、品性、気品

877 **てきどな　適度な**　appropriate, moderate／适度, 适当／알맞다, 적당하다／vừa phải

・健康のためには、**適度な**運動が大切だ。　・**適度な**{量／距離／食事／湿気…}
・酒は**適度に**楽しむのがいい。
類ちょうどいい、適当な

878 **かいてきな　快適な**　comfortable／舒适, 舒服／쾌적하다／dễ chịu, thoải mái

・新しい車の乗り心地は**快適だ**。　・**快適な**暮らしをする。
・エアコンの効いた部屋で**快適に**過ごす。
合快適さ　関心地よい

879 **こころよい　快い**　pleasant; willingly／舒服, 惬意; 痛快, 爽快／상쾌하다, 기분이 좋다／dễ chịu, vui vẻ

①・草原には**快い**風が吹いていて気持ちよかった。
合快さ　類気持ちいい、心地よい　関快適な
②・急な頼みだったが、友人は**快く**引き受けてくれた。
類気持ちよく　関ヲ快諾スル

880 **じゅんちょうな　順調な**　satisfactory, favorable／顺利／순조롭다／suôn sẻ

・計画は**順調に**進んでいる。　・手術後の経過は**順調だ**。　・新作は**順調な**売れ行きだ。
合順調さ　類好調な、快調な　関調子

881 かっぱつな　　活発な　　active; lively／活泼; 活跃／활발하다／hoạt bát, sôi nổi

①・うちの娘はとても**活発だ**。　・**活発な**{人／性格}
　関 快活な

②・**活発な**議論が行われた。　・最近、火山活動が**活発に**なっている。
合 ①②活発さ

882 てきかくな　　的確な　　correct, accurate, exact／确切, 正确／적확하다, 정확하다／đúng đắn, chính xác

・上司は部下に**的確な**指示を与えることが大切だ。
・**的確な**{判断／評価／方法…}　・状況を**的確に**把握する。
　※「適確」という表記もある。　合 的確さ　対 不＿　関 確実な、正確な

883 かくじつな　　確実な　　certain, sure／确实, 准确／확실하다／chắc chắn

・将来について**確実な**ことはわからない。　・この情報は**確実だ**。
・この点数なら合格は**確実だ**。　・問題を**確実に**処理する。
・来月政権が交代することが**確実に**なった。
　連 確実になる　合 確実さ、確実性、当選確実　対 不＿　類 確かな　関 的確な

884 あきらかな　　明らかな　　clear, obvious／明显, 清楚, 显然／분명하다, 명백하다／rõ ràng, sáng tỏ

・事故の原因は**明らかではない**。　・**明らかに**彼はうそをついている。
・A 社 B 社が合併することが**明らかに**なった。
・首相は自分がガンであることを**明らかに**した。
　連 明らかになる・明らかにする　類 はっきりした、明確な、明白な

885 あいまいな　　曖昧な　　ambiguous, vague／模棱两可, 含糊／애매하다／mập mờ, mơ hồ

・社長は辞任について**あいまいな**態度をとった。　・**あいまいな**{表現／言い方…}
・あの日のことは記憶が**あいまいだ**。　・重要な問題を**あいまいに**してしまう。
　連 あいまいにする　合 あいまいさ　対 はっきりした、明確な、明白な
　類 あやふやな

886 ぐたいてきな　　具体的な　　concrete／具体的, 实际的／구체적이다／cụ thể

・「わかりにくいので、もっと**具体的に**説明してください」
・**具体的な**{話／例／計画／方法…}
　合 具体性(・彼の話は**具体性**に欠ける。)、具体例、具体案、ヲ具体化スル　対 抽象的な

887 ちゅうしょうてきな　　抽象的な　　abstract／抽象／추상적이다／trừu tượng

・名詞は形のない**抽象的な**ものごとも表す。　・**抽象的な**{話／議論…}
・この理論は**抽象的**すぎてよくわからない。
　合 抽象性、抽象画、ヲ抽象化スル　対 具体的な

888 **ひとしい** 等しい equal, (be) the same as ～／相同, 一样; 等于／같다, 마찬가지이다／bằng, tương đương

①・この二本の直線は長さが**等しい**。 ・遺産は３人の子どもたちに**等しく**分配された。

②・彼の表情は「嫌だ」と言っているのに**等しい**。

合①②等しさ 類①②同じだ

889 **びょうどうな** 平等な equal／平等／평등하다／bình đẳng

・法の下ではだれでも**平等だ**。 ・会の収入は会員に**平等に**分配される。

合自由平等、男女平等、平等主義 対不平等な 関公平な

890 **こうへいな** 公平な fair／公平／고령／công bằng

・教師が学生によって態度を変えるのは**公平ではない**。 ・私の親は兄弟を**公平に**扱った。

・だれからも**公平に**意見を聞く。

合公平さ 対不__ 関平等な

コラム 18 学問分野 Academic disciplines／学问领域／학문 분야／lĩnh vực học vấn

文学	literature／文学／문학／văn học
言語学	linguistics／语言学／언어학／ngôn ngữ học
心理学	psychology／心理学／심리학／tâm lý học
教育学	pedagogy／教育学／교육학／giáo dục học
行政学	public administration／行政学／행정학／hành chính học
経済学	economics／经济学／경제학／kinh tế học
経営学	business administration／经营学／경영학／kinh doanh học
法学	law, jurisprudence／法学／법학／luật học
数学	mathematics／数学／수학／số học
物理学	physics／物理学／물리학／vật lý
化学	chemistry／化学／화학／hóa học
建築学	architecture／建筑学／건축학／kiến trúc học
工学	engineering／工程学／공학／kỹ thuật công nghiệp
電子工学	electronics／电子工程学／전자공학／điện tử công nghiệp
コンピューター科学	computer science／计算机科学／컴퓨터과학／khoa học máy tính
農学	agriculture／农学／농학／nông học
医学	medicine／医学／의학／y học
薬学	pharmacy, pharmacology／药学; 药物学／약학／dược học
気象学	meteorology／气象学／기상학／khí tượng học
土木学	civil engineering／土木工程学／토목학／xây dựng dân dụng
環境学	environmentology／环境科学／환경학／môi trường học

Unit 10 形容詞B 841 ～ 890

練習問題

レベル ★★★☆

Ⅰ　(　　)にひらがなを書きなさい。

1．謙虚(けんきょ)な姿勢で、気持ち(　　)新た(　　)再出発した。

2．このアイスクリームは生(なま)クリーム(　　)ぜいたく(　　)使っている。

3．不況のせいで、人員の合理化(　　)行われた。

4．社長は先週、会社の経営状況(　　)明(あき)らか(　　)した。

5．その答えは「ノー」(　　)言っている(　　)(　　)等(ひと)しい。

Ⅱ　反対の言葉を書きなさい。「不」がつくことばもあります。

1．高価な ⇔(　　　　)　　2．純粋な ⇔(　　　　)　　3．上品な ⇔(　　　　)

4．素直な ⇔(　　　　)　　5．抽象(ちゅうしょう)的な ⇔(　　　　)　　6．明白な ⇔(　　　　)

7．合理的な ⇔(　　　　)　　8．正常な ⇔(　　　　)

9．略式(りゃくしき)な ⇔(　　　　)　　10．質素な ⇔(　　　　／　　　　)

Ⅲ　＿＿＿＿の言葉に意味の近い言葉を選び、適当な形にして書きなさい。

1．彼は穏やかな性格だ。(　　　　)

2．最近奇妙(きみょう)なことが続いている。(　　　　)

3．この機械は単純な構造だ。(　　　　)

4．計画は順調に進んでいる。(　　　　)

5．あやふやな答えでごまかした。(　　　　)

6．事故の原因ははっきりしている。(　　　　)

7．合格祝いに高級な時計をいただいた。(　　　　)

8．彼女は自分の正直(しょうじき)な考えを述(の)べた。(　　　　)

9．二人は結婚を前提(ぜんてい)に本気でつきあっている。(　　　　)

10．往復切符を買っておいたのは賢明(けんめい)だった。(　　　　)

11．これは大切なものなので、注意深く扱(あつか)う必要がある。(　　　　)

かしこい	ふしぎな	あいまいな	あきらかな	えんまんな	かんたんな
しんけんな	かいちょうな	じょうとうな	しんちょうな	そっちょくな	

Ⅳ　より適切な言葉を選びなさい。ただし答えは一つとは限りません。

＜主(おも)な・主要(しゅよう)な＞

1．この部署は(　主に・主要に　)納税(のうぜい)を取り扱います。

2．技術大学院の授業は高度な技術を開発することが(　主だ・主要だ　)。

3．「介護(かいご)を今後の(　主要な・主な　)政策として取り組んでいく考えであります」

＜偉い・偉大な＞

1．彼の業績は(　偉い・偉大だ　)。

2．会社の(　偉い・偉大な　)人と意見の交換をするチャンスがあった。

3．あの地域は(　偉い・偉大な　)音楽家を多く生んでいる。

＜快い・快適な＞

1．(　快い・快適な　)都会生活を送る。

2．高原には(　快い・快適な　)風が吹いていた。

3．(　快い・快適な　)ピアノの音が聞こえてきた。

4．新幹線のグリーン車は設備が整い、さらに(　快く・快適に　)なった。

＜特殊な・特別な・独特な＞

1．障害児に対しても、(　特殊な・特別な・独特な　)扱いはしない。

2．今日は(　特殊・特別・独特　)寒い。

3．この色は、彼(　特殊・特別・独特　)のものだ。

＜的確な・確実な・正確な＞

1．政府は、少子化対策のための(　的確な・確実な　)政策を次々と出した。

2．彼の成績なら合格は(　的確・確実・正確　)だ。

3．「申込書に、氏名住所を(　的確に・確実に・正確に　)書いてください」

＜平等な・公平な＞

1．購入金額にかかわりなく、(　平等に・公平に　)プレゼント券が配られた。

2．男女(　平等・公平　)を推進する。

3．子どもたちに(　平等な・公平な　)態度で接する。

＜手軽な・手ごろな＞

1．会議は長いので、昼に(　手軽な・手ごろな　)食事を取ろう。

2．この部屋は、学生に(　手軽な・手ごろな　)広さだ。

3．荷物を送るのに(　手軽な・手ごろな　)箱はないだろうか。

4．この本は(　手軽に・手ごろに　)読める。

V　(　　)に入る言葉を下から選び、適当な形にして書きなさい。

1．無色(　　　　　　　)水　　　2．朝の高原の(　　　　　　)風

3．結婚するならうそをつかずまじめに働く(　　　　　　)人がいい。

4．最近火山活動が(　　　　　)なっている。　　　5．一人暮らしは(　　　　　)体験だ。

6．彼女とはなぜか(　　　　　　)気が合う。　　　7「明日の天気は(　　　　　)ぞ」

8．健康には(　　　　　　)運動が欠かせない。　　　9．彼女は手先が(　　　　　)。

10．彼は偉くなっても、いつも(　　　　　)。

11．(　　　　　)発達した現代文明。

あやしい	きような	こうどな	てきどな	みょうな	かっぱつな
きちょうな	けんきょな	さわやかな	せいじつな	とうめいな	

Unit 03 10 形容詞A・B 確認問題

221〜270/841〜890

レベル ★★★★

Ⅰ （　　）に入れるのに最もよいものを、a・b・c・dから一つ選びなさい。

1．動物園の動物を見て、野生の動物が閉じ込められているようで（　　）感じがするという人もいる。

　a　気の毒な　b　貴重な　c　かわいそうな　d　怪しい

2．夜中なのに（　　）音がする。だれかいるのだろうか。

　a　細かい　b　妙な　c　けむい　d　過剰な

3．「どうしたの？　息が（　　）わよ」「階段を6階まで上って来たんだよ」

　a　きつい　b　かたい　c　険しい　d　荒い

4．彼は優しいが、金銭に（　　）ところがある。

　a　だらしない　b　ずうずうしい　c　そそっかしい　d　とんでもない

5．私の妹は（　　）教育を受けていない。独学で資格を取り、会社を作った。

　a　主な　b　主要な　c　適度な　d　正式な

6．学費がどうしても払えない。退学処分も（　　）。

　a　残念だ　b　明らかだ　c　やむをえない　d　じゃまだ

7．自分の都合で、私にアルバイトを休めなんて、なんて自分（　　）人だろう。

　a　勝手な　b　強気な　c　強引な　d　気楽な

8．卒業式に招いた政治家のスピーチは（　　）て、嫌（いや）になった。

　a　ずるく　b　偉く　c　怪しく　d　くどく

9．子ども時代の友だちに会い、あの頃を（　　）思い出した。

　a　恋しく　b　懐かしく　c　ありがたく　d　幼く

10．初めて夜行バスに乗ったが、洗面所もあり、（　　）旅ができた。

　a　さいわいな　b　さわやかな　c　快適な　d　ぜいたくな

Ⅱ ＿＿＿の言葉に意味が最も近いものを、a・b・c・dから一つ選びなさい。

1．学生に、こんな上等なスーツは<u>もったいない</u>。

　a　惜しい　b　ぜいたくだ　c　残念だ　d　ありがたい

2．会場で、<u>思いがけない</u>人と会った。

　a　意外な　b　よく知らない　c　変な　d　好きな

3．あの俳優は、<u>さわやかな</u>ところが魅力だ。

　a　姿がいい　b　すっきりしている

　c　優しい　d　快い

4．彼は頭がかたい。

a　堅実だ　　b　しっかりしている
c　頑固だ　　d　古い

5．仕事を聞かれて、あやふやに答えた。

a　あいまいに　　b　はっきり　　c　簡単に　　d　詳しく

6．私はそそっかしくて、よく失敗をする。

a　慎重すぎて　　b　中途半端で
c　人の言うことを聞かなくて　　d　落ち着きがなくて

Ⅲ　次の言葉の使い方として最もよいものを、a・b・c・dから一つ選びなさい。

1．何げない

a　上司は何げなく部下を責めた。
b　何げなく歩いていたら、人にぶつかってしまった。
c　隣の部屋から何げない声が聞こえてきた。
d　私の何げない一言が友だちを怒らせた。

2　うるさい

a　遅刻しそうな学生がうるさく教室に入ってきた。
b　彼はラーメンの味にうるさい。
c　人気歌手グループの解散が芸能界でうるさくなっている。
d　金曜日の夜、駅前はうるさい声の人でいっぱいだ。

3　明らかな

a　恋人ができて性格が明らかになったと言われる。
b　言いたいことは明らかに言った方がいい。
c　この雑誌に書かれていることは、明らかに間違いだ。
d　環境問題が解決できれば、未来はもっと明らかになるだろう。

4　なだらかな

a　スキーの初心者向けのコースはなだらかで、私でも大丈夫だった。
b　この道は、なだらかにカーブしている。
c　私の入っている趣味の会は入会資格がなだらかで、だれでも入れる。
d　このスカートはウエストがきついので、少しなだらかにしてください。

5　深刻な

a　そろそろ深刻に将来のことを決める時期だ。
b　あの人はすぐに冗談を深刻にするから困る。
c　深刻な人柄で、結婚相手としてはすばらしいと思いますよ。
d　環境問題は、今や世界で最も深刻な問題の一つである。

Unit 11 名詞D

891 ～ 990
レベル ★★★★

69

891 **じんぶつ**　人物　person, figure; character／人物; 人品／인물／nhân vật

①・これは歴史上の**人物**を描いた小説だ。　{登場／重要／危険…}**人物**

②・短い面接だけでは、どんな**人物**かまではわからない。　関 人柄、人間性

892 **もの**　者　person／人／사람／người

・「うちの**者**と相談してからお返事致します」

・「私のような**者**に大事な仕事を任せてくださって、ありがとうございます」

・祖父は「まだまだ若い**者**には負けない」と言っている。

※謙遜、軽視の気持ちが入ることが多い。　関 人、人間

893 **かくじ**　各自　each person; everyone／每个人, 各自／각자／mỗi người

・「パスポートは**各自**でお持ちください」　・「昼食代は**各自**の負担とします」

類 一人一人☞1135、おのおの、めいめい　関 それぞれ

894 **きぶん**　気分　feeling, mood／（身体）舒服与否; 心情, 心境／기분／tâm trạng

①・緊張しすぎて**気分**が悪くなった。

類 気持ち

②・部屋の模様替えをすると**気分**も変わる。　・散歩に行って**気分**転換する。

・朝けんかをすると、一日中**気分**が悪い。

・「遊びに行かない？」「ごめん、今、そんな**気分**じゃないんだ」

合 __転換

連 ①②__がいい⇔悪い

895 **けはい**　気配　sign, indication／情形, 动静, 迹象／기척, 기색, 기운／vẻ, dấu hiệu

・暗くてよく見えないが、人のいる**気配**がする。

・入試が近いのに、息子は全く勉強する**気配**が{ない／見えない}。

・東京では、２月の半ばになると、春の**気配**が感じられる。

連 __がする、__がない、__が見える、__を感じる

896 **いきがい**　生きがい　reason for living, raison d'être／生活的价值, 人生的意义／사는 보람, 보람／lẽ sống, ý nghĩa của cuộc sống

・私は今の仕事に**生きがい**を感じている。　・母は子どもが**生きがい**だと言っている。

★名 **かい**

・練習の**かい**があって、入賞することができた。

・競技場まで応援に行ったのに、試合は中止だった。行った**かい**がなかった。

連 ～__がある⇔ない　合 やりがい、働きがい

897 **ぎょうぎ** **行儀** manners, etiquette／举止, 礼貌／예의범절, 버릇／cách ứng xử, phép xã giao

・音を立てて食べるのは**行儀**が悪い。　・「電車の中ではお**行儀**よくしなさい」

連＿がいい⇔悪い　合＿作法　関マナー、エチケット

898 **ひん** **品** goods; dignity／品, 货; 品格, 风度／품위, 기품／sang trọng

・女王は姿にも話し方にも**品**がある　・そんな**品**の悪い言葉を使ってはいけない。

・**品**のいい{話し方／味／服装…}

連＿がいい⇔悪い、＿がある⇔ない　関気品、上品な⇔下品な　☞876

899 **すがた** **姿** figure, appearance; state／外形, 姿态; 身影, 形影; 样子, 情形／모습／dáng dấp, hình ảnh

①・姉の後ろ**姿**は、母にそっくりだ。　・富士山は美しい**姿**をしている。

合後ろ＿　類かっこう

②・人の声が聞こえているのに**姿**が見えない。　・月が雲のかげから**姿**を見せた。

・犯人は逃走した後、完全に**姿**を消した。

連＿が消える・＿を消す、＿が見える・＿を見せる、＿を現す、＿を隠す、＿をくらます

③・恋人には、私のありのままの**姿**を見てほしい。

・この写真は被災地の今の**姿**を伝えている。

900 **しせい** **姿勢** posture; attitude／姿势; 态度, 姿态／자세／tư thế, thái độ

①・彼女はダンスをやっているので、いつも**姿勢**がいい。

連＿がいい⇔悪い、＿を直す、＿を正す

②・首相は外交に{積極的な／意欲的な／前向きの…}**姿勢**をとっている。

・社員の抗議に経営側は強い**姿勢**でのぞんだ。

連ニ～＿をとる、ニ～＿を示す、＿を正す　合低＿　関態度

901 **みかけ** **見かけ** appearance, show／外观, 外表／겉보기, 외관／vẻ bề ngoài

・うちの犬は**見かけ**は強そうだが、実はこわがりだ。　・人は**見かけ**によらない。

連＿によらない　類外見　関外観

902 **ふり** pretense, guise／装做……, 假装／시늉, 체／làm ra vẻ, làm bộ

・田中さんの欠席の理由を知っていたが、知らない**ふり**をした。

・熊にあったときは死んだ**ふり**をすれば大丈夫だそうだ。

連～＿をする　関風

903 **くじょう** **苦情** complaint／抱怨, 不满／불평, 불만／lời phàn nàn

・駅が汚いので、駅員に**苦情**を言った。

類クレーム☞825　関文句

904 **こうじつ** **口実** excuse／借口, 理由／구실, 핑계／cớ, lý do

・気が進まなかったので、かぜを**口実**に(して)飲み会を欠席した。

連＿にする、＿をもうける　関言い訳☞42

905 **どうき** 動機 motive／动机／동기／động cơ

・「我が社の求人に応募した**動機**は何ですか」 ・刑事たちは犯行の**動機**を調べた。

・金持ちだから付き合うなんて、**動機**が不純だ。

連 __が不純だ

906 **ひにく** 皮肉 irony, sarcasm／讥讽, 讽刺, 嘲讽／빈정거림, 아이러니／châm biếm, trớ trêu

・田中課長はよく**皮肉**を言う。

ナ形 皮肉な（・犯人は**皮肉な**笑いを浮かべた。

・優秀な医者がアルツハイマーになるとは**皮肉だ**。）

907 **いぎ** 意義 meaning, significance／意义／의의, 의미, 가치／ý nghĩa

・青年時代には人生の**意義**について考えるものだ。 ・社会的に**意義**のある仕事がしたい。

・そのできごとは歴史的に重要な**意義**を持った。

連 __がある⇔ない 合 有__な 関 意味、価値☞100

908 **しゅぎ** 主義 principle, belief／主张, 主义／주의／trường phái, chủ nghĩa

・私は、一度言ったことは必ず最後まで貫く**主義**だ。

・政治家は、**主義**や主張が違っても、国民のことを第一に考えなければならない。

合（社会体制）{資本／民主／社会／共産／自由／全体／独裁／封建…}主義

（考え方・性格）{個人／集団／平和／合理／楽天／利己／菜食…}主義

（芸術）{古典／ロマン／印象／写実…}主義

909 **せいしん** 精神 mind; spirit／精神; 理念／정신／tinh thần

①・**精神**と肉体は結びついている。 ・**精神**を集中して考える。 ・**精神**を鍛える。

合 __的な、__力、__衛生（・あれこれ悩むのは**精神衛生**に悪い。） 類 心 関 心理

②・ガンジーは最後まで「非暴力」の**精神**を持ち続けた。

合 __性、__主義

910 **ねんだい** 年代 ~s, era, period; chronological (order); dates; generation／年代; 时代; 岁月; 年纪／연대, 시대／thập kỷ, thời gian, thế hệ

①・日本では、1960 **年代**は高度成長の時代だった。

合［数字］＋年代

②・歴史上の事件を**年代**順に書く。

③・**年代**を経た建物には、ある種の落ち着きが感じられる。

類 年月、時代、時

④・部長は父と同**年代**だろう。

関 世代

911 **せだい**　**世代**　generation／辈; 时代／세대／thế hệ

①・我が家は三**世代**が一緒に住んでいる。
合 __交代

②・若い人と話していると、**世代**の差を感じる。
合 同__、[名詞]＋世代(・若者**世代**)

912 **きそ**　**基礎**　basis／基础／기초／cơ bản

・何事も、**基礎**が大切だ。　・この建物は**基礎**がしっかりしている。
・**基礎**を身につけてから、いろいろ応用してみよう。
合 __知識、__工事、__練習、__体力、__的な　関 基本

913 **きじゅん**　**基準**　standard, criterion／基准／기준／tiêu chuẩn

・この川の水は水質**基準**を満たしていないから、飲まない方がいい。
・日本は地震が多いので、建築**基準**が厳しい。　・「評価の**基準**を示してください」
連 __を満たす　関 水準、標準、レベル

914 **ひょうじゅん**　**標準**　standard, level; average／标准, 基准／표준, 기준／chuẩn, tiêu chuẩn

①・オリンピックの**標準**記録を上回り、出場できることになった。
②・東京の生活を**標準**にして、地方の物価を考えてはいけない。
合 ①②__語、__時、__的な(・田中君は日本人としては**標準的な**身長だ。)
関 ①②基準、水準、レベル

915 **てんけい**　**典型**　model; typical／典型, 地道的／전형／điển hình

・この寺は江戸時代の仏教建築の**典型**だと言われている。
合 __的な(・イギリスのホームステイ先のご主人は**典型的な**英国紳士だった。)

916 **ほうげん**　**方言**　dialect／方言／방언, 사투리／tiếng địa phương

・**方言**を聞くと、ふるさとを思い出す。　・「あなたは**方言**が出ませんね」
・田舎の**方言**で話す。
対 標準語、共通語　関 なまり

917 **ぶんぷ**　ガ**分布**スル　distribution／分布／분포／sự phân bố

・この植物は、西日本に広く**分布している**。　・この国の人口の**分布**は南に片寄っている。
合 __図、人口__

918 **はってん**　ガ**発展**スル　development, expansion／发展／발전／sự phát triển

・アジアは現在大きく**発展している**。
・軽い冗談が、思いがけない方向へ**発展して**、友人と絶交状態になった。
合 __性　関 ガ発達スル

71

919 **ぶんめい**　文明　civilization／文明／문명／văn minh

・日本は 1868 年に明治維新が行われて以来、西洋**文明**が流入してきた。

・現代のイラク、イランは古代**文明**の発祥の地と言われている。

・スマートフォンは小型コンピューターのようで、**文明**の利器の典型だろう。

合 __開化、__国、[名詞]＋文明(・メソポタミア**文明**、{古代／近代／現代}**文明**、機械**文明**、物質**文明**)　関 文化　慣 文明の利器

920 **ふきゅう**　ガ普及スル　spread, diffusion／普及／보급／phổ cập

・携帯電話の**普及**は著しい。

・パソコンが一般家庭に**普及する**に伴い、インターネット利用者が急激に増えた。

関 ガ広まる、ヲ広める

921 **せいげん**　ヲ制限スル　restriction／限制／제한／hạn chế

・「食べ放題」は時間に**制限**がある。　・会場が小さいので、入場者の数を**制限した**。

・この道路は速度が 40 キロに**制限されて**いる。

連 ニ__がある、ニ__を加える、__を緩める

合 食事__、年齢__、時間__、カロリー__、速度__、__速度　類 ヲ規制スル

922 **げんど**　限度　limit／限度／한도／giới hạn

・「ダイエットもいいけれど、**限度**を考えなさい。このままでは体をこわしますよ」

・がまんにも**限度**がある。ばかにされっぱなしでは黙っていられない。

・このカードは、30 万円を**限度**として、お金を借りることができる。

連 ニ__がある⇔ない　関 限界

923 **げんかい**　限界　limit; boundary／极限, 限度／한계／giới hạn

・疲労が**限界**に達した。　・今の仕事に**限界**を感じて、転職を決めた。

・「しめきりは、延ばしても 30 日が**限界**です」

連 ニ__がある⇔ない、__を越える、__に達する、
[名詞]の＋限界(・能力の**限界**、体力の**限界**、がまんの**限界**)　関 限度

924 **けんとう**　ヲ検討スル　examination, consideration／讨论, 探讨／검토／sự nghiên cứu, sự cân nhắc

・災害対策について**検討**を重ねた。　・{課題／方法…}を**検討する**。

連 ニ__を重ねる、ニ__を加える

925 **せんたく**　ヲ選択スル　choice, selection／选择／선택／sự lựa chọn

・大学では、授業を自由に**選択する**ことができる。

・仕事にやりがいが持てない。職業の**選択**を誤ったかもしれない。

連 __を誤る、__を迫る、__を迫られる、__の余地がある⇔ない

合 __科目、__授業、__肢、ヲ取捨__スル　関 ヲ選ぶ

926 **こうりょ** ヲ考慮スル consideration／考虑／고려／sự cân nhắc

・スピーチをするときは、聞き手のことも**考慮**に入れなければならない。

・「欠席すると試験は受けられませんが、やむを得ない理由の場合は**考慮します**」

連 ヲ__に入れる

927 **じゅうし** ヲ重視スル thinking a great deal of ~, take ~ seriously／重视／중시／sự coi trọng

・この仕事は経験が**重視される**。 ・車を買うときは、デザインよりも安全性を**重視している**。

対 ヲ軽視スル 類 ヲ重要視スル

928 **けんとう** 見当 estimate, guess／预测, 猜测, 判断／짐작, 예상／sự nhận định, sự đoán

・この問題はどうやって解いたらいいのか、**見当**もつかない。

・住所を見て、友だちの家はこのへんだろうと**見当**をつけた。

連 __がつく・__をつける 合 __違い、__外れ

929 **ていせい** ヲ訂正スル correction／订正, 改正／정정／sự đính chính

・間違いを**訂正する**。

合 __箇所 関 ヲ修正スル、ヲ改正スル☞673

930 **しゅうせい** ヲ修正スル revision, correction／修正, 修改／수정／sự chỉnh sửa

・{文章／デザイン／計画／軌道…}を**修正する**。

連 ニ__を加える 合 軌道__ 類 ヲ手直しスル 関 ヲ訂正スル

931 **はんこう** ガ反抗スル resisting, disobedience／反抗／반항／phản kháng

・学生は大学当局に**反抗して**団体交渉を行った。

・13歳の息子は今**反抗**期で、親と口をきかない。

合 __的な(・**反抗的な**態度をとる。)、__期

932 **ていこう** ガ抵抗スル resistance; repulsing／抵抗, 反抗; 反感; 阻力／저항／sự chống đối, ngại, trở kháng

①・彼は政府に**抵抗して**逮捕された。 ・「**抵抗して**も無駄だ。銃を捨てて出て来い」

合 __運動、__力(・体の**抵抗力**が衰えると、病気にかかりやすくなる。)

②・社長のやりかたには**抵抗**を感じる。

連 ニ__を感じる、ニ__を覚える

③・銅は電気**抵抗**が低い。

933 **さいなん** 災難 disaster; misfortune／灾难, 不幸／재난, 고생／tai họa

・洪水、山火事、農作物の不作と、村に**災難**が続いた。

・「車を電信柱にぶつけて、修理代を40万も取られたよ」「それは**災難**だったね」

連 __に遭う、__に見舞われる

934 **おせん** ヲ汚染スル contamination, pollution／污染／오염／sự ô nhiễm

・工場排水で地下水が**汚染された**。 合 大気__、水質__、放射能__、__物質

935 **がい**　ヲ害スル　harm, damage／危害, 损害／해, 해로움／nguy hại, hại

・この虫は人間に**害**を与えることはない。　・兄は働き過ぎて、健康を**害して**しまった。

連 __を与える⇔受ける　ニ__がある⇔ない　合 __虫、加__者⇔被__者、公__、有__⇔無__

936 **でんせん**　ガ伝染スル　infection; running／传染／전염／sự truyền nhiễm, sự lan truyền

・この病気は動物から人に**伝染する**。

・教室で思わずあくびをしたら、**伝染して**みんながあくびをし始めた。

合 __病、__経路　関 ガうつる

937 **たいさく**　対策　countermeasure／对策／대책／giải pháp

・少子化を止める有効な**対策**を立てる必要がある。

・新しい伝染病に対して、政府はまだ何の**対策**もとっていない。

連 __を立てる、～__をとる　合 緊急__、地震__、防災__

938 **しょち**　ヲ処置スル　measures, disposal, treatment／措施, 处理／처치, 조치, 치료／sự xử trí

・問題に対して適切な**処置**をとる。　・大きくなったペットの**処置**に困って捨てる人がいる。

・教室で倒れた人がいたが、**処置**が早くて助かった。

連 __をとる、__に困る　合 応急__　関 ヲ処理スル

939 **しょぶん**　ヲ処分スル　disposal; punishment／处理; 处分, 惩处／처분, 처벌／sự hủy bỏ, sự xử lý

①・引っ越しするとき、不用品を全部**処分した**。

合 __品、廃棄__　関 ヲ処置スル、ヲ処理スル

②・不正を行った社員が**処分された**。

連 __を受ける　合 退学__、懲戒__

940 **しょり**　ヲ処理スル　disposal, handling／处理, 处置／처리／sự giải quyết, sự xử lý

・たまった仕事をてきぱきと**処理する**。　・この問題は簡単には**処理**できない。

・コートに防水**処理**をする。

合 __能力、情報__、ごみ__（場）　関 ヲ処置スル、ヲ処分スル

コラム 19 生物 Living things／生物／생물／sinh vật

【植物】 plant ／植物／식물／ thực vật

<草>

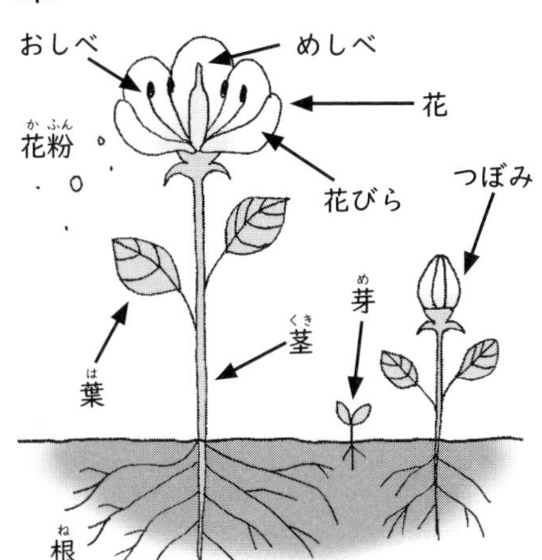

<木>

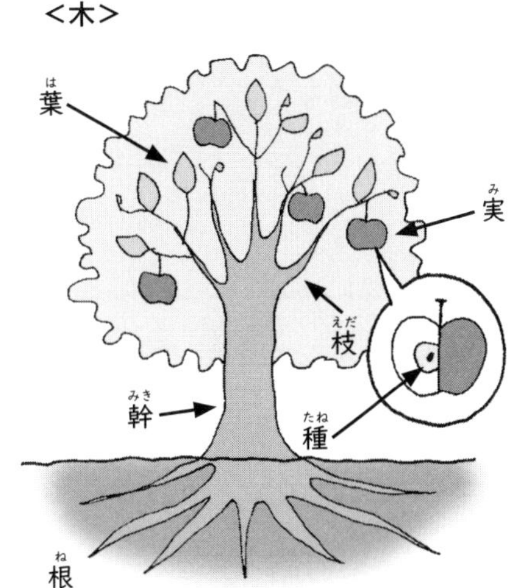

生える grow, come up ／生，长／나다 , 자라다／ mọc lên, lớn lên

育つ grow (up) ／生长，成长，发育／자라다 , 성장하다／ được nuôi lớn, lớn lên

成長する grow (up) ／生长，发育／성장하다／ trưởng thành, lớn lên

しおれる wither; be depressed ／蔫，枯萎／시들다／ khô héo, ủ rũ

しぼむ wither (away), fade ／枯萎，凋谢／시들시들해지다／ co lại

枯れる(×死ぬ) wither, die ／凋零，枯萎，枯死／시들다／ héo, chết

芽が出る・芽を出す sprout, bud/begin to sprout ／出芽・发芽／싹이 나다・싹이 트다／ nảy mầm, bắt đầu nảy mầm

つぼみが開く buds unfold ／花苞绽放／꽃봉오리가 벌어지다／ xòe nụ

枝が伸びる branches grow ／树枝长长／가지가 자라다／ cành dài ra

枝が張る branches spread out ／枝叶舒展／가지가 뻗다／ cành xòe ra

根が伸びる roots grow ／长根／뿌리가 자라다／ rễ mọc dài

根を張る take root ／扎根／뿌리를 뻗다／ rễ xòe ra

実がなる bear fruit ／结果实／열매가 열리다／ ra quả

【動物】 animal ／动物／동물

<獣>

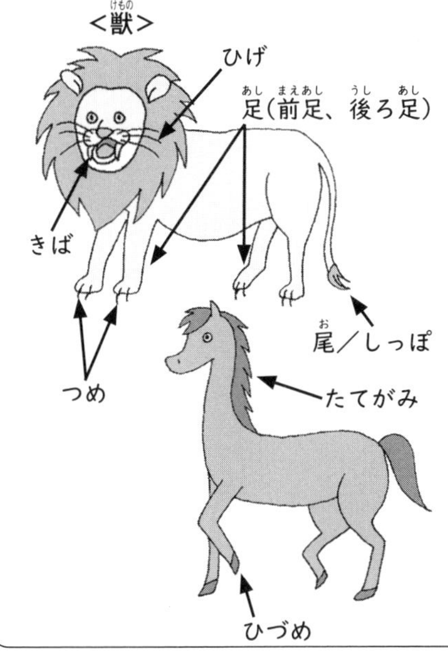

<鳥>

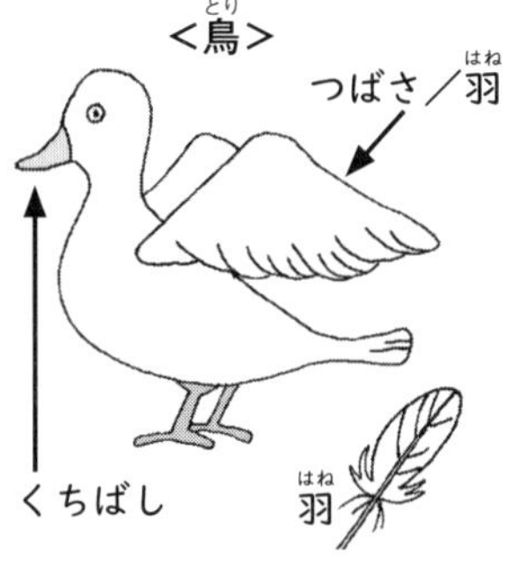

<魚>

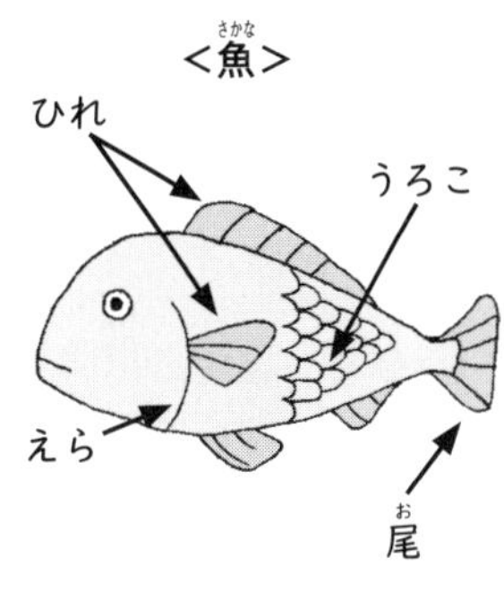

吠える bark ／吼，吼叫／짖다／ sủa

うなる growl ／吼，啸，嗥／으르렁거리다／ gầm gừ, rên rỉ

鳴く bark, meow, sing, etc. ／叫，啼，鸣叫／울다／ hót, kêu

さえずる twitter, sing ／(小鸟)鸣啭／지저귀다／ kêu rả rích

雄 male ／雄／수컷／ giống đực

雌 female ／雌／암컷／ giống cái

Unit 11 名詞D 891～940

練習問題

レベル ★★★★

Ⅰ （　）に助詞を書きなさい。

1．人のいる気配（けはい）（　）する。　2．知らないふり（　）する。

3．生きがい（　）感じる。　4．何ごと（　）も限度（　）ある。

5．親の病気（　）口実（こうじつ）（　）して学校を休んだ。

6．原料の値上がり（　）考慮（こうりょ）（　）入れて、コストを計算する。

Ⅱ 「する」が付く言葉に○を付けなさい。

分布（ぶんぷ）　普及（ふきゅう）　標準　制限　典型（てんけい）　考慮（こうりょ）　見当　害　苦情　反抗　気配（けはい）

精神　ふり　基礎（きそ）

Ⅲ 上の言葉の中から「的」が付くものを五つ選んで（　）に書きなさい。

（　）（　）（　）（　）（　）

Ⅳ 「～がいい⇔悪い」が付く言葉に○を付けなさい。

気配（けはい）　気分　行儀（ぎょうぎ）　ふり　精神　品（ひん）　姿勢　文明　発展

Ⅴ （　）に下から選んだ言葉を書いて、一つの言葉にしなさい。

1．気分（　）　2．伝染（　）　3．選択（　）

4．（　）主義　5．（　）汚染　6．（　）処置

7．（　）世代　8．（　）意義　9．（　）制限

10．（　）人物　11．（　）修正　12．（　）姿勢

応急	大気（たいき）	科目	軌道（きどう）	資本	低	転換（てんかん）	同	登場	年齢	病	有

Ⅵ 正しい言葉を〔　〕の中から一つ選びなさい。

1．姿（すがた）を〔 現す　出す　とる 〕。

2．人は見かけに〔 違わない　とらない　よらない 〕。

3．年代を〔 過ぎた　立った　経（へ）た 〕建物。

4．基準を〔 達する　届く　満たす 〕。

5．限界に〔 達する　届く　上る 〕。

6．検討を〔 誤（あやま）る　重（かさ）ねる　越える 〕。

7．災難に〔 あう　かかる　であう 〕。

8．全く見当が〔 あたらない　つかない　できない 〕。

9．対策を〔 置く　作る　とる 〕。

Ⅶ　正しい言葉を〔　　　〕の中から一つ選びなさい。

1．私のような〔　人物　人　者　〕が賞を取れたのは、皆さんのおかげです。
2．今日は晴れて暖かい。散歩にでも行きたい〔　気分　気配　〕だ。
3．あの人の話し方はとても〔　行儀　姿　品　〕がいい。
4．新入社員の前田君はいつも前向きの〔　姿勢　ふり　見かけ　〕でがんばっている。
5．となりの部屋のテレビがうるさいので、〔　苦情　口実　皮肉　〕を言いに行った。
6．人生の〔　意義　主義　精神　〕を考える。
7．我が家には3〔　世代　年代　〕が同居している。
8．「評価の〔　基礎　基準　標準　〕を教えてください」
9．今後、電気自動車はどれほど〔　発展　普及　分布　〕するだろうか。
10．食べ放題とは言っても、時間には〔　限界　限度　制限　〕があるのがふつうだ。
11．「これはひどい！　いたずらにも〔　限界　限度　制限　〕がある」
12．食品を買うときは、その安全性を〔　重視　選択　対策　〕している。
13．計画を少し〔　修正　訂正　〕する。
14．彼女のやり方には〔　抵抗　反抗　〕を覚える。
15．引っ越しのとき、古い家具は〔　処置　処分　処理　〕した。
16．ごみ〔　処置　処分　処理　〕問題は、市町村にとって頭の痛い問題だ。
17．救急車がすぐに来て、適切な〔　処置　処分　処理　〕を受けることができた。
18．事件を起こした学生は退学〔　処置　処分　処理　〕となった。

Ⅷ　(　　　)に入る言葉を下から選んで書きなさい。

1．「昨日、自転車にぶつけられて」「それは(　　　　　　)だったね」
2．「うちの父は(　　　　　　)は怖そうだけど、本当はとても優しいんです」
3．この病気は蚊によって(　　　　　　)する。
4．日本では19世紀後半に、西洋(　　　　　　)がどっと入ってきた。
5．「朝と夜はみんないっしょに食べますが、昼食は(　　　　　　)でとってください」
6．高校生のころ、親に(　　　　　　)して家出をしたことがある。
7．音楽は私の(　　　　　　)なので、練習がいやだと思ったことはない。
8．「おおきに」というのは関西の(　　　　　　)で、「ありがとう」という意味だ。
9．健康を(　　　　　　)してまで働こうとは思わない。
10．部屋は真っ暗で、人のいる(　　　　　　)は感じられなかった。
11．早く失業者を減らす(　　　　　　)を立ててもらいたい。
12．「私は犯人じゃありません。第一、私には彼を殺す(　　　　　　)がありません」

いきがい	がい	かくじ	けはい	さいなん	たいさく
でんせん	どうき	はんこう	ぶんめい	ほうげん	みかけ

73

941 **わ**　輪　loop, circle／圏／원형, 고리／vòng tròn

・日本では、親指と人差し指で**輪**を作ると、OKのサインになる。　・**輪**になって踊る。

連＿になる、＿を作る　合指＿、花＿、＿ゴム

942 **でこぼこ**　ガでこぼこスル　uneven; bumpy／凹凸不平, 坑坑洼洼／울퉁불퉁／gồ ghề

・**でこぼこ**の土地を平らにする。　・この道は**でこぼこして**いて走りにくい。

連ニ＿がある　関へこみ、出っ張り

943 **あと**　跡／痕　track, mark; sign ／痕迹; 迹象／자국, 흔적／dấu vết, sẹo, dấu hiệu

［跡］①・道路に{タイヤの／人が歩いた…}**あと**がある。

連ニ＿が残る　合足＿、城＿　関筆跡

②・あの学生は作文がうまくなった。{努力／進歩}の**あと**が見られる。

［痕］・背中に手術の**あと**が残っている。　合傷＿

944 **てま**　手間　time, trouble／工夫／품, 수고, 시간／thời gian công sức

・和食を作るのは**手間**がかかる。　・この子は**手間**のかからない育てやすい子だった。

・ノーアイロンの生地が増え、アイロンをかける**手間**が省けた。

連ニ＿がかかる・ニ＿をかける、＿が省ける・＿を省く　合＿暇、片＿、二度手間

945 **のうりつ**　能率　efficiency／效率／능률／năng suất

・仕事の**能率**を上げよう。　・3人でバラバラに仕事をするのは**能率**が悪い。

連＿がいい⇔悪い、＿が上がる・＿を上げる　合＿的な（・**能率的な**やり方）⇔非＿的な

関効率

946 **せいのう**　性能　efficiency, performance／性能／성능／tính năng

・この車はエンジンの**性能**がいい。

・今のパソコンは5年前のものと比べると、相当**性能**が高まっている。

連＿がいい⇔悪い、＿が高い、＿が高まる・＿を高める、＿が優れる　合高＿（な）

関能力☞18、機能

947 **そうさ**　ヲ操作スル　operation, handling; manipulation／操作; 修改; 篡改／조작／sự điều khiển, sự thao tác

①・{機械／ロボット…}を**操作する**。　・このおもちゃは、リモコンの**操作**で動く。

合＿ミス、遠隔＿　関ヲ運転スル、ヲ操縦スル、ヲ操る

②・遺伝子を**操作して**、新しい品種のバラを作った。

合遺伝子＿

③・この病院は、医療ミスを隠すためにカルテを**操作していた**。

948 **はっき**　ヲ発揮スル　realization, exertion／发挥／발휘／sự phát huy

・日本チームは実力を**発揮して**優勝した。　・新社長は指導力を**発揮して**会社を立て直した。

949 **ちょうてん**　頂点　vertex, top／顶点, 山顶, 最高处／꼭짓점, 정상, 절정／đỉnh

・三角形の**頂点**　・山の**頂点**に立つ。　・試合の興奮は**頂点**に達した。

・彼はついに経済界の**頂点**に立った。　・あのグループは今、人気の**頂点**にある。

連 __に立つ、__に達する、__に登りつめる　関 頂上、山頂、いただき、てっぺん

950 **しゅうへん**　周辺　circumference, around／周边, 四周／주변／xung quanh

・山火事が起こり、**周辺**の住民たちは避難した。

・大都市**周辺**の街は、多くがベッドタウンになっている。

類 周り、周囲、辺り　関 付近

951 **げんば**　現場　the scene; site, frontline／(事故等的) 现场; 作业现场／현장／hiện trường

①・交通事故の**現場**を目撃した。

合 工事__、事故__、__検証

②・役人はもっと**現場**の声を聞いてほしい。　・あの刑事は**現場**の経験が豊富だ。

952 **じょうきょう**　状況　situation, conditions／状况／상황／tình hình

・今、経済の**状況**が良くない。　・学生の生活**状況**を調査する。

合 __判断　関 状態、現状

953 **そしき**　ヲ組織スル　organization; tissue／团体组织; 结构组织／조직／tổ chức

①・ユニセフは国際連合の**組織**だ。　・新しい**組織**を作る。　・会社で労働組合を**組織する**。

連 __を立ち上げる　合 __的な、ヲ__化スル　類 機関

②・{体／内臓／神経／細胞…}の**組織**

954 **せいど**　制度　system, institution／制度／제도／chế độ

・日本に郵便の**制度**ができたのは明治時代だ。　・国民健康保険の**制度**を改める。

連 __を設ける　合 ヲ__化スル、[名詞]＋制度(・社会**制度**、教育**制度**、入試**制度**、選挙**制度**)　類 システム　関 [名詞]＋制(・税**制**、封建**制**)、体制

955 **こうせい**　ヲ構成スル　construction, composition, formation／构成／구성／bố cục, cơ cấu, cấu trúc

・論文の**構成**を考える。　・この学部は、八つの学科{から／で}**構成されて**いる。

・「家族**構成**は、祖母、両親、兄、私の５人です」

合 家族__、社会__、文章__、__要素　関 構造

956 **けいしき**　形式　form, formality／形式, 格式／형식／hình thức

・日本語で手紙を書きたいのだが、**形式**がわからない。

合 __的な(・**形式的に**頭を下げただけでは、謝罪の気持ちは伝わらないだろう。)

対 内容

74

957 **けいこう** 傾向 tendency, trend／倾向／경향／xu hướng

・最近の若者は仕事より自分の生活を重視する**傾向**がある。

・女性管理職は増える**傾向**にある。 ・ようやく景気回復の**傾向**が見えてきた。

連 ～__がある、～__にある

958 **ほうしん** 方針 policy／方针／방침／phương châm

・会社の**方針**に沿って働く。 ・将来の**方針**を定める。 ・子どもの教育**方針**を立てる。

・政府は経済政策の**方針**を誤った。 ・わが校は文武両道を**方針**としている。

連 __を立てる、__を定める、__に沿う、__を誤る、ヲ__とする

959 **てってい** ヲ徹底スル thoroughgoing, out-and-out; exhaustive／贯彻; 彻底／철저／sự triệt để

・指導を**徹底する**。 ・彼は**徹底した**無神論者だ。

・緊急時には連絡を**徹底させる**ことが重要だ。 合 徹底的な

★ ナ形 **徹底的な**

・問題を**徹底的に**検討する。 ・この事故は**徹底的な**調査が必要だ。

960 **ぶんせき** ヲ分析スル analysis／分析／분석／sự phân tích

・建物に使われている木を**分析して**、造られた年代を調べる。

・フロイトは精神**分析**で有名だ。

・作家の文章を**分析して**、言葉の使い方を調べる。

対 ヲ統合スル 関 ヲ分解スル、ヲ分類スル

961 **いじ** ヲ維持スル maintenance／维持／유지／sự duy trì

・親の家を出たら、今の生活レベルを**維持する**のは難しい。 ・平和の**維持**に努めたい。

・長距離走では、一定のスピードを**維持して**走ることが大切だ。

合 現状__ 関 ヲ保つ

962 **かんり** ヲ管理スル management, administration, control／管理／관리／sự quản lý

・私の仕事は{ビル／駐車場／公園…}の**管理**だ。

・弁護士に財産の**管理**を頼んでいる。 ・健康**管理**も仕事のうちだと思う。

合 __人、__職、__会社、品質__、健康__

963 **ゆくえ** 行方 whereabouts; future／行踪, 去向; 发展方向／행방／hành tung, tương lai

①・娘が家出した。今、**行方**を探しているところだ。 ・知人が山で**行方**不明になった。

合 __不明 関 行き先

②・試合時間が残り5分になっても、勝敗の**行方**はわからなかった。

964 **はし** 端 side; end／边缘, 端／가, 끝, 구석／lề, mép

・道の**端**を歩く。 ・ベンチの**端**に腰掛ける。

慣 端から端まで(・新聞を**端から端まで**読む。)

965 **ば** 場 place; experience, ballpark; occasion／地方; 场所; 场面／곳, 자리, 경험, 장, 장소／địa điểm, không gian, cơ hội

・山田さんは、高橋さんの申し出をその**場**で断った。　・一人になれる**場**がほしい。

・鈴木教授は最近テレビに出たり、本を書いたりと、活動の**場**を広げている。

・{公共／交流…}の**場**　・**場**の空気を読む。

連{この／その／あの}__限り　合たまり__、__違いな　関場所、状況、場面

慣足の踏み場もない、場数を踏む

966 **ぶんや** 分野 field, realm／领域, 方面／분야／lĩnh vực

・私の専門**分野**は会計学だ。　・コンピューターグラフィックスは得意**分野**だ。

・遺伝学の**分野**では高橋教授の右に出るものはいない。

合専門__、得意__　類領域　関方面、領分、範囲

967 **じゅよう** 需要 demand／需要, 需求／수요／nhu cầu

・物の値段には、**需要**と供給の関係が影響している。　・夏と冬は電力の**需要**が増える。

・最近はエコの考えから電気自動車に対する**需要**が高まっている。

連__がある⇔ない、__が増える⇔減る、__が増す、__が高まる、__を満たす　対ヲ供給スル

類ニーズ

968 **きょうきゅう** ヲ供給スル supply／供给／공급／sự cung cấp

・夏は電力の**供給**が不足しがちだ。

・このあたりの農家は関東地方全域に新鮮な野菜を**供給して**いる。

対需要

969 **ぶっし** 物資 supplies, goods／物资／물자／vật tư, vật chất

・内戦中のこの国は生活**物資**がひどく欠乏している。　・津波の被害地に救援**物資**を送る。

・経済が発展しているこの国は、**物資**が豊かだ。

連__が{豊かだ／豊富だ}、__が{不足／欠乏}している　合救援__、生活__

関品物

970 **ようと** 用途 use／用途／용도／cách dùng

・海外のスーパーには、**用途**のわからない道具がたくさん並んでいた。

・電子レンジは**用途**が広くて便利なものだ。

連__が広い　類使い道

971 **かんれん** が関連スル connection, relation／关联, 有关系／관련／sự liên quan

・この二つの事件に**関連**があるかどうか調べてみよう。

・「先ほどの黒田さんの報告に**関連して**、説明を追加させていただきます」

連ニ__がある⇔ない　合__性、__記事　関が関係スル

75

972 **しょうもう**　ガ／ヲ消耗スル　consumption; exhaustion／消耗; 劳累, 疲乏／소모／sự tiêu hao, sự tồn hao

①・最近コピーの量が増えて、紙の**消耗**が激しい。

・この車は燃費が悪いので、ガソリンの**消耗**が速い。

連 __が速い、__が激しい　合 __品　関 ヲ消費スル

②・山で遭難したときは、体力を**消耗しない**ようにじっとしていたほうがいい。

・長時間爆発物の処理をしていて、神経が**消耗した**。

973 **けっかん**　欠陥　defect, flaw／缺陷, 毛病／결함／lỗi, khiếm khuyết

・新発売の車のブレーキに**欠陥**が見つかり、回収されることになった。

※物の構造に重大な問題があるときに使う。

連 ニ__がある　合 __商品、__車　関 欠点、短所

974 **よび**　予備　spare, reserve／预备, 备件／예비／dự bị

・**予備**の電池を買っておいた。

合 __知識、__費、__校

975 **ふぞく**　ガ付属スル　attachment／附属／부속／sự trực thuộc

・大きな工場ができ、それに**付属して**保育園も作られた。

・○○大学{**付**／**附**}**属**高等学校

合 __品、__物

976 **てあて**　ヲ手当(て)スル　medical treatment; preparation; allowance／治疗; 准备, 对付的方法; 津贴／처치, 준비, 수당／sự xử lý y tế, sự hỗ trợ, phụ cấp

①・けがの**手当て**をする。

合 応急__　類 ヲ治療スル、ヲ処置スル

②・店を作る資金の**手当て**はできた。　・原材料を**手当てする**。

関 ヲ準備スル

③・給料には基本給以外にさまざまな**手当**が付く。

※③は慣用的に「手当」と書く。　合 通勤__、住宅__、家族__

977 **もと**　元　original position, origin; cause; once, ex-; main／原处; 原因, 根源; 以前; 出所／원래, 원인, 이전, 전직, 근본／chỗ cũ, nguyên nhân, vốn là, nguyên, trước đây, nguồn

①・「使ったものは**元**に戻しておいてください」

②・父は酒が**もと**で病気になってしまった。　・失敗は成功の**元**。

・**元**はと言えば、私がつまらない冗談を言ったことがけんかの原因だ。

③・このあたりは、**元**は海だった。　・**元**市長の前田氏が亡くなったそうだ。

副 もと(・ふるさとに帰っても、**もと**住んでいた家はもうない。)

類 元々☞1155

④・ガスの**元**栓を締める。　・火事の火**元**は台所だとニュースで言っていた。

合 手__、足__

978 **めん　面**　mask; plane, surface; aspect／假面; 面, 表面; 方面／가면, 표면, 지면, 부분 ／mặt nạ, bề mặt, mặt

①・この踊りは**面**を着けて踊る。
類 仮面

②・さいころは六つの**面**から成る。　・ボールが顔**面**に当たってしまった。
合 {海／水／月／地…}面　、新聞の{第一／社会…}面　関 点、線

③・予算の**面**から考えると、この計画を実現するのは難しい。
・私はいつも、人の良い**面**を見るようにしている。　・その考え方は一**面**的すぎる。
関 点

979 **せつ　説**　theory, opinion／学说, 见解／설, 학설, 의견／thuyết, quan điểm

・人類はアフリカから始まったという**説**がある。
・インフルエンザワクチンについては、有効かどうかで**説**が分かれている。
連 ～__を立てる、__が分かれる
合 学__、定__、仮__、[名詞]＋説(・地球滅亡**説**、人類アフリカ起源**説**)

980 **さ　差**　gap, difference; remainder／差别, 差距; 差, 差数／차, 차이 ／sự chênh lệch, sự khác biệt

①・テストの結果は、どの学生もほとんど**差**がなかった。
・国民の貧富の**差**が広がっている。
・マラソンで、２位以下に大きな**差**をつけて優勝した。
連 __がある⇔ない、__が大きい⇔小さい、__がつく・__をつける、__が広がる・__を広げる、__が縮まる・__を縮める、__が出る
合 [名詞]＋差(・男女**差**、年齢**差**、地域**差**)、格__、__異、大__　関 違い、相違

②・引き算で**差**を出す。　・100から80を引くと、**差**は20だ。
連 __が出る・__を出す、__が大きい⇔小さい　合 __額、誤__　対 和

981 **ま　間**　time; -mat room／时间; 房间／사이, 동안, 시기, 방, 방을 세는 단위／thời gian, phòng

①・私は来日してまだ**間**がない。　・楽しい時間はあっという**間**に時間が過ぎてしまう。
連 __がある⇔ない　慣 あっという間(に)

②・友だちを訪ねて行ったが、**間**が悪く旅行に出た後だった。
連 __がいい⇔悪い　類 タイミング

③・私は６畳**間**に住んでいる。　・彼のうちは６**間**もある。
関 居間、客間

982 **ぶん　分**　share; condition; ingredient／份儿; 情形, 样子; 成分／몫, 상태, 성분／phần, tình hình, lượng

①・お菓子を、弟の**分**まで食べてしまって怒られた。　・病院で５日**分**の薬をもらった。

②・最近成績が伸びている。この**分**なら合格できそうだ。
関 調子

③・塩**分**を減らすよう、医者に言われた。　・{糖／水／アルコール…}**分**

983 **すじ**　**筋**　plot; reason; sinew; string ; source／情节, 梗概; 道理, 条理; 肌肉; 行, 条, 道; 某方面／줄거리, 조리, 힘줄, 줄기, 관계자, 소식통／cốt, ý chính, cơ bắp, dòng, nguồn

①・昔読んだ小説の**筋**を忘れてしまった。
　合 あら＿、＿書き、本＿（・話が**本筋**からそれる。　・話を**本筋**に戻す。）

②・彼の話は、いつも**筋**が通っている。　・あの人は、**筋**の通らないことは決してしない。
　連 ＿が通る・＿を通す　合 ＿違い、大＿、＿道、＿合い（・何の関係もないあなたにそんなことを言われる**筋合い**はない。）

③・この肉は**筋**だらけで固い。　・テニスのやりすぎで腕の**筋**を痛めた。

④・涙がひと**すじ**流れた。　・父は営業ひと**筋**に働いてきた。

⑤・この話は信頼できる**筋**から聞いたから間違いない。
　・ある**筋**の情報によると、大統領の暗殺計画があったそうだ。
　合 関係＿、情報＿、政府＿、消息＿

984 **よゆう**　**余裕**　(money/time) to spare; wiggle room, allowance／(经济、空间、时间等的) 富裕; (精神上的) 充裕／여유／sự dư dả (về tiền, thời gian, không gian), sự thoải mái

①・車を買い替えたいが、その**余裕**はない。　・時間の**余裕**を見て、30分前に家を出た。
　・最近忙しすぎる。もっと**余裕**のある生活がしたい。
　・部屋が狭いので、ベッドを置く**余裕**はない。
　連 ＿がある⇔ない　類 ゆとり

②・「試験の前に遊びに行くなんて、**余裕**だね」　・**余裕**たっぷりの態度

985 **ふたん**　ヲ**負担**スル　sharing, burden／承担, 负担／부담／sự chi trả, gánh nặng

・「送料は当社**負担**とします」　・高速道路建設の費用は、国と地方が半分ずつ**負担する**。
・両親を一人で介護するのは**負担**が重い。
連 ＿が重い⇔軽い、＿が大きい⇔小さい、＿になる　関 ヲ負う☞1057

986 **ほしょう**　ヲ**保証**スル　warranty, guarantee／保修; 保证／보증／sự bảo hành, sự đảm bảo

①・この商品には1年間の**保証**が付いている。

②・彼は社長の息子なので、将来社長の地位が**保証されて**いる。
　・この仕事が成功する**保証**はない。
　・友人が大家さんに私がまじめなことを**保証して**くれたので、アパートを借りることができた。

連 ①②＿がある⇔ない　合 ①＿人、＿金、＿書、＿期間

987 **さいそく**　ヲ**催促**スル　prod, remind／催讨, 催促／재촉／sự thúc giục

・貸した金を返すよう、**催促**の電話をかけた。
・雑誌に載せる原稿を何度も**催促されて**いるが、なかなか書けない。　連 ＿を受ける

988 **せいりつ**　ガ**成立**スル　formation, passage／成立／성립／sự hình thành, sự xác lập

・{国家／法律／予算／条約／契約／取引／商談…}が**成立する**。
対 不＿（・新法案は、結局**不成立**になった。）

989 **むじゅん**　　ガ矛盾スル　　contradiction／不一致, 矛盾／모순／sự mâu thuẫn

・田中さんは言っていることとしていることが**矛盾している**。
・論文を書くときは、論理に**矛盾**があってはならない。
　連ニ__がある⇔ない

990 **そんざい**　　ガ存在スル　　existence; being／在, 存在／존재／sự tồn tại

①・世界には UFO の**存在**を信じる人が多くいる。
②・彼女はクラスの中では目立たない**存在**だ。　・初代の社長は、偉大な**存在**だった。
　合__感(・あの人は個性が強くてとても**存在感**がある。)

コラム 20 環境問題

Environmental problems／环境问题／환경 문제／vấn đề môi trường

地球温暖化	global warming／全球变暖／지구 온난화／sự nóng lên của trái đất
温室効果ガス	greenhouse gas／温室效应气体／온실 효과 가스／khí hiệu ứng nhà kính
CO_2／二酸化炭素	carbon dioxide／二氧化碳／이산화탄소／cácbonníc
オゾンホール	ozone hole／臭氧洞／오존홀／lỗ thủng tầng ozon
フロンガス	chlorofluorocarbon ／氟利昂／프론 가스, 프레온 가스／khí freon, khí CFC
紫外線	ultraviolet rays／紫外线／자외선／tia tử ngoại
海面上昇	rise in sea level／海面上升／해면 상승／sự dâng lên của mực nước biển
異常気象	abnormal weather／异常气象, 反常气象／기상 이변, 이상 기후／khí hậu bất thường
冷夏	cool summer／冷夏／냉하, 서늘한 여름／mùa hè mát
暖冬	warm winter／暖冬／춥지 않은 겨울／mùa đông ấm
砂漠化	desertification／沙漠化／사막화／sa mạc hóa
酸性雨	acid rain／酸雨／산성비／mưa axit
森林破壊	deforestation／森林破坏／삼림 파괴／chặt phá rừng
食糧危機	food shortage [crisis]／粮食危机／식량 위기／nguy cơ đói
ごみ問題	waste problem／垃圾问题／쓰레기 문제／vấn đề rác thải
ごみ分別	separate collection of trash／垃圾的分类／쓰레기 분리 (수거)／phân loại rác
公害	environmental pollution／公害／공해／ô nhiễm môi trường
大気汚染	air pollution／大气污染／대기 오염／ô nhiễm không khí
スモッグ／光化学スモッグ	smog/photochemical smog／烟雾, 烟尘/光化学烟雾／스모그/광화학 스모그／sương mù, sương mù quang hóa
環境ホルモン	endocrine disruptor／环境激素／환경 호르몬／chất gây rối loạn nội tiết
排気ガス	exhaust gas／(汽车) 废气, 尾气／배기가스／khí thải
水質汚濁	water pollution／水质污染／수질 오탁, 수질 오염／ô nhiễm nước
工業廃水	industrial wastewater／工业污水／공업 폐수／nước thải công nghiệp
土壌汚染	soil pollution／土壤污染／토양 오염／ô nhiễm đất
地盤沈下	subsidence／地面沉降; 地表下沉／지반 침하／lún nền đất
騒音	noise／噪音／소음／tiếng ồn
異臭	stench, offensive smell／异臭, 怪味／이취, 이상한 냄새／mùi lạ
リサイクル	recycling／(废品) 再利用, 回收／재활용, 리사이클／tái chế
エコロジー (→エコ)	ecology／生态学, 环保意识／에코, 친환경／sinh thái học
環境保護	environmental protection／环境保护, 环保／환경 보호／bảo vệ môi trường
自然保護	preservation of nature／保护自然环境／자연 보호／bảo vệ thiên nhiên

Unit 11 名詞D 941 ～ 990

練習問題

レベル ★★★★

Ⅰ　(　　)に助詞を書きなさい。

1．酒(　　)元(　　)病気になった。
2．彼らは今、人気の頂点(　　)ある。
3．あの人は失敗を人のせいにする傾向(　　)ある。
4．今は円高のため、輸入が増える傾向(　　)ある。
5．この二つの事件(　　)は関連(　　)ある。
6．大学の医学部(　　)付属して、病院が作られた。
7．我が家では、子ども(　　)ぜいたくをさせないこと(　　)方針(　　／　　)している。

Ⅱ　「する」が付く言葉に○を付けなさい。

手当　手間　でこぼこ　元　組織　制度　能率　操作　構成　形式
維持　徹底　方針　需要　供給　消耗　欠陥　関連　用途　余裕
負担　保証　矛盾　存在

Ⅲ　上の言葉の中から「的」が付くものを四つ選んで(　　)に書きなさい。

(　　　　)(　　　　)(　　　　)(　　　　)

Ⅳ　「～がある⇔ない」が付く言葉に○を付けなさい。

差　間　手間　性能　需要　関連　成立　余裕　矛盾　存在

Ⅴ　(　　)に下から選んだ言葉を書いて、一つの言葉にしなさい。

A

1．行方(　　)　2．欠陥(　　)　3．予備(　　)　4．関連(　　)
5．消耗(　　)　6．状況(　　)　7．元(　　)　8．保証(　　)

記事　書　商品　せん　知識　判断　品　不明

B

1．(　　)構成　2．(　　)現場　3．(　　)管理　4．(　　)分野
5．(　　)維持　6．(　　)手当　7．(　　)物資　8．(　　)跡

足　援助　応急　家族　健康　現状　工事　得意

Ⅵ　正しい言葉を〔　　〕の中から一つ選びなさい。

1．能率が〔　上がる　強まる　〕。　2．手間を〔　使う　払う　省く　〕。
3．用途が〔　明るい　大きい　広い　〕。　4．差を〔　作る　つける　設ける　〕。
5．筋の〔　ない　通らない　まっすぐでない　〕ことはしたくない。

Ⅶ　正しい言葉を〔　　　〕の中から一つ選びなさい。

1．私は日本へ来てまだ〔　あいだ　ま　〕がない。
2．公共の〔　現場　場　〕では、自分勝手な行動は許されない。
3．このやり方は〔　性能　能率　〕が悪い。
4．第二次世界大戦後、新しい教育〔　制度　組織　〕ができた。
5．ビルの〔　維持　管理　〕は専門の業者に頼んでいる。
6．〔　供給　需要　〕が不足すると、物の値段が上がる。
7．さまざまな条件を話し合い、ようやく契約が〔　成立　保証　存在　〕した。

Ⅷ　(　　　)に入る言葉を下から選んで書きなさい。

A

1．「これは私の(　　　　　)だから、食べないでね」
2．今住んでいるアパートは8畳ひと(　　　　　)だ。
3．この料理は作るのに(　　　　　)がかかる。
4．そのニュースは新聞の第一(　　　　　)に載っていた。
5．「皆さん、(　　　　　)になって手をつないでください」
6．「足(　　　　　)にご注意ください」
7．いなくなった父の(　　　　　)を探している。
8．その本を読んだことはないが、あら(　　　　　)は知っている。
9．ピラミッド建設の理由に関しては、いろいろな(　　　　　)がある。
10．この写真の右(　　　　　)に写っているのが兄だ。

すじ　　せつ　　てま　　はし　　ぶん　　ま　　めん　　もと　　ゆくえ　　わ

B

1．機械をリモコンで(　　　　　)する。　　2．南極の氷を(　　　　　)する。
3．暑さで体力を(　　　　　)する。　　4．指導力を(　　　　　)する。
5．ビジネスメールにはそれなりの(　　　　　)がある。
6．町の(　　　　　)には畑が広がっている。
7．新しい経営(　　　　　)を、全社員に(　　　　　)させたい。
8．若い夫婦にとって、教育費の(　　　　　)は大きい。
9．出版社から、原稿の(　　　　　)の電話がかかってきた。

けいしき　　さいそく　　しゅうへん　　しょうもう　　そうさ てってい　　はっき　　ふたん　　ぶんせき　　ほうしん

Unit 11 名詞D 確認問題 891 ～ 990

レベル ★★★★

Ⅰ （　　）に入れるのに最もよいものを、a・b・c・dから一つ選びなさい。

1．せっかく留学しているのだから、（　　）意義な１年にしたい。

a　高　　b　優　　c　良　　d　有

2．この新商品は今までのものより（　　）品質だ。

a　高　　b　優　　c　良　　d　有

Ⅱ （　　）に入れるのに最もよいものを、a・b・c・dから一つ選びなさい。

1．「花子、外ではもっとお（　　）よくしなさい」

a　姿勢　　b　行儀　　c　品　　d　見かけ

2．うちの会社は社長も替わり、（　　）交代が進んでいる。

a　年　　b　時代　　c　世代　　d　世帯

3．スポーツでも語学でも、まず（　　）を身につけることが大切だ。

a　基礎　　b　標準　　c　動機　　d　典型

4．この植物は東南アジアに広く（　　）している。

a　普及　　b　発展　　c　成長　　d　分布

5．原子力発電所の事故により、広い土地が放射能に（　　）された。

a　災害　　b　公害　　c　汚染　　d　伝染

6．手続きの締め切りは10日ですが、やむを得ない事情があるときは（　　）します。

a　議論　　b　考慮　　c　重視　　d　訂正

7．雨はもう３日も降り続いているが、いまだにやむ（　　）が見えない。

a　傾向　　b　予測　　c　気配　　d　状況

Ⅲ ＿＿＿＿の言葉に意味が最も近いものを、a・b・c・dから一つ選びなさい。

1．「入場券は<u>各自</u>お持ちください」

a　一つ一つ　　b　それぞれ　　c　そろえて　　d　人々

2．駅の<u>周辺</u>にデパートやスーパーが次々にできた。

a　中　　b　裏　　c　正面　　d　まわり

3．この<u>分野</u>の専門家はまだ少ない。

a　方面　　b　学問　　c　場面　　d　方向

4．最近忙しすぎる。もう少し<u>余裕</u>のある生活をしたい。

a　ゆとり　　b　あまり　　c　生きがい　　d　平和

5．この機械には幅広い<u>用途</u>がある。

a　需要　　b　消費　　c　使い道　　d　直し方

Ⅳ　次の言葉の使い方として最もよいものを、ａ・ｂ・ｃ・ｄから一つ選びなさい。

1．限界

a　このあたりは自然保護のため、車の通行が限界されている。

b　「私にわかる限界でお答えします」

c　銀行から限界いっぱい借りて、家を建てた。

d　上野選手は体力の限界を感じ、引退を決意したそうだ。

2．処理

a　このトラブルを処理するのは簡単ではない。

b　引っ越しのとき、かなりの本を処理した。

c　何らかの処理をしないと、少子高齢化はますます進むだろう。

d　ひどい頭痛で病院に行ったら、痛み止めの薬を処理された。

3．気分

a　「鈴木さんはとても気分のいい方ですね」

b　「わあ、気分の悪い虫！」

c　髪型を変えたら、気分も変わった。

d　今日は暖かく、春の気分が感じられる。

4．負担

a　税金を負担することは国民の義務だ。

b　「この仕事はみんなで負担してやろう」

c　「これ、旅行のおみやげ。負担を感じないで」

d　太りすぎるとひざに負担がかかって良くない。

5．場

a　テレビドラマを見ていたら、いい場で電話がかかってきた。

b　面接で準備していないことを聞かれたら、その場で考えるしかない。

c　「お忙しい場をおじゃまして、申し訳ありませんでした」

d　部下のミスのせいで、部長は今、苦しい場に立たされている。

Unit 12 動詞C　991 〜 1090

レベル ★★★★

77

991 **あむ**　ヲ編む　knit／编, 织／뜨다, 엮다, 땋다／đan

・{毛糸でセーターを／竹でかごを}**編む**。　・髪を**編む**。

合 編み物、三つ編み

992 **ぬう**　ヲ縫う　sew; sew up; during a brief break in ～／缝, 缝纫; 手术缝合; 利用余暇／깁다, 꿰매다, 누비다／khâu, vá, tranh thủ

①・ぞうきんを**縫う**。　・破れたところを**縫う**。

②・けがで５針**ぬった**。

③・授業の合間を**縫って**、サッカーの練習をする。

連 合間を＿

993 **さす**　ヲ指す　indicate; point at; call on; refer to; move, play／指, 指示; 向, 往; 指名; 指……意思; (象棋) 下, 走／가리키다, 향하다, 지적하다, 두다／chỉ, nhắc nhở, thể hiện, chơi

①・時計の針が12時を**指している**。　・駅の方向を指で**指して**教えてあげた。

合 ヲ指さす、ヲ指し示す

②・山頂を**指して**キャンプを出発した。

合 ヲ目指す☞209

③・授業で何回か先生に**指された**。

類 ヲ指名する

④・「青少年」とは、一般に10代半ばから20代半ばの男女を**指す**。

・「この文の『それ』は、前の文章の何を**指して**いますか」

類 ヲ示す、ヲ指示する☞615

⑤・将棋を**指す**。

994 **しめす**　ヲ示す　show; express; indicate, represent; point／出示; 表示; 显示; 指示／보이다, 가리키다／đưa ra, nêu, thể hiện, chỉ

①・このビルに入るには身分証を**示さなければ**ならない。

・数字を**示し**ながらプレゼンテーションをした。　・親が子どもに手本を**示す**。

名 示し→＿がつく⇔つかない(・上司が仕事を怠けていては、部下に**示しがつかない**。)

②・彼は新しいことにはすぐ関心を**示す**。　・試合で実力を**示す**。　・何の反応も**示さない**。

・相手に{熱意／決意／誠意…}を**示す**。　・気持ちを態度{で／に}**示す**。

類①②ヲ見せる

③・最近の異常な暑さは、地球温暖化が進んでいることを**示している**。

類 ヲ表す

④・方向を手で**示して**教える。

合 ヲ指し＿　類 ヲ指す

995 **そそぐ**　　ガ／ヲ注ぐ　　flow into; shine into; pour; concentrate (on)／流进，注入；(阳光) 照射；倒，灌；倾注／흘러가다, 쏟아지다, 붓다, 쏟다／đổ, chiếu, dốc, dồn

自

①・この川は太平洋に**注いで**いる。

②・太陽の光がさんさんと降り**注いで**いる。

合 ガ降り＿

他

①・湯のみにお茶を**注ぐ**。

関 ヲつぐ☞126　　慣 火に油を注ぐ

②・新しい仕事に{力／全力…}を**注いで**いる。　・子どもに愛情をたっぷり**注いで**育てた。

996 **すすぐ**　　ヲすすぐ　　rinse／洗濯，漱口／헹구다, 입을 가시다／tráng

・洗剤で洗った洗濯物を水で**すすぐ**。　・歯をみがいて口を**すすぐ**。

名 すすぎ　　類 ヲゆすぐ

997 **さわる**　　ガ／ヲ触る　　touch／触，碰；摸／손을 대다, 닿다, 만지다／sờ, chạm

・切れた電線に**触る**と危ない。　・「汚れた手で目や口を**触らない**ようにしましょう」

・海で泳いでいたら、何か柔らかいものが足に**触った**。

※意志的な場合に多く使う。

合 手触り→＿がいい⇔悪い（・このスカーフはシルク製で**手触り**がいい。）

類 ガ／ヲ触れる

998 **ふれる**　　ガ／ヲ触れる　　touch; mention; perceive; violate／触，摸，碰；触及；看到，触动；触犯／대다, 닿다, 언급하다, 눈에 띄다, 저촉되다／sờ, chạm, đề cập, nhìn thấy, vi phạm

①・「展示品にお手を**触れないで**ください」　・暗闇の中で何かが足に**触れた**。

・道で肩が**触れた**だけで、相手ににらまれた。

連 ニ手を＿　　類 ガ／ヲ触る

②・この件には**触れないで**おこう。

類 ガ言及する

③・初めての海外旅行で、目に**触れる**もの全てが新鮮だった。　慣 目に触れる

④・放置自転車を持って帰るのは法に**触れる**。

999 **いだく**　　ヲ抱く　　cherish, hold; hold ~ in one's arms; embrace／怀有，怀抱；抱；环绕／품다, 안다, 둘러싸다／ấp ủ, ôm

①・私は大きな夢を**抱いて**留学した。

・{希望／あこがれ／望み／不安／恨み…}を**抱く**。

類 ヲ持つ　　※「抱く」の方が硬い言葉。

②・赤ん坊は母の胸に**抱かれて**すやすやと眠っていた。　・山々に**抱かれた**村

※文学的な言葉。　　類 ヲ抱く

1000 **かかえる** ヲ抱える　carry; have ~ on one's hands／抱; 承担, 负担／끼다, 감싸다, 맡다, 지다／mang, có

①・その人は腕に大きな荷物を**抱えて**いた。

慣 頭を抱える(・どうしたらいいかわからず、私は頭を**抱えた**。)

②・彼女は夫を亡くし、３人の子どもを**抱えて**必死に働いた。

・彼は今、仕事上の問題を**抱えて**いる。

1001 **かつぐ** ヲ担ぐ　carry (on one's shoulder); believe in (superstitions)／扛, 担; 讨吉利／메다, 짊어지다／gánh, mê tín

①・荷物を肩に**担ぐ**。　・(お)みこしを**担ぐ**。

②・縁起を**かつぐ**。

1002 **はがす** ヲ剥がす　peel／剥下, 揭下／떼다, 벗기다／bóc

・プレゼント用に買ったクッキーの値札を**はがす**。

・掲示板に貼ってある古いポスターを**はがして**新しいものを貼った。

類 ヲ剥ぐ(・狩りで撃った獲物の皮を**はぐ**。)

1003 **えがく** ヲ描く　draw, paint; describe; imagine／画; 描写; 描绘／그리다, 묘사하다／vẽ, miêu tả, mơ

①・この画家はよく街の風景を**描く**。

②・この小説は若者の心の動きを細かく**描いて**いる。

類 ①②ヲ描写する

③・子どものころは、有名になることを夢に**描いて**いた。

1004 **くだける** ガ砕ける　be broken; informal, plain／破碎, 粉碎; 随便, 非正式／부서지다, 허물없어지다／vỡ, suồng sã

①・落ちたカップがこなごなに**砕けた**。

関 ガ割れる、ガ壊れる

②・改まった場では、**くだけた**言葉遣いはしない方がいい。

・**くだけた**{言葉／表現／態度…}

1005 **くだく** ヲ砕く　break, crush／打碎, 弄碎, 使破碎／부수다, 꺾다, 쉽게 풀어서 이야기하다／đập vỡ

・氷を小さく**砕いて**グラスに入れる。　・{夢／希望／野望}が打ち**くだかれた**。

合 ヲ打ち__、ヲかみ__(・木の実を**かみくだく**。　・難しい内容を**かみくだいて**説明する。)

関 ヲ割る、ヲ壊す

1006 **ふさがる** ガふさがる　be blocked; be occupied; close up／堵, 塞; 占满, 占用; 愈合／막히다, 가득 차다, 닫히다／bị chặn, bận, kín

①・荷物で戸口が**ふさがって**いる。　・車が横転して道が**ふさがって**しまった。

②・午後は会議室は**ふさがって**いる。　・「両手が**ふさがって**いるのでドアを開けてください」

・「今、手が**ふさがって**いるので、用事は後にしてください」

対 ガ空く

③・ようやく傷が**ふさがった**。

慣 開いた口がふさがらない(・彼の言動には**開いた口がふさがらない**。)

1007 **ふさぐ** ガ／ヲふさぐ stuff up; block; occupy; be depressed ／堵上, 塞上; 挡住, 拦住; 占满; 郁闷／막다, 가로막다, 자리를 차지하다, 우울해지다／lấp, chắn, bịt, phủ kín, u ám

他 ①・道路の穴をセメントで**ふさぐ**。 対 ヲ空ける

②・台風で倒れた大木が道を**ふさいだ**。 ・彼女は注意されると耳を**ふさいで**しまう。

・荷物を持った学生の集団が電車のドアを**ふさいで**いた。

③・教科書やプリントが机の上を**ふさいで**いる。

自 ・雨が続いているせいか、気分が**ふさいで**元気が出ない。

合 がふさぎ込む

1008 **さける** ガ／ヲ避ける avoid, keep away from; (avoid)／避, 避开, 回避／피하다, 삼가다／tránh

自 ①・水たまりを**避けて**歩いた。 ・夏の日ざしを**避ける**ために日がさをさした。

類 ガよける

②・渋滞を**避けて**回り道をした。 ・彼女は最近私を**避けて**いる。

・この問題は、**避けて**通ることはできない。 ・{危険／争い／混乱…}を**避ける**。

慣 人目を避ける

他 ・「この食品は冷凍を**避けて**ください」 ・社長は、辞任については明言を**避けた**。

1009 **よける** ガ／ヲよける avoid; put aside／闪, 躲, 避开／피하다, 비키다／tránh, dẹp

自 ①・飛んでくるボールを**よけよう**として転んでしまった。

・向こうから来る車を**よける**ため、道の端に寄った。

類 ヲかわす

②・水たまりを**よけ**ながら歩いた。

類 ガ避ける

他 ・「後でまとめて捨てますから、いらない物を脇に**よけて**おいてください」

類 ヲどける☞119

1010 **それる** ガそれる digress, miss／偏离轨道, 偏向一边, (话) 跑题／빠지다, 빗나가다／chệch, lệch

・台風の進路が北に**それた**。 ・話が**それる**。 ・大通りから脇道に**それる**。 ・道を**それる**。

・矢が的を**それる**。

類 ガ外れる

1011 **そらす** ヲそらす divert; turn (one's eyes) away／离开轨道, 转移 (话题、视线、注意力等) ／돌리다, 빗나가게 하다／đi lạc, chuyển hướng, phân tán

①・「話を**そらさないで**ちゃんと答えてください」 ・台風が進路を北に**そらした**。

類 ヲ外す

②・じっと見つめると、彼は私から目を**そらした**。

・親は遊んでいる小さな子どもから注意を**そらして**はいけない。

・政府は外交政策によって国民の政治への批判を**そらした**。

1012 **みつめる** ヲ見つめる gaze at; face／注视, 凝视, 盯住／응시하다, 직시하다／nhìn chằm chằm, soi

①・子どもは母親の写真をじっと**見つめて**いた。 ・選手はゴールを**見つめて**いた。

類 ヲ凝視する

②・現実を**見つめる**と、社会の問題点が現れてくる。 ・自分を**見つめ**直してみよう。

類 ヲ直視する

1013 **ながめる** ヲ眺める look at, watch／眺望／물끄러미 보다, 조망하다／nhìn ngắm

・母はベンチに座って、子どもが遊んでいるのをじっと**眺めて**いた。 ・景色を**眺める**。

名 眺め(・ここからの**眺め**はすばらしい。)

1014 **みあわせる** ヲ見合わせる look at each other; be postponed, be canceled／互相看; 作罢, 暂停／마주 보다, 보류하다／nhìn nhau, hoãn

①・不思議な現象を見て、二人は顔を**見合わせた**。

②・大雨になりそうなので、遠足は**見合わせる**ことになった。

・「台風の影響で、列車は全線運航を**見合わせて**おります」

関 ヲ中止する 名 見合わせ

1015 **みおくる** ヲ見送る see ~ off; let go; shelve; lose (someone) (because of his death)／送行; 放过; 暂缓考虑; 送葬／배웅하다, 그냥 보내다, 보류하다, 죽을 때까지 돌보다／tiễn, bỏ qua, từ bỏ, mất

①・客を玄関まで**見送った**。 ・留学する友人を空港で盛大に**見送った**。

②・通勤時でも電車を2台**見送れば**だいたい座れる。 関 ガ／ヲパスする☞491

③・政府は野党の激しい反対にあい、新法案の採択を**見送る**ことにした。

名 ①～③見送り

④・「私は、18歳で父を、22歳で母を**見送り**、現在一人です」

1016 **おとずれる** ガ／ヲ訪れる come, visit／到来, 来临; 访问, 拜访／찾아오다, 방문하다／đến, thăm

自 ・北国にもようやく春が**訪れた**。 類 ガ来る 名 訪れ

他 ・毎年、大勢の観光客が京都を**訪れる**。 ・取引先を**訪れる**。 類 ヲ訪問する

1017 **ひきかえす** ガ引き返す go back／返回, 折回, 走回头路／되돌아가다, 제자리에 되돌리다／quay về, lấy lại

①・定期を忘れたのに気づいて、うちに**引き返した**。

②・ダム建設には100億円以上使っている。いまさら**引き返せない**。

類 ①②ガ戻る☞203

1018 **さる** ガ去る pass; last ~／离开; 过去／지나가다, 떠나다／đi qua, từ bỏ, vừa qua

①・冬が**去って**春になった。 ・{台風／危険…}が**去る**。

・{職場／親の元／社長の地位…}を**去る**。

合 ガ立ち__、ガ走り__、ガ逃げ__、ガ消え__、ヲ消し__、ヲ取り__、ヲ捨て__ 慣 世を去る

※複合動詞「～去る」(他動詞)の場合は「なくす」の意味になる。

(・ヲ消し**去る**、ヲ取り**去る**、ヲ捨て**去る**…)

②・**去る**9月10日、臨時国会が開かれた。

対 来る

1019 **すする**　　ヲすする　　slurp; sniffle／小口喝, 啜饮; 抽（鼻涕等）／후루룩거리며 마시다, 훌쩍이다／húp, sụt sịt

①・そばを音をたてて**すする**。　・{お茶／汁…}を**すする**。

②・{鼻／鼻水}を**すする**。

1020 **あじわう**　　ヲ味わう　　taste, enjoy; appreciate, experience／尝, 品味; 体验, 经历／맛보다, 겪다／thưởng thức, tận hưởng, gặm nhấm

①・久しぶりにふるさとの料理をゆっくり**味わう**ことができた。

②・{快感／苦しみ／悲しみ…}を**味わう**。

・忙しくて旅行に行けないので、ガイドブックを見て旅行気分を**味わっている**。

名 味わい→__がある⇔ない（・この歌にはしみじみとした**味わいがある**。）

1021 **におう**　　が匂う　　smell／发出气味／향내가 나다／bốc mùi

①・生ゴミが**におう**。　・バラの花が部屋中に**におっている**。

関 が香る

②・この事件は何か**におう**。

関 怪しい☞863

名 ①②匂い（・いい**におい**がする。）　※悪いにおいの場合は「臭」の字も使う。

1022 **うえる**　　が飢える　　starve; be hungry for ～／饥饿; 渴望／굶주리다／đói, thiếu thốn

①・戦争中は食べ物がなく、皆が**飢えて**いた。

合 が飢え死にスル

②・あの子は母親の愛情に**飢えて**いる。

名 ①②飢え

1023 **とう**　　ニ＋ヲ問う　　ask about; charge; require; matter, be called into question／询问; 追究, 问罪; 不成问题; 需要, 当作问题／묻다, 추궁하다, 문제 삼다／hỏi, yêu cầu, đòi hỏi

①・あんなことを言った彼の本心を**問いたい**。　・{真意／安否／民意…}を**問う**。

※「聞く・尋ねる」より硬く文章語的。テ形・タ形は「問うて・問うた」。

合 ニ＋ヲ問いかける、ニ＋ヲ問い合わせる、問い合わせ

類 ニ＋ヲ聞く、ニ＋ヲ尋ねる、ニ＋ヲ質問する

名 問い

②・党首に選挙で負けた責任を**問う**。　・彼は殺人の罪に**問われた**。

類 ヲ追及する

③・この仕事は、年齢・性別・学歴を**問わない**。

※否定の形で使う。

④・政策の実施には、首相の指導力が**問われる**。　・{真価／手腕／実力…}が**問われる**。

※受身形で使う。

1024 **かたる**　　ヲ語る　　talk, tell／谈, 讲, 讲述／말하다／kể về

・被害者が事件の状況を**語った**。　・おばあさんは孫に昔話を**語って**聞かせた。

・{夢／抱負／経験…}を**語る**。

名 語り

1025 **ちかう**　ニ＋ヲ誓う　swear／发誓, 立誓, 宣誓／맹세하다, 서약하다／thề

・将来は必ず医者になって病気の人を救おうと心に**誓った**。　・{神／親／自分…}に**誓う**。

・〈スポーツの選手宣誓〉「正々堂々と戦うことを**誓います**」　・彼と彼女は将来を**誓った**仲だ。

連 将来を＿、心に＿　関 ヲ宣誓する　名 誓い→＿を立てる

1026 **ささえる**　ヲ支える　support, help／扶, 支撑; 支持／지탱하다, 떠받치다, 받치다／chống, đỡ, hỗ trợ

①・つえで体を**支えて**歩く。　・うちの家計は私が**支えて**いる。

②・苦しいとき、家族や友だちが**支えて**くれた。

名 ①②支え（・木の枝に**支え**をする。　・子どもが私の心の**支え**になっている。）

1027 **ついやす**　ヲ費やす　spend／花, 花费／쓰다, 낭비하다／sử dụng

・週末の時間のほとんどを趣味に**費やして**いる。　・{時間／お金／労力…}を**費やす**。

類 ヲ使う　関 ヲかける

1028 **もちいる**　ヲ用いる　use, utilize; adopt; employ／用, 使用; 采纳; 任用／사용하다, 쓰다, 채택하다, 채용하다／dùng, sử dụng, trọng dụng

①・携帯電話は今や広く**用いられて**いる。　・新しい方法を**用いて**やってみよう。

類 ヲ使う、ヲ使用する☞330

②・私の案が**用いられて**感激だ。

③・最近彼は社長に重く**用いられて**いる。　・これからは大いに若手を**用いよう**と思う。

類 ヲ重用する、ヲ登用する、ヲ任用する

1029 **あらたまる**　ガ改まる　be improved; be replaced; formal／改正, 改善; 更改; 一本正经, 郑重其事／고쳐지다, 바뀌다, 격식을 차리다／thay đổi, được sửa đổi, trang trọng

①・あの学生は何度注意しても態度が**改まらない**。

類 ガ直る

②・{年／規則…}が**改まる**。

③・**改まった**{態度／言葉遣い／服装／場…}

・「おじさん、お話があるんですが」「何だい、**改まって**」

1030 **あらためる**　ヲ改める　improve; replace; (dress) properly; (come) again; check; some other time／改正; 修改; 整装; 改日; 检查; 重新／고치다, 개선하다, 가다듬다, 바꾸다, 검사하다, 다시, 새삼스럽게／thay đổi, chỉnh trang, lại, chỉnh lại, một lần nữa

①・「その遅刻癖を**改めないと**、信用をなくしますよ」

類 ヲ直す

②・会社の名前を「○○」から「△△」に**改めた**。

③・夕方から友人の結婚式に出席するので、会社を出る前に服装を**改めた**。

④・「今日はお忙しいようですから、また日を**改めて**ご相談に伺います」

⑤・〈車掌が乗客に〉「すみませんが、特急券を**改めさせて**いただきます」

⑥［副 改めて］・「今日は、ありがとうございました。**改めて**お礼に伺います」

・あの時は腹が立ったが、**改めて**考えてみると、私にも落ち度があったかもしれない。

1031 **おさまる**　ガ収まる／納まる／治まる
fit; be settled; go away; calm down／收纳, 容纳; 平息; 恢复, 痊愈; 安定／들어가다, 가라앉다, 평온해지다／vừa, lắng xuống, khỏi, ổn định

①・本が増えて、本棚に{**収**／**納**}**まらなくなった**。　・旅行の費用は予算内に**収まった**。

②・警官が大勢来て、ようやく騒ぎが**収まった**。　・{嵐／風／ふるえ…}が**収まる**。

・父の怒りはなかなか{**収**／**治**}**まらなかった**。

類 ガ静まる／鎮まる☞767

③・薬を飲んだら{頭痛／熱／せき…}が**治まった**。

④・戦後20年が過ぎ、ようやく国内が**治まった**。

1032 **おさめる**　ヲ収める／納める／治める
put, keep; settle; obtain; pay; deliver／收进, 控制; 抑制, 平息; 获得; 缴纳; 供应; 治理／넣다, 그만두다, 거두다, 납부하다, 납품하다, 다스리다／cất, khống chế, đạt được, nộp

①・貴重品を金庫に{**収**／**納**}**めた**。　・費用を予算内に**収めよう**と苦労した。

②・先生は子どもたちのけんかをうまく**収めた**。　・争いを**おさめる**。

類 ヲ静める／鎮める☞768

③・{成功／勝利／良い成績…}を**収める**。

④・{税金／会費…}を**納める**。

⑤・注文された品を、相手の会社に**納めた**。

類 ④⑤ニ＋ヲ納入する

⑥・国を**治める**。　類 ヲ統治する

1033 **そう**　ガ沿う／添う
line ~; go along with ~; satisfy, based on ~／沿着; 按照; 满足, 与……一致／따르다, 부응하다／theo, làm hài lòng

［沿］

①・駅を出て線路に**沿って**歩いた。

合 [名詞]＋沿い（・線路**沿い**、道**沿い**、川**沿い**）

②・要項に**沿って**入学を申し込んだ。　・{計画／方針／マニュアル…}に**沿って**行う。

類 ガ従う☞757

［添］

・「ご期待に**添える**よう、精一杯がんばります」　・相手の{意向／希望…}に**添う**。

合 ガ付き__、付き添い、ガ寄り__、ガ連れ__

1034 **そえる**　ヲ添える
attach (to ~), add (to ~); put; garnish／附上; 伸手; 增添／곁들이다, 거들다, 더하다／thêm vào, dùng

①・花束にカードを**添えて**贈る。　・コーヒーにクリームと砂糖を**添えて**出す。

合 ヲ書き__、添え物　類 ヲ付ける

②・けがをした人に手を**添えて**歩くのを助けた。

合 介添え

③・料理に彩りを**添える**ために花を飾った。　・趣味が私の生活に彩りを**添えて**いる。

・歴史のある建物が町に趣を**添えて**いる。

慣 花を添える（・美しい着物姿の女性たちがパーティーに**花を添えた**。）

81

1035 **かねる**　　ヲ兼ねる　　serve both as; can not ～／兼, 兼带; 难以, 不便／겸하다, ～하기 어렵다／kiêm, không thể

①・この家は住居と仕事場を**兼ねて**いる。

・取引先の人と、打ち合わせを**兼ねて**食事をした。

②・「その件についてはわかり**かねます**」　※「動詞マス形＋かねる」の形で使う。

1036 **てきする**　　ガ適する　　be suitable; deserve, be worthy (of ~)／适应, 适合; 合适／적합하다, 적격이다／thích hợp, phù hợp

①・キャベツは、冷涼な気候に**適した**野菜だ。　・このスポーツは、高齢者に**適して**いる。

②・新しい会長には、田中さんが最も**適して**いる。

・彼女は、能力や性格からみて、弁護士に**適して**いると思う。

類①ガ向く　②ふさわしい　関①②適当な⇔不適当な

1037 **そうとうする**　　ガ相当する　　correspond (to ~)／相当, 相应／상당하다／tương đương, khá là

・月給の３カ月分に**相当する**指輪を婚約者に贈った。　・１万円**相当**のお食事券

慣 それ相当（・**それ相当**の理由）

副 相当 ☞513

1038 **ともなう**　　ガ／ヲ伴う　　be involved; be accompanied by; along with; involve; accompany ／伴有, 伴随; 随从; 随着; 带着／따르다, 동반하다／kèm theo, đi theo, dẫn đến, dẫn theo

自

①・この仕事には危険が**伴う**。　・インフルエンザは体の痛みが**伴う**。

②・社長の出張には秘書が**伴った**。

③・経済の発展に**伴って**さまざまな社会問題が生じた。

他

①・この仕事は危険を**伴う**。　・インフルエンザは体の痛みを**伴う**。

②・社長は秘書を**伴って**出張に行った。

類 ヲ連れる

1039 **ひびく**　　ガ響く　　sound; resonate with; affect／（声音）响亮; 心里震动; 影响／울리다, 감동을 주다, 영향을 미치다／vang, vọng, gây ảnh hưởng

①・このホールは音がよく**響く**。　・彼の声はよく**ひびく**。

・深夜の住宅地に突然銃声が**響いた**。

合 ガ響き渡る（・彼の名声は世界中に**響き渡って**いる。）　名 響き

②・母の一言が{胸／心}に**響いた**。

③・長雨が**ひびいて**、野菜の収穫が落ちた。　・この失敗は出世に**ひびく**だろう。

1040 **つぐ**　　ガ次ぐ　　come next to／次于, 接着／다음가다, 잇따르다／đứng kế tiếp, liên tục

・大阪は東京に**次ぐ**大都市だ。　・事業で成功に**次ぐ**成功を収めた。

関 次

副 次いで（・パーティーでは、まず主催者のあいさつがあり、**次いで**乾杯が行われた。）

類 次に　※「次いで」の方が硬い言葉。

コラム 21 日常的な言葉と改まった言葉

Informal expressions and formal expressions／日常用语与正式场合用语／일상적인 말과 격식을 차린 말／từ ngữ thông thường và từ ngữ trang trọng

開けっぱなし	開放	open／开放／개방／mở	(お)札	紙幣	bill, paper money／纸币／지폐／tiền giấy
入れ物／器	容器	container／容器／용기／hộp chứa	ただ	無料	free (of charge)／免费／무료／miễn phí
絵	絵画	painting, picture／绘画／회화／tranh	違い	相違	difference／不同, 分歧／서로 다름／sự khác biệt
丘	丘陵	hill／丘陵／구릉／đồi	てっぺん	頂点／頂上	top／顶点・山顶／정점・정상／đỉnh
おまわりさん	警官	police officer／警官／경찰관／cảnh sát	値段	価格	price, cost／价格／가격／giá cả
くだもの	果実	fruit／水果／과실, 열매／trái cây	儲け	利益	profit, gain／利益／이익／lãi, lợi nhuận
国	国家	nation, state／国家／국가／đất nước, quốc gia	私たち	我々	we／我们／우리／chúng tôi
暮らし	生活	life／生活／생활／cuộc sống			

起きる	起床する	get up／起床／기상하다／thức dậy	あきらめる	断念する	give up, abandon／死心, 放弃／단념하다／từ bỏ
寝る	就寝する	go to bed／睡觉, 就寝／취침하다／đi ngủ	がっかりする	失望する	be disappointed／失望／실망하다／thất vọng
勤める	勤務する	work, do duty／工作／근무하다／làm việc	上手になる	上達する	make progress, improve／进步, 长进／향상되다, 숙달되다／tiến bộ
付き合う	交際する	associate with, keep company with／交往, 应酬／교제하다／quan hệ	近づく	接近する	approach／接近, 靠近／접근하다／lại gần, tiếp cận
(電車に)乗る	乗車する	get on a train [bus]／上车, 乘车／승차하다／lên (tàu, xe)	続く	継続する	continue／继续, 接续／계속되다／tiếp tục
(電車を)降りる	下車する	get off a train [bus]／下车／하차하다／xuống (tàu, xe)	つなぐ	接続する	connect, join／连接, 衔接／접속하다／kết nối
着く	到着する	arrive／到达, 抵达／도착하다／đến, tới	測る	測定する	measure／测定, 测量／측정하다／đo đạc
売る	販売する	sell／销售, 出售／판매하다／bán hàng	ぶつかる	衝突する	collide／碰撞, 冲突／충돌하다／va chạm
(会を)開く	開催する	hold, open／召开, 举办／개최하다／tổ chức	足す	加える	add／增加, 加入／더하다／bổ sung
後を追う	追跡する	chase, pursue／追踪, 跟踪／추적하다／đuổi theo	増える	増加する	increase, grow／增加／증가하다／tăng lên
決める	決定する	decide／决定／결정하다／quyết định	減る	減少する	decrease, diminish／减少／감소하다／giảm đi
比べる	比較する	compare／比, 比较／비교하다／so sánh	減らす	削減する	cut (down), reduce／消减, 减去／삭감하다／cắt giảm
終わる	終了する	shut down, end／结束, 终止／종료하다／kết thúc			

幸せな	幸福な	happy／幸福／행복하다／hạnh phúc	不幸せな	不幸な	unhappy, unfortunate／不幸, 倒霉／불행하다／bất hạnh
値段が高い	高価な	expensive／高价／값비싸다／giá đắt	値段が安い	安価な	cheap／廉价, 便宜／싸다／giá rẻ

本を読むこと	読書	reading／看书, 读书／독서／việc đọc sách
子育て	育児	child care, nursing／育儿／육아／việc nuôi con

Unit 12 動詞C 練習問題

991～1040

レベル ★★★★

Ⅰ （　　）に助詞を書きなさい。

1．生ゴミ（　　）におう。
2．高齢者（　　）適したスポーツ
3．線路（　　）沿って歩く。
4．給料3カ月分（　　）相当する金額
5．大阪は東京（　　）次ぐ大都市だ。
6．友人（　　）空港（　　）見送った。
7．仕事（　　）全力（　　）注ぐ。
8．多くの時間（　　）趣味（　　）費やす。
9．荷物（　　）肩（　　）担ぐ。
10．壁（　　）はってあるポスター（　　）はがす。
11．ここは住居（　　）仕事場（　　）兼ねている。
12．この仕事は危険（　　）伴う。／この仕事（　　）は危険（　　）伴う。
13．何かが足（　　）触った。
14．「展示品（　　）手（　　）触れないでください」

Ⅱ 下の表を完成させなさい。

自動詞	他動詞	自動詞	他動詞
あらたまる	1．	4．	くだく
それる	2．	5．	ふさぐ
3．	おさめる		

Ⅲ 「ます形」が名詞になる言葉に○を付けなさい。　例：におう→におい

味わう　飢える　訪れる　語る　兼ねる　抱える　支える　注ぐ　すすぐ
避ける　問う　伴う　誓う　眺める　響く　見送る　見合わせる　見つめる

Ⅳ 下のA、Bから、近い意味になる言葉を一つずつ選んで（　　）に書きなさい。

1．道具を（　　／　　）。
2．悪いくせを（　　／　　）。
3．方針に（　　／　　）。
4．水たまりを（　　／　　）。
5．時間を（　　／　　）。
6．相手に本心を（　　／　　）。
7．騒ぎが（　　／　　）。
8．政府の責任を（　　／　　）。
9．ガラスが（　　／　　）。
10．相手の家を（　　／　　）。

A

訪れる　かける　聞く　さける
静まる　沿う　追及する　使う
直す　割れる

B

改める　収まる　砕ける　従う
費やす　問う　用いる
よける　訪問する

（二度使う語もある）

Ⅴ　いっしょに使う言葉を下から選んで書きなさい。

A

1.（　　　　　　）を編(あ)む。　　2.（　　　　　　）を縫(ぬ)う。
3.（　　　　　　）を抱(かか)える。　　4.（　　　　　　）を抱(いだ)く。
5.（　　　　　　）をする。　　6.（　　　　　　）をすすぐ。
7.（　　　　　　）を示す。　　8.（　　　　　　）を砕(くだ)く。

氷	口	手本	鼻水	服	夢	セーター	トラブル

B

1.（　　　　　　）を味わう。　　2.（　　　　　　）を納(おさ)める。
3.（　　　　　　）をふさぐ。　　4.（　　　　　　）を見合わせる。
5.（　　　　　　）を描(えが)く。　　6.（　　　　　　）を改める。
7.（　　　　　　）がそれる。　　8.（　　　　　　）が去る。

穴	危険	規則	出発	税金	話	風景	料理

Ⅵ　（　　　）に入る言葉を下から選んで、適当な形にして書きなさい。

1. 目が疲れたら、遠くの景色を（　　　　　　）ようにしている。
2. 「本当のことを言ってください」と言うと、相手は目を（　　　　　　）しまった。
3. プレゼントにはカードが（　　　　　　）いた。
4. 前田(まえだ)選手に（　　　　　　）松本(まつもと)選手がゴールインした。
5. 先生に突然（　　　　　　）、うまく答えられなかった。
6. 彼は多額(たがく)の借金を（　　　　　　）いる。
7. 荷物などで非常口が（　　　　　　）いると、火事などのときに危険だ。
8. 忘れ物を取りに一度うちに（　　　　　　）ので、遅刻してしまった。
9. 困ったときに（　　　　　　）合う家族がいるのは心強い。
10. 彼は失恋したばかりだから、彼女のことには（　　　　　　）方がいい。
11. このあたりは山が多く、米作(こめづく)りに（　　　　　　）土地は少ない。
12. 生まれたばかりの赤ん坊の泣き声が病室に（　　　　　　）わたった。

かかえる	ささえる	さす	そえる	そらす	てきする
つぐ	ながめる	ひきかえす	ひびく	ふさがる	ふれる

1041 **りゃくす／りゃくする** ヲ略す／略する

abbreviate; omit, skip／简略; 省略／줄이다, 생략하다／rút gọn, tỉnh lược

①・国際連合を**略して**国連と言う。

類ヲ省略する、ヲ縮める☞167

②・詳しい話は**略して**、結論だけ報告する。

類ヲ省略する、ヲ省く☞718

1042 **せまる** ガ／ヲ迫る

approach; rise sharply; press (a person to do)／迫近; 临近; 逼近; 接近; 挨近; 强迫／육박하다, 다가오다, 닥치다, 직면하다, 독촉하다／áp sát, đến gần, bị ép

自

①・後ろのランナーが前のランナーにだんだん**迫ってき**た。

・{ゴール／目標地点…}{に／が}**迫る**。

②・結婚の日が目前に**迫って**きた。　・{しめ切り／期限／死期…}が**迫る**。

③・{危険／敵…}が**迫る**。

④・大会で世界記録に**迫る**好タイムが出た。

・この会社は新しいが、すでに業界トップの大手に**迫る**勢いだ。　・話が核心に**迫って**きた。

類①〜④が近づく

⑤・この地方は山が海{に／まで}**迫って**いる。

慣{胸／心}に迫る、真に迫る

他

・借金の返済を**迫る**。　・恋人に結婚を**迫る**。　・必要に**迫られて**車を買った。

・アパートの立ち退きを**迫られて**いる。

1043 **ねらう** ヲ狙う

aim (at)／瞄准, 以……为目标／겨누다, 노리다／nhắm đến, hướng đến

・的を**狙って**撃つ。　・ライオンがシマウマを**狙って**いる。

・彼女は彼の財産を**狙って**結婚した。　・来年は一つ上の大学を**狙いたい**。

・この商品は若い女性を**狙って**開発された。

名狙い→__を定める

1044 **おかす** ヲ犯す

commit (a crime)／犯, 违反／어기다, 저지르다／phạm, vi phạm

・罪を**犯したら**、償わなければならない。　・{犯罪／過ち…}を**犯す**。

1045 **おかす** ヲ侵す

invade; infringe／入侵, 侵犯, 侵权／침범하다, 침해하다／xâm lược, xâm phạm

①・他国の領土を**侵す**。　・{領空／国境…}を**侵す**。

類ヲ侵犯する　関ヲ侵略する

②・人の{所有権／自由／プライバシー…}を**侵す**。

類ヲ侵害する

1046 **おかす**　　ヲ冒す　　brave; affect; profane／冒, 不顾; 侵害; 玷污, 冒渎／무릅쓰다, 병에 걸리게 하다, 모독하다／mạo hiểm, bị ảnh hưởng, vi phạm

①・救援隊は危険を**冒して**遭難者を救助した。

②・この病気になると、脳が**{冒／侵}される**そうだ。　・ガンに**{冒／侵}される**。

③・私は、神の教えを**冒して**はならないと教育された。

1047 **おどす**　　ヲ脅す　　threaten, menace／威胁, 恐吓／위협하다, 협박하다／đe dọa, uy hiếp

・ナイフで**脅して**金を奪う。

・「金を出さないと商品に針を入れる」とスーパーを**脅した**男が逮捕された。

類 ヲ脅迫する　　名 脅し

1048 **おどかす**　　ヲ脅かす　　frighten／威胁, 吓唬／깜짝 놀라게 하다, 겁을 주다／hăm dọa

・暗いところで突然大声を出して、友だちを**脅かした**。

・「今日、試験だよ」「えっ！」「うそだよ」「なんだ、**脅かさないで**よ」

類 ヲ驚かす

1049 **さからう**　　ガ逆らう　　go against; disobey／逆, 反; 违抗, 违背／거스르다, 거역하다／đi ngược lại, chống lại

①・川の流れに**逆らって**進む。　・{風／自然の法則／時代／運命…}に**逆らう**。

②・{親／上司／命令…}に**逆らう**。

1050 **さまたげる**　　ヲ妨げる　　prevent, impede／妨碍, 阻碍／저해하다, 방해하다／ngăn chặn, cản trở

・過保護は子どもの成長を**妨げる**。　・議員たちが騒いで、議事の進行が**妨げられた**。

類 ヲ妨害する、ヲじゃまする☞239　　名 妨げ（・放置自転車が通行の**妨げ**になっている。）

1051 **うちけす**　　ヲ打ち消す　　deny／否定, 消除／없애다, 지우다／phủ nhận, hủy

・良くないうわさが流れると、それを**打ち消す**のは大変だ。

類 ヲ否定する　　名 打ち消し

1052 **おうじる**　　ガ応じる　　answer, respond (to); depends on, according to／响应; 接受; 按照／응하다, 따르다／đáp lại, dựa vào, phù hợp

①・ボランティア募集の呼びかけに**応じて**、大勢の若者が集まった。

・{依頼／要求／注文／募集／招き…}に**応じる**。

類 ガ応える

②・売り上げに**応じて**給料が決まる。　・子どもの発達段階に**応じた**本を与えましょう。

1053 **うけたまわる**　　ヲ承る　　comply with; hear／知道, 遵命; 恭听／받다, 듣다／hiểu, nghe

①・「ご注文、確かに**承りました**」

※「受ける」の謙譲語。

②・「教授のご意見を**承りたい**のですが」

※「聞く」の謙譲語。

1054 **ちょうだいする　ヲ頂戴する**　receive, accept; give; please／领受, 得到; 吃; 请／받다, 얻다, (해) 주세요／nhận, cho, hãy

①・「これ、お土産です」「ありがとうございます、**頂戴します**」
・「では、これより田中様からスピーチを**頂戴いたします**」
・「お客様から**頂戴した**ご意見は、サービス向上のために生かさせていただきます」
類 ヲいただく

②・〈友だちに〉「あ、おいしそうなケーキ。私にも**ちょうだい**」
・〈子どもに〉「ちょっとお使いに行って来て**ちょうだい**」
類 ください　※「ちょうだい」はくだけた言い方。

1055 **まなぶ　ヲ学ぶ**　study; learn／学习; 掌握／공부하다, 배우다／học, học tập

・大学で経済学を**学ぶ**。　・福井先生{から／に}フランス語を**学んだ**。　・経験から**学ぶ**。
類 ヲ勉強する

1056 **ねる　ヲ練る**　knead; polish／揉, 搅和; 仔细推敲, 斟酌／반죽하다, 다듬다, 짜다／nhào, nặn, xây dựng

①・パンの生地を**練る**。　・粘土を**ねる**。
②・文章を**練る**。　・作戦を**練る**。

1057 **おう　ヲ負う**　carry ~ on one's back; suffer; take, assume; owe／背; 负伤; 承担; 多亏／짊어지다, 입다, 지다, 힘입다／cõng, bị, chịu, gánh, phụ thuộc vào

①・背に荷物を**負う**。
類 ヲ背負う☞690
②・事故で大けがを**負った**。　・{やけど／傷…}を**負う**。
③・国民は納税の義務を**負う**。　・{責任／借金…}を**負う**。
関 ヲ負担する☞985
④・この映画の成功は、主演俳優の人気に**負う**ところが大きい。

1058 **はたす　ヲ果たす**　fulfill, carry out; play (a role)／完成, 实现; 起作用／다하다, 달성하다／thực hiện, hoàn thành

①・子どもが成人して、ようやく親の責任を**果たした**。　・友だちとの約束を**果たす**。
連 責任を__、約束を__、ノルマを__、任務を__
②・子どもが9階から落ちたが、木がクッションの役割を**果たして**、骨折ですんだ。
連 役割を__

1059 **ひきうける　ヲ引き受ける**　undertake, take on; vouch for／接受, 承担; 做担保／책임지고 떠맡다, 보증하다／nhận, đảm nhận

①・仕事を**引き受けた**以上、最後まで責任を持ってやるべきだ。
・「この役はぜひあなたに**引き受けて**もらいたい」
②・留学生の身元を**引き受ける**。
合 身元引受人

1060 **ます**　ガ／ヲ増す　increase／增加, 增多／많아지다, 늘다, 늘리다, 더하다／tăng

自

・現地に行ってさらに興味が**増した**。

・体重が3キロ**増した**。　・台風で川の水が**増して**きた。

類 が増える　対 が減る

他

・彼は新しい事業に投資し、さらに財産を**増した**。　・台風は勢いを**増した**。

類 ヲ増やす　対 ヲ減らす

1061 **かける**　ガ欠ける　chip; miss; lack／豁口, 有缺口; 缺少; 欠缺／빠지다, 부족하다, 없다／thiếu, khuyết

①・茶碗の縁が**欠けて**しまった。　・{歯／びんの口…}が**欠ける**。

②・うちのチームはメンバーが少ないので、一人でも**欠ける**と、試合に出られない。

③・あの人は協調性に**欠ける**。　・社長の話は一貫性に**欠ける**。

他 ヲ欠く(・この論文は一貫性を**欠いて**いる。　・義理を**欠く**)

1062 **かかす**　ヲ欠かす　lack; miss／缺, 缺少; 间断／빠뜨리다, 거르다／để cho thiếu

①・骨の成長にカルシウムは**欠かせない**。

②・兄は毎朝ジョギングを**欠かさない**。

・私はこの10年間、毎日**欠かさず**日記をつけている。

1063 **すむ**　ガ澄む　become clear; clear／清澈, 澄清／맑다／trong suốt

・山の空気は**澄んで**いる。　・**澄んだ**{水／色／目／声／心…}

合 が澄み渡る　対 が濁る

1064 **にごる**　ガ濁る　get muddy, get turbid／浑浊, 不清／탁해지다, 흐려지다／đục

・台風で**濁った**川の水が激しく流れている。　・**濁った**{声／音／目…}

対 が澄む　名 濁り

1065 **にごす**　ヲ濁す　(speak) ambiguously／含糊其辞／애매하게 하다, 얼버무리다／làm đục, làm cho mập mờ

・記者に鋭い質問をされた政治家は言葉を**濁した**。

・「明日の予定を聞いたのに、彼は返事を**濁した**。何かあるのだろうか」

1066 **しょうじる**　ガ／ヲ生じる　occur; cause, generate／发生; 产生／생기다, 생겨나다／nảy sinh, phát sinh

①・計画の途中で問題が**生じた**。　・両者に差が**生じた**。

・この情報が広まると社会に混乱{が／を}**生じる**恐れがある。

類 が生まれる

②・金属にさびが**生じる**。　・摩擦によって熱が**生じる**。

類 ガ／ヲ発生する☞ 302

※「生ずる」という形もある。

1067 **およぶ**　　ガ及ぶ　　extend, reach, be equal to; do not need／波及到, 达到; 至于／미치다, 걸치다／lan ra, kéo dài, đạt tới, cần

①・台風の被害は、九州地方全域に**及んだ**。　・手術は5時間に**及んだ**。

・今回の優勝タイムは日本記録に**及ばなかった**。

・がんばったが、力**及ばず**負けてしまった。

②・「たいした病気ではないので、ご心配には**及びません**」

1068 **およぼす**　　ヲ及ぼす　　exert, affect／影响到, 波及, 使受到／미치게 하다, 끼치다／gây ra, tạo ra

・彼らの音楽は若者に大きな影響を**及ぼした**。　・その地震は大きな被害を**及ぼした**。

類ヲ与える、ヲもたらす

1069 **いたる**　　ガ至る　　lead to; (from ~) to ~; come to／到, 至; 及, 达到／다다르다, 미치다, 되다, 가다／dẫn đến, đến

①・山頂に**至る**道　・〈履歴書〉「銀行勤務を経て現在に**至る**」

・娘は三日前に家を出たきり、今に**至る**まで連絡がない。

②・この歌は若者からお年寄りに**至る**まで、幅広い世代に受け入れられている。

・にわか雨に降られ、頭の先からつま先に**至る**まで、ずぶぬれになってしまった。

連__所（・**至る所**にごみが落ちていて汚い。）

③・その人は3カ月休まずに働き続け、ついに過労死するに**至った**。

・犯人が犯行に**至った**経緯は次のとおりです。

1070 **たっする**　　ガ／ヲ達する　　reach, arrive at／到达; 完成; 达到; 实现／도달하다, 달성하다, 이루다／đi đến, đạt được

自

①・5時間登って山頂に**達した**。　・目的地に**達する**。

類ガ到達する、ガ至る

②・売上高が目標に**達した**。　・今日までの入場者が100万人に**達した**。

・話し合いが結論に**達した**。　・今の学力では合格ラインに**達しない**。

類ガ到達する、ガ届く

③・{疲労／ストレス／我慢…}が限界に**達した**。

他

・目的を**達する**。

類ヲ遂げる、ヲ達成する☞647

1071 **みのる**　　ガ実る　　bear (fruit); produce good results／结果实, 成熟; 有成果／열매를 맺다, 열리다／đơm bông, ra quả, thành công

①・今年は稲がよく**実って**いる。　・この地方ではリンゴは**実らない**。

関ガなる☞747

②・長年の努力が**実った**。　・我々の研究は結局**実らなかった**。

名①②実り（・**実り**の秋　・今度の研修会は**実り**多いものだった。）

1072 **くれる**　　　が暮れる　　get dark, come to an end, be at a loss／日暮、天黑／해가 지다, 저물다, 어찌할 바를 모르다／lặn, kết thúc

①・冬は日が早く**暮れる**。　合 日暮れ、夕暮れ

②・間もなく年が**暮れる**。

対 ①②が明ける　名 ①②暮れ

慣 途方に暮れる（・知人もいない外国ですりにかばんをすられ、**途方に暮れた**。）

1073 **おとる**　　　が劣る　　be inferior (to ~)／劣, 次, 不如／뒤떨어지다, 뒤지다／yếu hơn, kém hơn

・ベテランのＡ選手は体力ではＢ選手{に／より}**劣る**が、テクニックで勝てるだろう。

・子どもに**劣らず**大人も、このゲームに夢中になっている。

対 が勝る

1074 **ことなる**　　　が異なる　　differ／不一样, 不同／다르다／khác

・私はあの人と意見が**異なる**。　・うわさは事実と**異なって**いることが多い。

・機能の**異なる**三つの携帯電話のうち、どれを買おうかと迷っている。

対 同じ　類 が違う　※「異なる」の方が硬い言葉。

1075 **みだれる**　　　が乱れる　　fall into disorder, be confused／散乱, 紊乱, 心乱, 混乱／흐트러지다, 혼란해지다／rối, xáo trộn, bối rối

・風で髪が**乱れた**。　・人身事故のため、電車のダイヤが**乱れて**いる。

・彼はお酒を飲んでも**乱れない**。　・昔の恋人に再会して心が**乱れた**。

・{列／服装／風紀／ペース…}が**乱れる**

対 が整う☞776　関 が乱雑な、が崩れる☞737　名 乱れ

1076 **みだす**　　　ヲ乱す　　disturb, put ~ into confusion／弄乱, 搅乱／흩뜨리다, 어지럽히다／làm xáo trộn

・新人選手は後半ペースを**乱して**、負けてしまった。

・その知らせは彼女の心を**乱した**。　・{秩序／風紀／髪／列…}を**乱す**。

対 ヲ整える☞777

1077 **ゆるむ**　　　が緩む　　loosen; get relaxed; break; abate／松, 松动; 放松, 松懈; 软化; 缓和／느슨해지다, 헐거워지다, 해이해지다, 풀리다, 약해지다／lỏng, thả lỏng, yếu đi

①・靴ひもが**緩んで**、靴が脱げてしまった。　・{ねじ／蛇口／栓…}が**緩む**。

②・試験が終わったら気が**緩んで**、風邪をひいてしまった。

・{緊張／表情／規制／規律／結束…}が**緩む**。

③・雨で地盤が**緩み**、土砂崩れが起こる危険がある。　・{氷／雪…}が**緩む**。

④・３月になって、ようやく寒さが**緩んで**きた。

1078 **ゆるめる**　　　ヲ緩める　　loosen; relax; let down／松开; 松懈, 放松; 缓和／느슨하게 하다, 느긋하게 하다, 완화하다, 늦추다／nới lỏng, thả lỏng, giảm

①・ネクタイを**緩めて**ゆっくりする。　・食べ過ぎたので、ベルトを**緩めた**。

慣 財布のひもを緩める

②・「最後まで気を**緩めず**にがんばりなさい」　・攻撃の手を**緩める**。

・{表情／力／規制／監視／警戒…}を**緩める**。

③・スピードを**緩める**。　・{歩調／歩み／回転…}を**緩める**。

85

1079 **さびる**　　ガさびる　　get rusty／生锈／녹슬다／ri sét

・雨にぬれて自転車が**さびて**しまった。　・鉄が**さびる**。

合 ガさびつく　　名 さび

1080 **せっする**　　ガ／ヲ接する　　be close (to ~); meet; come in contact with ~; receive／邻接; 接待; 接触; 接到／접하다, 인접하다, 만나다, 상대하다, 경험하다, 받다／tiếp giáp, tiếp xúc

①・長野県は海に**接して**いない。　・A国とB国は国境を**接して**いる。

・この円と三角形は**接して**はいるが、重なってはいない。

②・彼女とは今まで親しく**接した**ことがない。　・来客に**接する**。

③・学生時代に外国文学に**接して**大きな影響を受けた。

類 ガ／ヲ触れる☞998

④・知人の突然の訃報に**接した**。

1081 **ぞくする**　　ガ属する　　belong to／属, 属于; 参加, 归于／속하다／thuộc về

①・クジラは哺乳類に**属して**いる。　・国会は三権のうち立法に**属する**。

②・彼女は反対派に**属して**いる。　・公務員はどんな政党にも**属して**はいけない。

類 ガ所属する

※「属す」という形もある。

1082 **しめる**　　ヲ占める　　occupy; hold (a position)／占, 占有, 占据／차지하다／chiếm, nằm ở

①・この会社の製品は、市場の8割を**占めて**いる。　・賛成派が多数を**占めた**。

②・この国は平和国家として世界の中で確かな地位を**占めて**いる。

・{席／首位…}を**占める**。

③・部屋の真ん中をベッドが**占めて**いる。

1083 **くたびれる**　　ガくたびれる　　get tired, be worn out／疲乏, 用旧／지치다, 낡아지다／mệt mỏi, cũ kỹ

・一日中仕事をして**くたびれた**。　・このスーツは10年も着たので、かなり**くたびれて**いる。

合 ガ待ち＿　　類 ガ疲れる

1084 **めぐまれる**　　ガ恵まれる　　be blessed (with ~); privileged; be favored (with ~)／富有, (蒙受) 幸运, 幸福／풍족하다, 타고나다, 좋다／được ưu đãi, thuận lợi

①・この国は天然資源に**恵まれて**いる。　・彼女は才能に**恵まれ**、有名な画家になった。

・{容姿／美貌／友人／環境…}に**恵まれる**。

②・彼は**恵まれない**環境に育ったが、努力して大学を出た。

③・今年のゴールデンウィークは、天候に**めぐまれて**大勢の観光客でにぎわった。

1085 **わく**　　ガ湧く　　spring out; be filled with; breed／涌出; 涌现; 孳生／솟아나다, 생기다, 끓다／trào lên, có được, xuất hiện

①・家の土地から温泉が**湧いた**。

②・この本を読んで生きる勇気が**わいて**きた。　・海外に行くと見るもの全てに興味が**わく**。

合 ①②ガわき上がる

③・水たまりがあると蚊が**わいて**くる。

1086 **ほほえむ**　　ガほほ笑む　　smile／微笑／미소 짓다／mỉm cười

・彼女は私ににっこりと**ほほえんだ**。

名 ほほえみ

1087 **ふざける**　　ガふざける　　frisk, joke, (do ~) in fun; make fun of ~／开玩笑; 戏弄／장난치다, 농담하다, 까불다／trêu chọc, đùa

①・弟は**ふざけて**人を笑わせるのが得意だ。

関 ガいたずらする

②・空港で**ふざけて**「危険物を持っている」と言ったばかりに大騒ぎになった。

③・「食べた後で金がないだと？　**ふざけるな**！」　・「**ふざけた**ことを言うんじゃない！」

1088 **くやむ**　　ヲ悔やむ　　regret; mourn／懊悔, 遗憾; 哀悼／뉘우치다, 애도하다／hối hận, tiếc

①・過ぎたことを今さら**悔やんでも**遅い。

・不合格になって初めて勉強しなかったことを**悔やんだ**。

類 ヲ後悔する

②・事故で亡くなった友人の死を**悔やむ**。

名 (お)悔やみ(・ご家族に**お悔やみ**を{言う／述べる}。)

1089 **ためらう**　　ヲためらう　　hesitate／犹豫, 踌躇／주저하다, 망설이다／phân vân, do dự

・申し込みを**ためらって**いるうちに、締め切りが過ぎてしまった。　・返事を**ためらう**。

・社長には気軽に話しかけるのが**ためらわれる**。

類 ヲ躊躇する　　名 ためらい

1090 **うやまう**　　ヲ敬う　　respect／尊敬, 敬重／공경하다, 숭배하다／tôn kính

・神仏を**敬う**。　・お年寄りを**敬う**。

関 ヲ尊敬する☞45、ヲ崇拝する

コラム 22　産業　Industries／产业／산업／ngành nghề

<第一次産業>	primary industry／第一产业／제일차 산업／ngành thứ nhất
農業	agriculture／农业／농업／ngành nông nghiệp
牧畜業	stock farming, cattle breeding／畜牧业／목축업／ngành chăn nuôi
漁業	fishery／渔业, 水产业／어업／ngư nghiệp
林業	forestry／林业／임업／lâm nghiệp
<第二次産業>	secondary industry／第二产业／제이차 산업／ngành thứ hai
工業	industry／工业／공업／công nghiệp
鉱業	mining industry／矿业／광업／khai khoáng
建設業	construction industry／土木建设业／건설업／xây dựng
製造業	manufacturing industry／制造业／제조업／chế tạo
<第三次産業>	tertiary industry／第三产业／제삼차 산업／ngành thứ ba
商業	commerce, business／商业／상업／thương mại
サービス業(観光、娯楽)	service industry (tourism, entertainment, amusement)／服务行业(观光, 旅游, 娱乐)／서비스업(관광, 오락)／dịch vụ (du lịch, giải trí)

Unit 12 動詞C 練習問題

1041〜1090

レベル ★★★★

Ⅰ （　）に助詞を書きなさい。

1．流れ（　）逆らう。
2．クジラは哺乳類（　）属する。
3．川の水量（　）増す。
4．協調性（　）欠ける。
5．通行（　）妨げる。
6．そのうわさは事実（　）異なっている。
7．国境（　）接した町
8．私は運動能力では弟（　／　）劣る。
9．5時間（　）及ぶ大手術
10．反対派が過半数（　）占めた。
11．山頂（　）至る道
12．終了時間（　）迫る。／返事（　）迫る。
13．目的（　）達する。
14．私は小林先生（　／　）英語（　）学んだ。

Ⅱ 下の表を完成させなさい。

自動詞	他動詞	自動詞	他動詞
欠ける	1．	みだれる	4．
ゆるむ	2．	およぶ	5．
3．	にごす		

Ⅲ 「ます形」が名詞になる言葉に◯を付けなさい。　例：打ち消す→打ち消し

脅かす　脅す　狙う　逆らう　妨げる　澄む　濁る　実る　劣る　暮れる
乱れる　ためらう　ほほえむ　ふざける　くたびれる

Ⅳ 下のA、Bから、近い意味になる言葉を一つずつ選んで（　）に書きなさい。

1．締切が（　／　）。
2．異文化に（　／　）。
3．目標に（　／　）。
4．不勉強を（　／　）。
5．意見が（　／　）。
6．プライバシーを（　／　）。
7．詳しい説明を（　／　）。
8．混んでいるところに行くと（　／　）。
9．子どもを誘拐して、親を（　／　）。

A

脅迫する　後悔する　侵害する
到達する　近づく　違う　接する
疲れる　略す

B

侵す　脅す　くたびれる　悔やむ
異なる　迫る　達する
省く　触れる

Ⅴ いっしょに使う言葉を下から選んで書きなさい。

A 1.（　　　　）に応じる。　2.（　　　　）に達する。　3.（　　　　）に恵まれる。

4.（　　　　）が生じる。　5.（　　　　）がわく。　6.（　　　　）がさびる。

7.（　　　　）が暮れる。　8.（　　　　／　　　　）が実る。

興味　くだもの　結論　差　才能　鉄(てつ)　努力　日　要求

B 1.（　　　　）を練(ね)る。　2.（　　　　）を冒(おか)す。　3.（　　　　）を犯(おか)す。

4.（　　　　）を狙(ねら)う。　5.（　　　　）を増す。　6.（　　　　）を打ち消す。

7.（　　　　）を及(およ)ぼす。　8.（　　　　）を敬(うやま)う。　9.（　　　　）を引き受ける。

勢力　うわさ　影響　神　危険　作戦　頼み　罪(つみ)　的(まと)

Ⅵ いっしょに使う言葉を選びなさい。（　）の数字は選ぶ数です。

1.［ 傷　義務　責任　約束　荷物　借金 ］を負(お)う。（5）

2.［ 傷　義務　責任　約束　荷物　借金　役割 ］を果(は)たす。（4）

3.［ 心　顔　服装　列　ペース　健康 ］が乱(みだ)れる。（4）

4.［ ベルト　長さ　スピード　表情　考え方　規則　寒さ ］（4）を緩(ゆる)める。

5.澄んだ［ 空気　空　太陽　山　水　目　心　声　息　顔 ］（6）

Ⅶ （　　　）に入る言葉を下から選んで、適当な形にして書きなさい。

1.新製品の売り出しを前にして、広告(こうこく)の文案(ぶんあん)を（　　　　　　）毎日だ。

2.植物の成長には水と光が（　　　　　　）。

3.A社の車は性能はいいが、デザインではB社に（　　　　　　）と思う。

4.コンテストが終わったとたんに、気が（　　　　　　）風邪(かぜ)をひいてしまった。

5.お客様には笑顔で（　　　　　　）ように、店長に言われた。

6.田中(たなか)君は授業中に（　　　　　　）先生に怒られた。

7.必要に（　　　　　　）パソコン教室に通っている。

8.結婚を申し込まれたのだが、まだ若いので、返事を（　　　　　　）いる。

9.兄は毎日（　　　　　　）ジョギングをしている。

10.「（　　　　　　）なよ。全然動かないから、死んだかと思ったじゃないか」

11.「注文は以上です」「ありがとうございました。鈴木(すずき)が（　　　　　　）た」

12.「これ、田舎(いなか)のおみやげです」「すみません、遠慮(えんりょ)なく（　　　　　　）」

13.「たいした病気ではないので、ご心配には（　　　　　　）」

うけたまわる　おどかす　おとる　およぶ　かかす　せっする せまる　ためらう　ちょうだいする　ねる　ふざける　ゆるむ

（二度使う語もある）

Unit 12 動詞C 991～1090

確認問題

レベル ★★★★

Ⅰ （　　）に入れるのに最もよいものを、a・b・c・dから一つ選びなさい。

1．けがをした父に（　　）添って病院へ行った。

a　当て　b　付き　c　連れ　d　助け

2．今度の選挙への立候補は見（　　）ことにした。

a　かける　b　つめる　c　放す　d　送る

Ⅱ （　　）に入れるのに最もよいものを、a・b・c・dから一つ選びなさい。

1．洗剤で洗った食器はよく（　　）こと。

a　すすぐ　b　すする　c　そそぐ　d　ゆする

2．台風４号は多くの被害を与えて東の海上に（　　）。

a　おさまった　b　訪れた　c　及んだ　d　去った

3．A教授は東京（とうきょう）大学の招きに（　　）来日した。

a　承って　b　応じて　c　頂戴して　d　伴って

4．佐藤さんはよく勉強して、すばらしい成績を（　　）。

a　学んだ　b　努めた　c　収めた　d　狙った

5．父は何でも大事にする人で、（　　）かばんも捨てようとしない。

a　くたびれた　b　めぐまれた　c　あらたまった　d　あじわった

6．「なべが熱いので、手を（　　）ように注意してください」

a　そえない　b　さわらない　c　つかまない　d　ふれない

7．その話を聞いて、大勢の人が関心を（　　）。

a　抱えた　b　担いだ　c　示した　d　指した

8．赤信号で止まっている車の間を（　　）道を渡った。

a　沿って　b　縫って　c　避けて　d　それて

Ⅲ ＿＿＿＿の言葉に意味が最も近いものを、a・b・c・dから一つ選びなさい。

1．前を走っている車がスピードをゆるめた。

a　落とした　b　上げた　c　減らした　d　改めた

2．亡くなった母との約束を守ることができた。

a　負う　b　達する　c　果たす　d　引き受ける

3．書類を忘れたことに気付き、事務所に戻った。

a　取り返した　b　引き返した　c　振り返った　d　裏返った

4．司会には大山さんが一番適していると思う。

a　当然だ　b　合理的だ　c　ふさわしい　d　こころよい

5．部屋の至る所にごみが落ちている。

a　どこそこ　　b　あれこれ　　c　だれかれ　　d　あちこち

Ⅳ　次の言葉の使い方として最もよいものを、a・b・c・dから一つ選びなさい。

1．語る

a　ひとことご挨拶を語らせていただきます。

b　これは秘密だから、だれにも語らないでください。

c　ロシア語は、聞くことはできるが語ることはできない。

d　吉田さんは昔の経験を後輩たちに語って聞かせた。

2．さびる

a　雨にぬれて自転車がさびてしまった。

b　流行の服も、2～3年するとさびてしまう。

c　昔はにぎやかだったこの町も、すっかりさびてしまった。

d　洗っているときに落としたので、皿のふちがさびてしまった。

3．眺める

a　電車の中で、見知らぬ人が私をじっと眺めていた。

b　喫茶店の窓から、道行く人をぼんやり眺めるのが好きだ。

c　交通事故の現場を眺めてしまい、気分が悪くなった。

d　最近あのおばあさんを眺めないが、元気だろうか。

4．ふさがる

a　ミスをして上司に怒られ、気がふさがっている。

b　夜10時に行ったら、その店はもうふさがっていた。

c　三連休なので、温泉は観光客でふさがっていた。

d　両手がふさがっていたので、足でドアを開けた。

5．はがす

a　母親は子どもの汚れた服をはがして、新しい服を着せた。

b　ここにかかっていた時計を、だれかがはがして持って行ったらしい。

c　切手を集めるのが趣味なので、珍しいものはきれいにはがしてとってある。

d　教室の中はとても静かで、ページをはがす音しか聞こえなかった。

Unit 13 副詞B＋連体詞

1091 〜 1160

レベル ★★★★

86

I 気持ちや主観を表す副詞 Feelings-or-subjectivity-related adverbs／表示心情，个人主观感受的副词／기분이나 주관을 나타내는 부사／Phó từ thể hiện tâm trạng và quan điểm chủ quan

1091 さっぱり ガさっぱりスル neat, tidy; plain, lightly seasoned; completely／爽快; 清淡, 淡泊; 完全; 一点也(不)／산뜻이, 담백하게, 도무지, 전혀／sảng khoái, thanh, nhẹ nhàng, hoàn toàn

①・早くシャワーを浴びて、**さっぱりしたい**。　・部屋が片付くと、**さっぱりした**気分だ。

②・日本人は**さっぱりした**料理を好む人が多い。　・山野さんは性格が**さっぱりしている**。

③・今日の先生の話は難しくて、**さっぱり**わからなかった。

　類 まったく、少しも、ぜんぜん　※否定的な表現といっしょに使う。

④・「{商売／仕事／勉強…}はどうですか」「**さっぱり**です」　類 ぜんぜん

1092 すっきり ガすっきりスル refreshed; straightforward, neat／舒畅, 轻松; 简洁流畅／상쾌하게, 산뜻이, 깔끔하게／nhẹ nhõm, thoải mái, gọn gàng

①・眠かったが、顔を洗うと**すっきりした**。　・悩みが解決して、**すっきりした**気分だ。

②・**すっきりした**{デザイン／部屋／文章…}

関 ①ガさっぱりスル　②シンプルな

1093 じつに 実に actually; really／真, 确实／참으로, 매우／thật sự là

・この小説は**実に**面白かった。　・「**実に**すばらしい！」

　類 本当に、まったく

1094 おもいきり 思い切り to one's heart's content, to the best of one's ability／彻底, 尽情／마음껏, 실컷, 결단력, 단념／hết mình, dứt khoát

・試験が終わったら、**思い切り**遊びたい。

・**思いっ切り**力を入れて投げたつもりだったが、ボールは遠くまで飛ばなかった。

　名 思い切り（・**思い切り**がいい⇔悪い

　　・才能がないとわかったので、画家になる夢は**思い切り**よくあきらめた。）

1095 なんとなく 何となく somehow／（不知道为什么）总觉得, 不由得／어쩐지, 왠지／cảm giác như

・今日は**何となく**いいことがありそうな気がする。

・最近**何となく**気分が沈んで、勉強する気になれない。

1096 なんだか 何だか somehow, sort of／总觉得, 总有点／어쩐지／không hiểu sao

・**なんだか**寒気がする。風邪をひいたのだろうか。

1097 どうにか somehow (manage to); (do) something／勉强, 总算; 想点办法／겨우, 어떻게든／thế nào mà, liệu có đỡ

①・家から走り続けて、**どうにか**7時の電車に間に合った。

②・「お宅の犬の鳴き声、**どうにか**なりませんか」

　連 ＿なる、＿する、＿して（・**どうにかして**親を説得したい。）

類 ①②何とか

1098 どうにも　nothing to do／怎么也, 无论怎么样／도무지, 아무리 해도／không thể nào

・助けてあげたかったが、私の力では**どうにも**できなかった。
　連 ＿ならない、＿できない　※否定的な表現といっしょに使う。

1099 なんとか　何とか　somehow (manage to), somehow or other; (do) something; so-and-so; (say) something／勉强; 想点办法; 什么／그럭저럭, 어떻게 좀, 뭐라던가, 뭔가／rồi cũng, được gì, gì đó

①・必死にがんばって、**なんとか**合格することができた。
②・「この時計、どうしても直してもらいたいんです。**何とか**なりませんか」
　連 ＿なる、＿する、＿して
類 ①②どうにか
③・「さっき、にし**何とか**さんから電話がありましたよ」「西村さんかなあ」
④・「黙ってないで、**何とか**言いなさい」

1100 なんとも　何とも　(think) nothing of ~; not ~ at all; beyond (expression)／无关紧要, 没什么, 什么也 (不) ／아무렇지도, 뭐라고／không thể nào cả, chẳng bị sao, lạ lùng

①・私をいじめた人を、前は恨んでいたが、今は**何とも**思っていない。
②・同じものを食べて、弟はおなかをこわしたが、私は**何とも**なかった。
③・その肉は**何とも**言えないにおいがした。ちょっと古かったらしい。
※①～③否定的な表現といっしょに使う。
※会話例
A：{どうにか／なんとか} なりませんか。
B：わかりました。{どうにか／なんとか} しましょう。
　すみません、これは {○どうにも　×なんとも} なりませんねえ。

1101 わざと　on purpose, intentionally／故意地／일부러, 고의로／cố tình

・子ども相手にゲームをするときは、ときどき**わざと**負けてやったりする。
・彼女とは話したくなかったので、**わざと**気がつかないふりをした。
・あの人はときどき**わざと**人を怒らせる、悪いくせがある。
　類 故意に　※「故意に」の方が硬い言葉。

1102 わざわざ　take the trouble (to do); expressly／特意／일부러／cất công

・学校を欠席したら、クラスメートが**わざわざ**宿題をうちまで届けてくれた。
・**わざわざ**遠くのデパートまで行って買ったのに、同じものが近所のスーパーにもあった。

1103 せっかく　come all the way to; long-awaited; kindly／特意, 难得; 好不容易／모처럼, 일부러／mất công

①・**せっかく**都心の美術館まで行ったのに、満員で入れなかった。
　・**せっかく**のチャンスを逃してしまった。
②・**せっかく**帰省したのだから、昔の友人たちにも会っていこう。
　・「お昼ごはんを用意しましたので、召し上がってください」
　「では、**せっかく**ですから、いただきます」

1104 **あいにく** Unfortunately／不凑巧, 偏巧／공교롭게도, 마침／đáng tiếc là

・古い友人に電話をかけたが、**あいにく**彼女は留守だった。

・「コンサートのチケットがあるんだけど」「**あいにく**その日は都合が悪くて……」

・**あいにく**の雨だったが、旅行は楽しかった。

1105 **あんのじょう**　案の定 as expected／果然, 不出所料／생각한 대로, 아니나다를까／đúng như dự đoán

・怪しいと思っていたが、**案の定**、彼が犯人だった。

・勝つのは難しいと予想していたが、結果は**案の定**だった。

※悪い結果が出たときに使うことが多い。

1106 **いよいよ** at last; more and more; when the time comes／终于; 愈发, 更加; 紧要关头, 最后时刻／드디어, 점점, 여차하면／cuối cùng cũng

①・明日は**いよいよ**決勝戦だ。　・**いよいよ**出発の前日となった。

類 とうとう、ついに

②・台風が近づき、雨は**いよいよ**激しくなった。　・疑いは**いよいよ**強まった。

類 ますます

③・できるだけ長く一人暮らしを続けたいが、**いよいよ**となったら老人ホームに入るつもりだ。

1107 **さすが** As might be expected; even, ~ as one is／到底是, 不愧是; 就连, 甚至／과연, 역시, 그토록 (대단한)／thật như mong đợi, quả là

①・有名ブランド品だけあって、**さすが**に高い。

・調子が悪くても優勝するとは、中野選手は**さすが**だ。

・「あんなに難しい問題が解けたんですか。**さすが**ですね」

②・この問題は難しくて、**さすが**の西川さんにもできなかったそうだ。

・辛い物好きの私でも、**さすが**にこのカレーは食べきれなかった。

1108 **とにかく** anyway, anyhow／姑且, 总之／어쨌든, 아무튼／trước mắt, dù sao đi nữa

①・できるかどうかわからないが、**とにかく**やってみよう。

類 ともかく

②・最近**とにかく**忙しくて、家族と話す時間もない。

1109 **ともかく** anyway; setting ~ aside／姑且, 暂且不提／여하튼, 어쨌든／trước mắt thì, không chỉ

①・引き受けてくれるかどうかわからないが、**ともかく**頼んでみるつもりだ。

類 とにかく

②・あのタレントは、歌は**ともかく**、ダンスは上手だ。

1110 **せめて** at least／至少／하다못해, 최소한／ít ra thì

・**せめて**日曜日くらいはゆっくり休みたい。・会えないときは、**せめて**声だけでも聞きたい。

・給料は**せめて** 15 万円はほしい。

※願望の表現といっしょに使うことが多い。　類 少なくとも

1111 せいぜい at most／最多／기껏해야, 고작／ít nhất

・うちから駅までは、歩いても**せいぜい** 10 分ぐらいです。

・この仕事だと、時給は**せいぜい** 800 円ぐらいだろう。

1112 どうせ anyhow, in any case／反正, 横竖／어차피, 이왕에／dù thế nào, kiểu gì thì

・**どうせ**不合格に決まっているが、やっぱり受けたい。

・**どうせ**遅刻なんだから、ゆっくり歩いていこう。

Ⅱ 様子を表す副詞 Appearance-related adverbs／表示样子、状态的副词／성상을 나타내는 부사／Phó từ thể hiện trạng thái, tình hình

1113 ぎっしり closely, tightly／满满地／빽빽이, 꽉／chật kín, kín

・本棚には本が**ぎっしり**並んでいる。

・来週はスケジュールが**ぎっしり**{だ／つまっている}。

1114 ずらりと in a row／成排, 一大排／죽／thành hàng

・息子の本棚には**ずらりと**マンガが並んでいる。

・洋服ダンスには流行の服が**ずらりと**かけてあった。

※「ずらっと」は「ずらりと」の会話的な言葉。

1115 あっさり ガあっさりスル simple, lightly seasoned; readily, with good grace／清淡; 坦率／담백하게, 산뜻하게, 간단히／đơn giản, nhẹ nhàng, dễ dàng

①・今日は食欲がないので、**あっさりした**ものが食べたい。

・**あっさりした**{味／デザイン／性格／文面…}

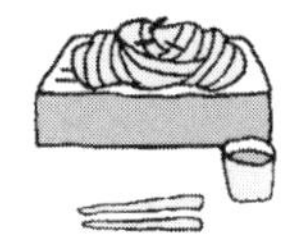

※名詞の前に来るときは、「＿した」の形で使うことが多い。

対 しつこい☞236、こってり(※味の場合のみ)

②・上司は私の提案に反対するかと思ったが、**あっさり**認めてくれた。

1116 しんと／しいんと ガしんとスル／しいんとスル quiet, silent／静悄悄, 安静／조용히, 잠잠히／im lặng, im phăng phắc

・先生が大声で怒ると、子どもたちは**しんと**なった。

・みんな出かけているらしく、家の中は**しいんとして**いた。

1117 ちゃんと ガ／ヲちゃんとスル neatly; carefully, perfectly／整洁; 好好地, 像样地／단정하게, 확실하게, 충분히／hẳn hoi, tử tế, cẩn thận, đầy đủ

①・「面接には**ちゃんとした**服を着ていくこと」 ・**ちゃんとした**{人／仕事／考え…}

②・〈あいさつしない人に〉「部屋に入るときは、**ちゃんと**あいさつしなさい」

・〈一人暮らしの子どもに〉「**ちゃんと**ごはん食べてる？」

・**ちゃんと**生活できる給料がほしい。

※「きちんと」より会話的な言葉。

1118 ぞくぞく(と) 続々(と) one after another／陆陆续续, 不断／잇달아, 연이어／liên tục

・客が**続々と**詰めかけ、会場はすぐに満員になった。

・新聞に広告が載ると、**続々と**注文が来た。

関 次々(と)

1119 **どっと** burst (into laughter); all at once／一齐, 哄堂; 一下子／와, 우르르, 왈칵, 덜컥／bật, đột nhiên

①・その冗談を聞いて、人々は**どっと**笑った。

②・非常ベルが鳴ると、観客たちは**どっと**非常口に押し寄せた。

・悔しくて、涙が**どっと**あふれた。　・家に着くと、**どっと**疲れが出た。

1120 **ばったり(と)** (fall) with a thud; run into; suddenly ／突然倒下; 突然相遇; 突然停止／픽, 딱, 뚝／đánh rầm, đột nhiên

①・隣に立っていた人が突然**ばったり**倒れたので驚いた。

②・昨日、駅で**ばったり**西田さんと会った。　類偶然☞1151

③・ライバル会社が類似品を売り出すと、注文が**ばったり（と）**止まった。

類ぱったり、ぴったり(と)

1121 **さっさと** quickly／赶快地, 迅速地／빨랑빨랑, 냉큼／nhanh, mau lẹ

・「早く片付けたいから、**さっさと**食べて」　・「**さっさと**しないと遅刻するよ」

・山本さんは自分の仕事が終わると、**さっさと**帰ってしまう。

1122 **さっと** quickly, suddenly／很快地, 一下子, 突然／순식간에, 잽싸게／nhanh, luôn

・私がコーヒーをこぼすと、店員が**さっと**ふいてくれた。

・「ほうれん草は**さっと**ゆでて、水に取ってください」

・話を聞いて、彼の顔色が**さっと**変わった。

1123 **すっと**　　がすっとスル straight; (feel) refreshed／一下子, 立刻; 爽快, 痛快／훌쩍, 상쾌해지다／phắt, sảng khoái

①・彼女は**すっと**立ち上がって、部屋を出て行った。

②・このガムをかむと、口の中が**すっとする**。　・言いたいことを言ったら、胸が**すっとした**。

1124 **せっせと** hard, diligently／勤勤恳恳地, 不停地／부지런히／chăm chỉ, không ngơi

・彼は若いときに**せっせと**働いてお金をためた。

・働き者の祖母は、いつ見ても、**せっせと**手を動かしている。

1125 **ざっと** roughly, briefly; approximately／粗略地, 大致地; 大约／대충, 대략／qua loa, đại khái

①・**ざっと**計算したところ、10万円ほどかかりそうだとわかった。

・「会議の前に、この資料に**ざっと**目を通しておいてください」

類大まかに、大ざっぱに

②・今日のお祭りには、**ざっと**3,000人ほどが参加した。　類およそ、ほぼ

1126 **こっそり** secretly／悄悄地, 偷偷地／몰래, 살짝／lén lút, một cách bí mật

・先生に見つからないように、**こっそり**ケータイのメールを見た。

・「あなたにだけ**こっそり**教えてあげる」

1127 **いきいき(と)**　　が生き生き(と)スル lively, vividly／生气勃勃的, 活泼的／생기발랄하게, 초롱초롱하게／sôi nổi, hoạt bát

・彼女は**いきいきと**働いている。　・子どもたちの**いきいき(と)した**表情が印象的だった。

1128 **ぼんやり(と)**　ガぼんやりスル　dimly; vaguely; absent-mindedly／模模糊糊地; 迷糊; 恍惚, 发呆／어렴풋이, 희미하게, 맥없이, 멍청히／lờ mờ, lơ mơ, mơ hồ

①・霧の中に、**ぼんやり**船が見えた。　・暗くて、**ぼんやりと**しか見えなかった。

②・昔のことなので、**ぼんやりと**しか覚えていない。　・熱で頭が**ぼんやりして**いる。

対①②ガはっきりスル

③・**ぼんやり**歩いていて、人にぶつかってしまった。

1129 **ふと**　suddenly, by chance／偶然, 偶然的／문득, 우연히／vô tình, ngẫu nhiên

・**ふと**窓の外を見ると、雪が降っていた。

・**ふと**したことから星に興味を持つようになった。

1130 **じかに**　directly; at first hand／直接, 当面／직접, 바로／bệt, trực tiếp

・何も敷かないで、**じかに**地面に座った。　・社長と**じかに**話す機会があった。

類直接

1131 **いちどに**　一度に　at once, at the same time／一次／한꺼번에, 한 번에／trong một lần

・**一度に**多くのことを言われても、覚えられない。

・ギョーザなどは**一度に**たくさん作って冷凍しておくと便利だ。

類いっぺんに　※「一度に」の方が硬い言葉。

1132 **いっせいに**　一斉に　all together, at once／一齐, 同时／일제히／đồng loạt

・ピストルの音と同時に、選手たちは**一斉に**スタートした。

・北国では、春の訪れとともに多くの花が**一斉に**咲き乱れる。

1133 **ともに**　共に　with, together; along with／一同, 一块儿; 同时／함께, 같이／cùng với, cả, đồng thời với

①・毎年正月には、家族と**ともに**祖父母の家に行くことになっている。

・子どもが生まれた。母子**ともに**順調だ。

類いっしょに

②・娘が結婚した。うれしいと**ともに**寂しくもある。

・梅雨が開けると**ともに**、気温が急に高くなった。

類同時に

1134 **そうごに**　相互に　mutually; each other／相互／서로／lẫn nhau

・よく話し合って、**相互に**理解し合うことが大切だ。

合相互理解　類互いに

1135 **ひとりひとり**　一人一人　individually, one by one／各个人, 每个, 各自／각각, 각자／từng người một

・出席者は**一人一人**意見を述べた。　類各自☞893、めいめい、それぞれ、おのおの

1136 **いちいち**　everything, one by one, in detail／一一, 逐一／일일이, 낱낱이／từng việc một, từng tí một

・母は私のすることに**いちいち**文句を言う。

・課長は細かいことも**いちいち**報告させないと気がすまないようだ。

89

1137 **ところどころ**　　所々　　here and there／有些地方／군데군데, 여기저기／một số nơi

・地震で、塀が**ところどころ**崩れた。

名 ところどころ（・この本は**ところどころ**に書き込みがある。）

Ⅲ 決まった形の文に使う副詞

Adverbs for fixed phrases／用于有固定形式句子的副词／정해진 형태의 문장에 사용하는 부사／Phó từ dùng cho những mẫu câu nhất định

1138 **どうか**　　please; (go) wrong／请; 不正常／아무쪼록, 어떻게, 이상함／xin, thế nào

①・「**どうか**よろしくお願いします」　・「**どうか**今年こそ合格できますように」

類 どうぞ

②・暑くて**どうか**なりそうだ。

・あんないい話を断るなんて、{**どうか**と思う／**どうか**している}。

1139 **できれば／できたら**　　if possible, if one can／可能的话, 行的话／될 수 있으면, 가능하면／nếu có thể

・「この仕事、**できたら**今日中にお願いします」

・将来、**できれば**自分の店を持ちたい。

1140 **たいして**　　大して　　(not) very, (not) particularly／并不太, 并不怎么／그다지, 별로／(không) ... lắm

・その映画は面白いと聞いて見に行ったのだが、**たいして**面白くなかった。

・「大変でしたか」「いいえ、**たいして**時間はかかりませんでした」

※否定的な表現といっしょに使う。　類 それほど　関 たいした☞1159

1141 **おそらく**　　恐らく　　probably, perhaps／恐怕, 可能／틀림없이, 아마／có lẽ

・大学に行かないと言ったら、父は**恐らく**反対するだろう。

・この動物は**恐らく**数十年のうちに絶滅するのではないかと思われる。

類 たぶん　※「恐らく」の方が硬い言葉。

1142 **むしろ**　　rather, preferably／与其……不如, 毋宁／오히려, 차라리／thà là

・寒さより、**むしろ**暑さの方が私には耐え難い。

・黒田さんに頼むくらいなら、**むしろ**自分でやった方がましだ。

※二つの悪いもの／ことを比べ、一方がましだというときに使うことが多い。

1143 **はたして**　　果たして　　really, actually; just as one expected／究竟, 到底; 果然／과연, 생각했던 대로／cuối cùng thì, quả nhiên

①・この実験は**果たして**成功するだろうか。　・**はたして**どのチームが勝つだろうか。

※疑問文に使う。　関 いったい

②・鈴木さんなら大丈夫だろうと思っていたが、**はたして**受験した三つの大学全部に合格した。

・寒気がするので熱を測ったら、**はたして** 38 度もあった。　類 案の定☞1105

1144 **かえって**　　on the contrary, rather／反倒, 反而／오히려, 반대로／trái lại

・遅れそうだったのでタクシーに乗ったら、道が混んで、**かえって**時間がかかってしまった。

・薬を飲んだら、**かえって**具合が悪くなったような気がする。

1145 かならずしも　必ずしも　not always, not necessarily／不一定, 未必／반드시／không phải lúc nào cũng, không nhất thiết

・お金があれば幸せとは、**必ずしも**言えないだろう。

・入社試験では、**必ずしも**筆記試験の成績のいい人が合格するというわけではない。

・一度成功したからといって、**必ずしも**二度目もうまくいくとは限らない。

※否定的な表現といっしょに使う。

1146 たんに　単に　only, simply／单单, 只不过／단순히, 단지, 그저／đơn giản là

①・環境問題は**単に**先進国のみの問題ではない。　・私は**単に**好奇心から聞いてみただけだ。

類ただ　※「だけ」「のみ」などの言葉といっしょに使うことが多い。

②［連体 単なる］・事故の原因は**単なる**ミスだった。

類ただの

1147 いまだに　(not) yet; still／还, 仍然／아직껏, 아직도／đến tận bây giờ

・三日前に出した手紙が**いまだに**着かないのはおかしい。

・あの時の悔しさは**いまだに**忘れられない。

※否定的な表現といっしょに使う。「まだ」より硬い言葉。　対すでに☞540

Ⅳ その他の副詞　Other adverbs／其他的副词／기타 부사／Những phó từ khác

1148 ついでに　on one's way to ~; at one's convenience／顺便, 得便的时候／하는 김에, 하는 기회에／nhân tiện, tiện thể

・「散歩に行くんだったら、**ついでに**この手紙を出してきて」

・出張で大阪に行った**ついでに**、親戚の家に寄ってきた。

名ついで（・「**ついで**のときに、これをコピーしておいてください」

・**ついで**があったので、母に頼まれていた買い物をしてきた。）

1149 とりあえず　first of all, for the time being／暂时, 姑且／곧바로, 우선／tạm thời, trước mắt

・さいふを落としてしまったので、**とりあえず**警察に届けた。

・引っ越しの荷造りはすんだ。**とりあえず**必要なものはこの箱に入っている。

1150 まんいち／まんがいち　万一／万が一　by any chance; an emergency／万一, 倘若; 意外, 不测／만약, 만에 하나／nhỡ may

①・大丈夫だとは思うが、**万一**失敗したらどうしよう。

②・**万一**のときのために保険に入った。

・「私に**万一**のことがあった場合は、あの弁護士さんに相談しなさい」

類①もし　②もしも　※「万一」の方が硬い言葉。

1151 ぐうぜん　偶然　by chance, accidental／偶然／우연히, 뜻밖에／ngẫu nhiên, tình cờ

・駅で**偶然**むかしの知り合いに会った。

対必然→＿的な（×偶然的な）、＿性　類たまたま☞1152

名偶然（・この発見はいろいろな**偶然**が重なった結果だ。　・**偶然**の一致）

1152 **たまたま** by chance／偶然, 无意中／우연히, 마침／tình cờ

・**たまたま**入った喫茶店で、友だちに会った。

・「私は事件とは関係ありません。**たまたま**通りかかっただけです」

類偶然☞ 1151

1153 **じっさい(に)　実際(に)** actually; really／实际, 事实, 事实上／실제로, 정말로, 실제／thực tế

・簡単そうに見えても、**実際に**やってみるとうまくできないことも多い。

・働きやすい会社だと聞いて入社したが、**実際**、社員を大切にしてくれる。

・働きやすい会社だと聞いて入社したが、**実際**は違った。

1154 **どうよう　同様** the same (as ~)／同样, 一个样／같음, 다름없음, 마찬가지임／giống

・リサイクルショップには新品**同様**のものもある。

・私も{姉**同様**／姉と**同様**に}アレルギー体質だ。

・日本では少子高齢化が進んでいるが、先進国には**同様**の国が多い。

1155 **もともと　元々** by nature, originally;／原来, 本来／원래, 본전치기／vốn dĩ

・**もともと**体が弱かったのだが、最近いっそう疲れやすくなった。

関もと☞ 977　慣だめで元々(・**だめでもともと**だ。頼むだけは頼んでみよう。)

1156 **ほんらい　本来** originally, primarily／本来, 原来／본래／đáng lẽ ra, thực sự

・このビルは**本来**昨年完成の予定だったが、資金不足でまだ完成していない。

・緊張して、**本来**の力が出せなかった。

連体詞　Adnominals／连体词／연체사／Liên thể từ

1157 **ある** a, some, a certain／某, 有／어떤, 어느／nọ

・**ある**人から、近々人事異動があると聞いた。　・**ある**{とき／日…}

1158 **あらゆる** all, every／所有, 一切／온갖／tất cả, mọi

・あの博物館には**あらゆる**種類の昆虫が集められている。

連ありと＿　類全ての

1159 **たいした** not ~ much; huge, fantastic／没有什么, 了不起的／별, 대단한／không mấy, tuyệt vời, siêu

①・「けがの具合はどうですか」「**たいした**ことはありません」

※否定的な文で使う。

関たいして☞ 1140

②・この難しい試験に１回で合格するとは、**たいした**ものだ。

・あの人は何があっても冷静に対処する。**たいした**人だ。

1160 **いわゆる** what is called, so-called／所谓的／소위／cái gọi là

・私は**いわゆる**受験戦争とは無縁の高校時代を過ごした。

コラム 23 否定接頭辞

Negative prefixes／否定接头词／부정 접두사／Tiền tố phủ định

【非ー】後ろの語の内容を否定する（～ではない、～しない…）

〈ナ形容詞〉　＋ナ形容詞　…　非科学的な　非日常的な　非論理的な　非現実的な
　　　　　　　＋名詞　…　非常識な
〈名詞〉　＋名詞　…　非常勤
　　　　　　　＋名詞／動詞　…　非課税　非公開

【不ー】後ろの語の内容を否定する（～ではない、～しない、～がない、～がよくない…）

〈ナ形容詞〉　＋ナ形容詞　…　不確実な　不可能な　不完全な　不正確な　不公平（な）
　　　　　　　　　　不自然な　不自由（な）　不十分な　不親切な　不健康な
　　　　　　　　　　不愉快な　不まじめな　不平等（な）　不確かな
　　　　　　　＋名詞　…　不機嫌な　不規則な　不景気（な）　不合理（な）
　　　　　　　　　　不定期（な）　不幸せ（な）
　　　　　　　＋名詞／動詞　…　不注意な　不安定な
　　　　　　　＋名詞（ます形）　…　不慣れな　不向きな
〈名詞〉　＋名詞／動詞　…　不合格　不許可　不成功　不一致　不適応　不勉強

【不ー】後ろの語の内容がマイナスの状態であることを表す（～ではない、～がよくない…）

〈ナ形容詞〉　＋ナ形容詞　…　不器用な
　　　　　　　＋名詞　…　不細工な　不気味な　不作法な
　　　　　　　＋名詞／動詞　…　不用心な

【無ー】後ろの語の示す内容がない／欠けていることを表す（～がない）

〈ナ形容詞〉　＋名詞　…　無責任な　無関係な　無関心な　無気力な　無意識（な）
　　　　　　　　　　無意味な　無表情な　無害な
　　　　　　　＋名詞／動詞　…　無計画な　無抵抗な　無理解（な）　無差別（な）

【無ー】後ろの語の内容（特に人との付き合いで必要なもの）が欠けていることを表す（～が足りない／ない）

〈ナ形容詞〉　＋名詞　…　無礼な　無作法な
　　　　　　　＋名詞／動詞　…　無遠慮な

【未ー】後ろの語の内容がまだ行われていない／まだその状態に達しないことを表す（まだ～ない）

〈ナ形容詞〉　＋名詞／動詞　…　未完成な　未開発な　未経験（な）
〈名詞〉　＋名詞　…　未成年
　　　　　　　＋名詞／動詞　…　未解決
　　　　　　　＋動詞（ます形）　…　未払い

【反ー】後ろの語の示す内容と逆である／対立・反対することを表す（～に反する、反対する）

〈ナ形容詞〉　＋ナ形容詞　…　反社会的な
〈名詞〉　＋名詞　…　反体制　反比例　反戦

Unit 13 副詞B+連体詞 1091〜1160

練習問題

レベル ★★★★

Ⅰ 「する」が付く言葉に○を付けなさい。

あっさり　いきいき　いちいち　思い切り　さっと　すっと　さっぱり
すっきり　しんと　なんだか　なんとか　なんとも　ぼんやり

Ⅱ 意味が近い言葉を下から選んで書きなさい。

1．いよいよ（　　　　）　2．たいして（　　　　）
3．たまたま（　　　　）　4．どうにか（　　　　）
5．とにかく（　　　　）　6．ちゃんと（　　　　）
7．まんいち（　　　　）　8．一人一人（　　　　）
9．実に（　　　　）　10．さっぱり（　　　　）
11．わざと（　　　　）　12．せめて（　　　　）

きちんと	ぐうぜん	こいに	少なくとも	それぞれ	それほど
ついに	ともかく	なんとか	ほんとうに	まったく	もし

Ⅲ 次の表現や言葉と、よくいっしょに使う言葉を下から選んで、記号で答えなさい。

A

1．ぎっしり（　）　2．ぞくぞくと（　）　3．ずらりと（　）
4．せっせと（　）　5．ざっと（　）　6．どっと（　）
7．ばったり（　）

a 笑う	b 倒れる	c 働く	d 並ぶ
e 見る	f やってくる	g つまっている	

B

1．（　）〜お願いします　2．（　）〜だろう　3．（　）〜しあう
4．（　）〜とは言えない　5．（　）〜だろうか　6．（　）〜だけ
7．（　）〜たい

a 恐らく	b 必ずしも	c 相互に	d 単に
e できれば	f どうか	g はたして	

（一度しか使えません）

Ⅳ　正しい言葉を(　　　)の中から選びなさい。答えは一つとは限りません。

1．何か(　あっさり　さっぱり　すっきり　)したものが食べたい。
2．山田(やまだ)君はときどき(　わざと　わざわざ　)間違えて、みんなを笑わせる。
3．「急げば(　何だか　何とか　何となく　)間に合うだろう」
4．「あのときは(　何とも　どうにも　)ならなかったんです」
5．(　あいにく　せっかく　ともかく　)の天気だったが、観客席は満員だった。
6．鈴木(すずき)さんは経済に明るい。(　案の定　さすがに　)銀行員だっただけのことはある。
7．金メダルは無理でも、(　せいぜい　せめて　)入賞したい。
8．親に見つからないように、(　こっそり　さっさと　ついでに　)家を出た。
9．演奏(えんそう)が終わると、聴衆(ちょうしゅう)は(　一度に　いっせいに　一人一人　)拍手した。
10.「(　いちいち　ぞくぞく　ところどころ　)人に聞かないで、自分で考えなさい」
11. 初めから諦(あきら)めるくらいなら、(　かえって　むしろ　)やってみて失敗した方がいい。
12.「コピーするんなら、(　ついでに　同様に　ともに　)これもお願いします」
13. これは(　実に　たんに　たいして　)面白いだけの映画ではない。
14. 昼寝をしたら、頭が(　いきいき　すっきり　すっと　)した。
15. その問題は易しそうに見えたが、(　実際　本来　もともと　)は難しかった。
16. (　せっかく　わざわざ　)来てもらったのに、何のお礼もできなかった。
17. (　ある　いわゆる　)日、(　ふと　ぼんやり　)思いついて、旅に出た。)

Ⅴ　(　　　)に入る言葉を下から選んで書きなさい。

1．「熱いから、(　　　　　　)さわると、やけどしますよ」
2．(　　　　　　)辞めるなら、早い方がいいだろう。
3．「このあたりは(　　　　　　)父の土地だったのを、市に売ったのです」
4．「近所の人には(　　　　　　)あいさつしなさい」
5．(　　　　　　)どなったら、気がすんだ。
6．(　　　　　　)方法を試してみたが、病気は良くならなかった。
7．A チームが強いという評判だったが、(　　　　　　)A チームが優勝した。
8．必死に勉強しているつもりなのだが、成績は(　　　　　　)だ。
9．あの時のくやしさは、(　　　　　　)忘れられない。
10. (　　　　　　)けがではないので、病院へは行かなかった。
11. 引っ越しをしたばかりだが、(　　　　　　)必要なものはそろっている。

あらゆる　いまだに　思い切り　さっぱり　じかに　たいした
ちゃんと　どうせ　とりあえず　はたして　もともと

Unit 06 13 副詞・接続詞・連体詞 511〜580/1091〜1160

確認問題

レベル ★★★★

Ⅰ （　　）に入れるのに最もよいものを、a・b・c・dから一つ選びなさい。

1．終業のベルが鳴ると、工員たちは（　　　）帰りじたくを始めた。
　a　しだいに　b　ふと　c　ほぼ　d　いっせいに

2．今日のテストは難しかった。（　　　）60点ぐらいしか取れないだろう。
　a　せいぜい　b　せめて　c　どうにか　d　ともかく

3．田中さんは（　　　）のことでは仕事を休んだりしない人だ。
　a　相当　b　至急　c　少々　d　万一

4．事前に（　　　）可能性を考えておくべきだ。
　a　あらゆる　b　すべて　c　いわゆる　d　ぎっしり

5．子どもはしばらく泣いていたが、（　　　）寝てしまった。
　a　先ほど　b　そのうち　c　いずれ　d　だんだん

6．最近年のせいか、（　　　）忘れ物をするようになった。
　a　常に　b　めったに　c　続々と　d　しょっちゅう

7．私が（　　　）料理を作って待っていたのに、家族は皆、帰りが遅かった。
　a　どっと　b　わざと　c　せっかく　d　できるだけ

8．「いくら私でも、（　　　）3回も続けて同じ間違いはしませんよ」
　a　さすがに　b　さっそく　c　どうせ　d　どうにか

9．いい天気なので、（　　　）歩きながら帰った。
　a　ふらふら　b　ぶらぶら　c　うろうろ　d　のろのろ

10．あの選手は運動能力が高い。（　　　）練習熱心だ。
　a　ただ　b　しかも　c　すなわち　d　したがって

Ⅱ ＿＿＿に意味が最も近いものを、a・b・c・dから一つ選びなさい。

1．彼の話は<u>すべて</u>うそだった。
　a　ほぼ　b　多少　c　かなり　d　何もかも

2．高校3年になると、勉強は<u>さらに</u>難しくなった。
　a　たえず　b　じょじょに　c　いちだんと　d　案の定

3．私の提案は会議で<u>あっさり</u>認められた。
　a　かんたんに　b　しつこく　c　とりあえず　d　何とか

4．昨日、駅で<u>偶然</u>、中学時代のクラスメートと会った。
　a　ばったり　b　たびたび　c　たまに　d　とっくに

5．「最近、お仕事の方はいかがですか」「<u>さっぱり</u>です」
　a　まあまあ　b　ぜんぜん　c　とてもいい　d　わからない

Ⅲ　次の言葉の使い方として最もよいものを、一つ選びなさい。

1．いきなり

a　泳ぐとき、いきなり水に飛び込んではいけない。

b　近所に新しいレストランができたので、いきなり行ってみた。

c　広告の品はいきなり売り切れてしまった。

d　火事の連絡が入り、いきなり消防車が出動した。

2．なんとも

a　経済的には厳しいが、なんとも子どもを留学させてやりたい。

b　理由はよくわからないが、私はあの映画がなんとも好きだ。

c　なんとも眠くなってきた。宿題は明日の朝やることにしよう。

d　急に「私をどう思う？」と聞かれ、なんとも答えようがなかった。

3．こっそり

a　こっそりやらないと、日が暮れてしまうよ。

b　これはまだ秘密なんだけど、あなたにだけこっそり教えてあげる。

c　へんに慰めるより、今はこっそりしておいた方がいいと思うよ。

d　壊れやすいものですから、こっそり運んでください。

4．たっぷり

a　言い訳はもうたっぷりだ。

b　私はいつも時間たっぷり寝ている。

c　部屋たっぷりに日が差し込んで、とても暖かそうだ。

d　あの国ではたっぷり２時間もかけて、昼食を楽しむそうだ。

5．いよいよ

a　何年も前のことなので、記憶がいよいよだ。

b　あまりいよいよ無断欠勤するので注意した。

c　夜になって、風雨はいよいよ強まった。

d　「今日はいよいよ失礼します」「まだいいじゃないですか」

語彙索引（50音順）

＊数字…ページ　■…コラム番号

＊数字…ページ　■…コラム番号

お

か

＊数字…ページ　■…コラム番号

＊数字…ページ　■…コラム番号

＊数字…ページ ■…コラム番号

＊数字…ページ ■…コラム番号

＊数字…ページ ■…コラム番号

＊数字…ページ　■…コラム番号

＊数字…ページ　■…コラム番号

＊数字…ページ ■…コラム番号

安藤栄里子（あんどう　えりこ）

明新日本語学校　教務主任

惠谷容子（えや　ようこ）

早稲田大学日本語教育研究センター　非常勤講師

阿部比呂子（あべ　ひろこ）

桜ことのは日本語学院　校長兼教務主任

改訂版　耳から覚える
日本語能力試験　語彙トレーニングN2

発行日	2011年7月7日（初版） 2021年3月17日（改訂版） 2024年5月16日（改訂版第4刷）
著　者	安藤栄里子・惠谷容子・阿部比呂子
編　集	株式会社アルク日本語編集部、堀田 弓
英語翻訳	治山純子　英語校正　Jon McGovern
中国語翻訳	葉菁　中国語校正　石暁宇（文化空間株式会社）
韓国語翻訳	朴 智慧　韓国語校正　山崎玲美奈
ベトナム語翻訳	Do Thi Hoai Thu　ベトナム語校正　今田ひとみ
イラスト	秋本麻衣
ナレーション	大山尚雄、都 さゆり、桑島三幸
録音・編集	株式会社メディアスタイリスト、株式会社ジェイルハウス
編集・DTP	有限会社ギルド
装丁デザイン	大村麻紀子
印刷・製本	萩原印刷株式会社
発行者	天野智之
発行所	株式会社アルク 〒141-0001　東京都品川区北品川6-7-29　ガーデンシティ品川御殿山 Website：https://www.alc.co.jp/

製品サポート：https://www.alc.co.jp/usersupport/

PC：7021015
ISBN：978-4-7574-3690-9

改訂版

耳から覚える日本語能力試験 語彙トレーニング N2

解答

Unit 01
名詞 A

1 ～ 50
練習問題 (P.14)

Ⅰ
1．を
2．に、を
3．を
4．に、を

Ⅱ
味方、まね、尊敬、出勤、したく、苦労、期待、遺伝、言い訳

Ⅲ
夫婦、迷子、話題、味方

Ⅳ
才能、食欲、個性

Ⅴ
個性、感情

Ⅵ
1．のびる
2．わく
3．高い
4．高い
5．よる
6．もれる
7．弱い
8．とる
9．言う
10．のべる
11．おくる
12．する

Ⅶ
1．味方
2．短所
3．感情

Ⅷ
1．双子
2．筆者／著者
3．共働き
4．出世
5．外食
6．出産
7．他人

Ⅸ
1．しょうらい
2．ひと
3．にんげん
4．しんせき
5．そせん
6．しゅじん
7．かいご
8．じゅみょう
9．どうさ
10．ふうふ、ちょうなん

51 ～ 100
練習問題 (P.22)

Ⅰ
1．に
2．で
3．に、を
4．で
5．を、を、で

Ⅱ
駐車、歓迎、おまけ、勘定、割引、募金

Ⅲ
1．つまっている
2．かかる
3．立てる
4．おさえる
5．かける
6．合わない
7．出ない
8．高い

Ⅳ

A
1．者
2．会
3．券／者
4．書／者
5．栓
6．観
7．場／券
8．表

B
1．施設
2．経費
3．休業
4．名簿
5．履歴
6．違反

Ⅴ
1．収入
2．有料
3．黒字
4．昼間／日中
5．平日
6．現在
7．好景気
8．ほどく

Ⅵ

A
1．せん
2．ゆげ
3．はり
4．とほ
5．ひづけ
6．ななめ
7．から
8．ざいりょう
9．てつづき、まどぐち

B
1．べんしょう
2．じき
3．ぼしゅう
4．せいきゅう
5．じゅんじょ
6．けいき、ひがえり
7．ていか、わりびき

1 ～ 100
確認問題 (P.24)

Ⅰ
1．d
2．c
3．a

Ⅱ
1．b
2．d
3．a
4．a
5．c
6．b
7．d

Ⅲ
1．b
2．c
3．a
4．d
5．b

Ⅳ
1．b
2．c
3．a
4．c
5．d

Unit 02
動詞 A

101 ～ 160

練習問題 (P.34)

Ⅰ

1．を
2．に（で）
3．に、が
4．を
5．に
6．を
7．を
8．に
9．が
10．に、を
11．に
12．に、を
13．を
14．に
15．に
16．に
17．に、を

Ⅱ

好む、願う、甘える、疑う、悲しむ、励ます、痛む、酔う、勧める、稼ぐ、支払う、つまずく、もうける

Ⅲ

1．立ち止まる
2．突き当たる
3．売り切れる（／売り込む）
4．受け取る
5．払い込む／払い戻す

Ⅳ

1．ふとん、カーペット、レール
2．時間、温度、重さ
3．つえ、はん
4．あな、いも、石炭
5．息、本音、食べた物

Ⅴ

1．嫌う
2．信じる
3．喜ぶ

Ⅵ

1．うつ
2．ほうる
3．こぐ
4．かじる
5．まく
6．うらなう
7．ひっぱる
8．つぐ
9．かせぐ／もうける
10．かぶる
11．みて
12．みまわれる

Ⅶ

1．おちこまないで
2．がっかりした
3．おぼれ
4．ほうって
5．どけて
6．ひかれて
7．ほうりだして
8．しゃがみ
9．ころんで
10．あばれて
11．ちかよらない
12．あまえて
13．はりきって

161 ～ 220

練習問題 (P.46)

Ⅰ

1．と、を
2．に
3．に／から、が
4．と
5．に／で
6．に、を
7．に
8．に
9．に、から、が
10．を
11．を、に
12．に
13．に
14．に
15．を
16．に
17．を

Ⅱ

1．沈める
2．はめる
3．つぶれる
4．逃がす
5．はさむ
6．務める
7．戻す
8．ほどける

Ⅲ

扱う、傷む、固まる、傾く、輝く、戦う、裏返す、呼び出す、へこむ、務める

Ⅳ

1．伸びる
2．始める
3．勝つ／破る
4．結ぶ
5．浮く
6．昇る
7．ぬれている
8．湿っている

Ⅴ

1．液体、決心、基礎
2．札、バッグ、頭
3．時間、会社、空き缶、チャンス

Ⅵ

1．ボール
2．水（野菜／食べ物）
3．木
4．太陽
5．野菜（／食べ物）
6．家
7．予約
8．時間
9．寄付
10．食べ物／野菜／家

Ⅶ

1．縮まった
2．縮めた
3．散らかって
4．散らばって
5．努める
6．務めます

Ⅷ

1．はさんで
2．かたまらない
3．へこんで
4．めだつ
5．あふれた
6．みおろす
7．にげて
8．あつかう／あつかっている
9．たて
10．むかえて

11. はめない

101 ～ 220
確認問題 (P.48)

Ⅰ

1. a
2. d

Ⅱ

1. a
2. c
3. b
4. b
5. d
6. c
7. d
8. a
9. b
10. c

Ⅲ

1. d
2. b
3. c
4. b
5. c

Ⅳ

1. c
2. a
3. b
4. b
5. d

Unit 03 形容詞 A

221 ～ 270
練習問題 (P.60)

Ⅰ

1. な
2. が
3. を、に
4. に、にも
5. に
6. そう
7. らしい

Ⅱ

1. 細かい
2. 鈍い
3. 豊かな
4. 弱気な
5. ゆるい／ゆるやかな
6. 鈍い
7. 心強い
8. だらしなくて

Ⅲ

1. ごうじょうだ
2. おもいがけない
3. はげしい
4. かたく
5. きびしい
6. つらい
7. おしい
8. ごういんに
9. くだらない
10. ずうずうしい
11. きのどくに
12. かってに

Ⅳ

<懐かしい・恋しい>

1. 懐かしく
2. 恋しい
3. 懐かしい

<仕方ない・やむを得ない>

1. 仕方ない
2. やむを得ない
3. 仕方がない
4. 仕方がない

<しつこい・くどい・めんどうくさい>

1. しつこい
2. しつこい／くどい
3. めんどうくさい
4. しつこくて／くどくて

<うるさい・そうぞうしい>

1. うるさくて
2. そうぞうしく
3. うるさい
4. うるさい／そうぞうしい

Ⅴ

1. おさない
2. おしい
3. そそっかしく
4. めでたい
5. ずるい
6. とんでもない
7. じゃま
8. けむい
9. あわただしい
10. でたらめに
11. きらくに

Unit 04 名詞 B

271 ～ 320
練習問題 (P.70)

Ⅰ

1. で
2. に
3. に
4. を
5. に
6. で
7. に
8. に（／の）、を
9. に
10. に
11. と、を（を、と）
12. に、を

Ⅱ

記憶、意識、同感、主張、勝負、爆発、対立、感激、観測、応用、援助、差別

Ⅲ

魅力、意欲、感覚、同情、集中、差別

Ⅳ

1. 働く
2. つくす
3. 失う
4. 激しい
5. つく
6. あう
7. かける
8. 出す
9. つける
10. するどい
11. わく
12. 直して

Ⅴ

1．自然
2．自己
3．損害
4．運動
5．不明
6．料金
7．人物
8．用紙
9．問題

Ⅵ

1．得
2．退場
3．はずれる

Ⅶ

A

1．ぎゃく
2．なかば
3．ほか
4．あん
5．よそ
6．さかい
7．いきおい
8．うん

B

1．ふんいき
2．そうなん、はっせい、てんこう、かいふく
3．とうじょう
4．みりょく
5．えんじょ
6．かんそく
7．ようす
8．ばくはつ

321 ~ 370 練習問題 (P.78)

Ⅰ

1．に
2．を
3．から
4．を
5．に
6．に
7．に、を
8．に
9．が／を
10．×
11．に
12．から、に

Ⅱ

行動、提出、撮影、投票、失格、実施、空想、許可、通過

Ⅲ

一般、理想、現実、常識、全体、義務

Ⅳ

1．義務
2．落選
3．現実
4．部分／一部
5．縮小
6．統一
7．上昇
8．つめる

Ⅴ

A

1．力
2．料
3．物
4．箱
5．常識
6．番号
7．時間
8．教育

B

1．勤務
2．記念
3．伝統／記念
4．賞味
5．進行
6．生活
7．手段

Ⅵ

1．切れる
2．下りた
3．高い
4．果たす
5．つかむ
6．寄る

Ⅶ

A

1．ことわざ
2．きっかけ
3．ふだん
4．じつぶつ
5．じっし
6．はいけい
7．えいぞう
8．じょうしき
9．にちじょう

B

1．しよう
2．かくだい
3．ぶぶん
4．こうほ、しっかく、ていし
5．つうか
6．たんしゅく
7．きょか
8．よか、たいけん

271 ~ 370 確認問題 (P.80)

Ⅰ

1．c
2．a
3．d
4．d

Ⅱ

1．a
2．d
3．c
4．d
5．b
6．b
7．a

Ⅲ

1．c
2．b
3．d
4．a

Ⅳ

1．b
2．d
3．c
4．d
5．a

まとめ 1

371 ~ 460
練習問題 (P.91)

Ⅰ

1. に
2. から、を
3. を
4. に
5. から
6. を、に
7. に（／で）
8. に、を
9. に
10. が
11. に
12. を
13. で

Ⅱ

でき上がる、持ち出す、呼び込む、書き込む、助け合う、持ち合わせる、やり直す

Ⅲ

○話す、黙る、座る、寝る、泊まる、運ぶ、飲む
△言う、話す、語る、出す、向かう、分ける

Ⅳ

A

1. 舞い
2. 浮かび
3. 燃え
4. 震え
5. わき
6. 飛び
7. 盛り
8. でき

B

1. 見
2. 立ち
3. くり
4. 積み
5. 育て／鍛え
6. 数え
7. 切り
8. 鍛え

C

1. 飛び
2. 駆け／飛び
3. 差し
4. 打ち
5. 染み
6. 詰め

D

1. 追い
2. 見つけ
3. 書き
4. 連れ
5. 呼び
6. 飛び
7. ほうり
8. 引っぱり

E

1. 申し
2. 重ね
3. 考え
4. かけ
5. 聞き

Ⅴ

1. c
2. b
3. d

Ⅵ

1. 干上がって
2. 引き込まれた
3. 向かい合って
4. 投げ出した
5. 巻き込まれて
6. 引っ込んだ
7. 居合わせた
8. 照らし合わせる
9. 持ち直した
10. 出直し

371 ~ 460
確認問題 (P.94)

Ⅰ

1. b
2. c
3. c
4. a
5. d
6. c
7. a
8. b
9. c
10. d

Ⅱ

1. b
2. d
3. d
4. a

Ⅲ

1. b
2. c

Ⅳ

1. c
2. a
3. c
4. b
5. d

Unit 05 カタカナA

461 ~ 510
練習問題 (P.106)

Ⅰ

1. に
2. に
3. に
4. に
5. を
6. と
7. を

Ⅱ

ゴール、モニター、コントロール、デコレーション

Ⅲ

A

1. 感
2. 帳
3. 業
4. 急
5. 曲
6. 順

B

1. 伝言
2. 観光
3. 延長
4. 人気
5. 臨時
6. 受験

Ⅳ

1. 組
2. 署名
3. 最高
4. 季節
5. 見本
6. 平日

V

A

1．高い
2．いい
3．強い

B

1．とる
2．なる
3．うける
4．つくす
5．はずれる
6．みだれる

C

1．レジャー
2．カリキュラム
3．イヤホン
4．コーチ
5．オリエンテーション

VI

1．メーター
2．キャンパス
3．レギュラー
4．トップ
5．ウエスト
6．コントロール

Unit 06 副詞A＋接続詞

511 ~ 580

練習問題 (P.118)

I

A

こんど—このたび
だんだん—しだいに
すぐに—ただちに
もっと—いっそう
しょっちゅう—しばしば
いつも—つねに

B

ぜんぶ—すべて
もう一度—ふたたび
もうすぐ—まもなく
だいたい—ほぼ
さっき—さきほど
ちょっと—たしょう

C

でも—だが
または—あるいは
それで—したがって

II

A

1．a、f、i、j
2．d、e
3．b
4．c、g
5．j
6．h

B

a、c、d、e、f、g、i、j

III

1．もっとも
2．ほぼ
3．たっぷり
4．すべて／何もかも
5．いちだんと／いっそう／さらに
6．しだいに／じょじょに
7．ようやく
8．たちまち
9．今度
10．いずれ
11．まもなく
12．さっそく
13．すでに／とっくに
14．当日
15．ぶらぶら
16．めったに
17．しょっちゅう／たびたび
18．だが／ただ
19．しかも
20．だって
21．ところで
22．ところが
23．すると
24．では

Unit 07 名詞C

581 ~ 630

練習問題 (P.130)

I

1．に、を
2．で
3．を
4．を、に
5．に
6．を
7．を、に
8．で
9．に
10．で
11．を
12．に、を

II

収穫、栽培、所有、滞在、制作、刺激、摩擦、担当、監督、予期、無視、評価、尊重

III

収穫、指示、疑問、信用、刺激

IV

1．自然
2．否定

V

1．想（／期）
2．作
3．割
4．量／定

VI

A

1．品
2．家

3. 人
4. 者
5. 力
6. 図
7. 量

B

1. 状
2. 権
3. 的
4. 熱
5. 紙
6. 大
7. 原

Ⅶ

1. かける
2. 与える
3. とる
4. 果たす
5. 下す
6. つかない
7. 与える、したがう
8. いかない
9. 得る、失う

Ⅷ

A

1. とち
2. そうこ
3. べん
4. すいそく
5. しんぱん
6. ぶんたん
7. よき
8. よそう

B

1. しょうち
2. なっとく
3. さんこう
4. ていど
5. しゅうしゅう
6. ひょうばん
7. ひょうか
8. しんよう
9. ひひょう
10. しょゆう

名詞C＋まとめ2

631 ~ 680
練習問題 (P.140)

Ⅰ

1. に／の／が
2. が
3. が
4. を
5. を
6. を、に
7. が
8. に
9. に
10. を
11. が
12. を
13. を、に
14. が
15. で

Ⅱ

工夫、設置、連続、吸収、解放、混乱、安定、一致、一定、中断

Ⅲ

総合、持続、都会、開放、閉鎖、一方

Ⅳ

1. 田舎
2. 減少
3. 閉店
4. 閉鎖
5. 下降／低下

Ⅴ

1. 不良
2. 力
3. 感
4. 調査
5. 問題
6. 病院
7. 物
8. ドラマ
9. 流れ
10. 住宅
11. 社会
12. 緊急
13. 品種
14. 少数
15. 一方

Ⅵ

1. 改正
2. 改定
3. 改善
4. 改修
5. 増大
6. 開業
7. 開催
8. 開発

Ⅶ

1. 未
2. 員
3. 点
4. 退
5. 量
6. 流
7. 税
8. 量

Ⅷ

1. せっち
2. ちょうせい
3. いちにんまえ
4. せってい
5. きゅうしゅう
6. ちょうせつ（／せってい）
7. かいほう
8. さぎょう
9. かいりょう、くふう（／ちょうせい）
10. しょうか

581 ~ 680
確認問題 (P.142)

Ⅰ

1. d
2. a

Ⅱ

1. d
2. c
3. a
4. a
5. c
6. b
7. d

Ⅲ

1. b
2. d
3. a
4. b
5. c

Ⅳ

1. a
2. c
3. d
4. d
5. b

Unit 08 動詞B

681 ~ 740
練習問題 (P.156)

Ⅰ

1. に
2. に
3. を
4. に、を
5. に
6. を、に
7. に
8. を、に
9. に
10. を、に
11. を、に、を

Ⅱ

1. 映す
2. 浮かべる
3. 加わる
4. ずらす
5. くずす
6. 荒らす

Ⅲ

区切る、組み立てる、ずれる、追い越す、救う、裏切る、誤る、頼る、仕上がる、仕上げる、通りかかる

Ⅳ

1. にらみつける
2. 攻め込む／攻め立てる
3. しばりつける
4. 組み合わせる／組み立てる（／組み込む）
5. 飛び込む／飛び回る／飛びはねる

Ⅴ

1. 引き
2. 通り／引っ
3. ひっくり
4. しぼり／引き

Ⅵ

1. あと、犯人、流行
2. ペア、足、予算
3. 音量、タオル
4. えんぴつ、予算、睡眠時間
5. 意識、命、財産、信用

Ⅶ

A

1. 天気
2. 季節
3. 目
4. アイデア
5. ピント
6. 手／天気
7. 油
8. 上下

B

1. 体調
2. 事故
3. リュック（／期待）
4. 手間
5. 判断
6. 涙
7. 命
8. 期待
9. 不足
10. 仕事
11. 洗濯物

Ⅷ

1. のぞいて／のぞき
2. まわして
3. とりあげられ
4. ずらす
5. あらされて
6. つけて
7. しまい
8. とった
9. もぐって
10. とびまわって
11. うばわれて
12. せめない
13. ひっかかって／ひっかかり

741 ~ 790
練習問題 (P.166)

Ⅰ

1. に
2. に（の）、が
3. に
4. を
5. を
6. に（／で）、が
7. に
8. に
9. を
10. を、で
11. に、を、に
12. が、が／に

Ⅱ

1. もらす
2. しずめる
3. 備わる
4. ふくらます
5. 整う
6. 染まる
7. こがす
8. 薄まる
9. 照らす
10. 従える

Ⅲ

見直す、求める、もれる、ふくらむ、受け持つ、落ち着く、たくわえる、恐れる、あきらめる、うらむ、つぶやく

Ⅳ

1. ガス、秘密、ため息
2. 夢、期待、風船、つぼみ
3. 霧、意識、関心、記憶
4. 勢い、体力、産業

Ⅴ

A

1. すきとおった
2. とがった
3. おちついた
4. かたよった
5. みなれた
6. そめた
7. すぐれた
8. はんした

B

1. 日
2. 興奮
3. 会議
4. 肉
5. 意見
6. 夢
7. 独り言
8. 助け
9. 準備／服装

Ⅵ

1. みとめた
2. もらす
3. かぎら
4. ふくれて

5．おおわれ／おおわれて
6．みなおす
7．だぶって
8．めざめた
9．あきれられた
10．なぐさめて
11．そなえ／そなえて、たくわえて

681 ～ 790
確認問題 (P.168)

I
1．c
2．d
3．b
4．d

II
1．a
2．c
3．b
4．c
5．d
6．d
7．a
8．b

III
1．c
2．b
3．d
4．a
5．b

IV
1．d
2．a
3．b
4．a
5．c

Unit 09 カタカナB

791 ～ 840
練習問題 (P.178)

I
1．に
2．に
3．で
4．に／の
5．に

II
カバー、オープン、キャッチ、コメント、ストップ

III
フリー、オープン、ユニーク、ロマンチック

IV
キーワード、カルチャーセンター、ビジネスクラス、インテリアデザイナー、インフォメーションセンター、インフォメーションカウンター、ビジネスセンター

V
1．場合
2．感覚
3．流行
4．型
5．制度
6．経歴
7．空間
8．取り消し
9．性格

VI

A
1．広い
2．いい
3．強い

B
1．起こる
2．崩れる
3．起こる
4．つける
5．積む
6．受ける

C
1．キャッチ
2．マスター
3．トラブル
4．カウンセリング
5．ポイント
6．カルチャー
7．コラム

VII
1．ベテラン
2．ダム
3．デモ
4．インフレ
5．メーカー
6．メディア
7．エコロジー
8．コンクリート
9．シリーズ

Unit05/09 461 ～ 510/ 791 ～ 840 カタカナA・B
確認問題 (P.180)

I
1．d
2．c

II
1．b
2．c
3．a
4．d
5．a
6．b
7．c
8．c
9．d
10．b

III
1．c
2．a
3．b
4．d
5．c

IV
1．c
2．a
3．d
4．c
5．c

Unit 10 形容詞B

841 ~ 890

練習問題 (P.190)

I

1．を、に
2．を、に
3．が
4．を、に
5．と、の、に

II

1．安価な
2．不純な
3．下品な
4．頑固な／反抗的な
5．具体的な
6．あいまいな／不明な
7．不合理な／非合理的な
8．異常な
9．正式な
10．豊かな／ぜいたくな

III

1．えんまんな
2．ふしぎな
3．かんたんな
4．かいちょうに
5．あいまいな
6．あきらかだ
7．じょうとうな
8．そっちょくな
9．しんけんに
10．かしこかった
11．しんちょうに

IV

<主な・主要な>
1．主に
2．主だ
3．主要な／主な
<偉い・偉大な>
1．偉大だ
2．偉い
3．偉大な
<快い・快適な>
1．快適な
2．快い
3．快い
4．快適に
<特殊な・特別な・独特な>
1．特別な
2．特別
3．独特
<的確な・確実な・正確な>
1．的確な
2．確実
3．正確に
<平等な・公平な>
1．平等に
2．平等
3．公平な
<手軽な・手ごろな>
1．手軽な
2．手ごろな
3．手ごろな
4．手軽に

V

1．とうめいな
2．さわやかな
3．せいじつな
4．かっぱつに
5．きちょうな
6．みょうに
7．あやしい
8．てきどな
9．きようだ
10．けんきょだ
11．こうどに

Unit03/10 形容詞A・B

221 ~ 270/ 841 ~ 890

確認問題 (P.192)

I

1．c
2．b
3．d
4．a
5．d
6．c
7．a
8．d
9．b
10．c

II

1．b
2．a
3．b
4．c
5．a
6．d

III

1．d
2．b
3．c
4．a
5．d

Unit 11 名詞D

891 ~ 940

練習問題 (P.202)

I

1．が
2．を
3．を
4．に、が
5．を、に
6．を、に

II

分布、普及、制限、考慮、害、反抗

III

標準、典型、反抗、精神、基礎

IV

気分、行儀、品、姿勢

V

1．転換
2．病
3．科目
4．資本
5．大気
6．応急
7．同
8．有
9．年齢
10．登場
11．軌道
12．低

VI

1．現す
2．よらない
3．経た
4．満たす

5．達する
6．重ねる
7．あう
8．つかない
9．とる

Ⅶ

1．者
2．気分
3．品
4．姿勢
5．苦情
6．意義
7．世代
8．基準
9．普及
10．制限
11．限度
12．重視
13．修正
14．抵抗
15．処分
16．処理
17．処置
18．処分

Ⅷ

1．さいなん
2．みかけ
3．でんせん
4．ぶんめい
5．かくじ
6．はんこう
7．いきがい
8．ほうげん
9．がい
10．けはい
11．たいさく
12．どうき

941 ~ 990
練習問題 (P.212)

Ⅰ

1．が、で
2．に
3．が
4．に
5．に、が
6．に
7．に、を、と／に

Ⅱ

手当、でこぼこ、組織、操作、構成、維持、徹底、供給、消耗、関連、負担、保証、矛盾、 存在

Ⅲ

組織、能率、形式、徹底

Ⅳ

差、間、需要、関連、余裕、矛盾

Ⅴ

A

1．不明
2．商品／品
3．知識
4．記事／商品
5．品
6．判断
7．せん
8．書

B

1．家族
2．工事
3．健康
4．得意
5．現状／健康
6．応急／家族
7．援助
8．足

Ⅵ

1．上がる
2．省く
3．広い
4．つける
5．通らない

Ⅶ

1．ま
2．場
3．能率
4．制度
5．管理
6．供給
7．成立

Ⅷ

A

1．ぶん
2．ま
3．てま
4．めん
5．わ
6．もと
7．ゆくえ
8．すじ
9．せつ
10．はし

B

1．そうさ
2．ぶんせき
3．しょうもう
4．はっき
5．けいしき
6．しゅうへん
7．ほうしん、てってい
8．ふたん
9．さいそく

891 ~ 990
確認問題 (P.214)

Ⅰ

1．d
2．a

Ⅱ

1．b
2．c
3．a
4．d
5．c
6．b
7．c

Ⅲ

1．b
2．d
3．a
4．a
5．c

Ⅳ

1．d
2．a
3．c
4．d
5．b

Unit 12
動詞 C

991 ～ 1040
練習問題 (P.226)

Ⅰ

1．が
2．に
3．に
4．に
5．に
6．を、まで
7．に、を
8．を、に
9．を、に
10．に、を
11．と、を
12．を、に、が
13．に
14．に、を

Ⅱ

1．あらためる
2．そらす
3．おさまる
4．くだける
5．ふさがる

Ⅲ

味わう、飢える、訪れる、語る、支える、すすぐ、問う、誓う、眺める、響く、見送る、見合わせる

Ⅳ

1．使う／用いる
2．直す／改める
3．沿う／従う
4．さける／よける
5．かける／費やす
6．聞く／問う
7．静まる／収まる
8．追及する／問う
9．割れる／砕ける
10．訪れる／訪問する

Ⅴ

A

1．セーター
2．服
3．トラブル
4．夢
5．鼻水
6．口
7．手本
8．氷

B

1．料理
2．税金
3．穴
4．出発
5．風景
6．規則
7．話
8．危険

Ⅵ

1．ながめる
2．そらして
3．そえられて
4．ついで
5．さされ／さされて
6．かかえて
7．ふさがって
8．ひきかえした
9．ささえ
10．ふれない
11．てきした
12．ひびき

1041 ～ 1090
練習問題 (P.236)

Ⅰ

1．に
2．に
3．が
4．に
5．を
6．と
7．に
8．に／より
9．に
10．を
11．に
12．が、を
13．を
14．に／から、を

Ⅱ

1．欠く
2．ゆるめる
3．にごる
4．みだす
5．およぼす

Ⅲ

脅す、狙う、妨げる、濁る、実る、暮れる、乱れる、ためらう、ほほえむ

Ⅳ

1．近づく／迫る
2．接する／触れる
3．到達する／達する
4．後悔する／悔やむ
5．違う／異なる
6．侵害する／侵す
7．略す／省く
8．疲れる／くたびれる
9．脅迫する／脅す

Ⅴ

A

1．要求
2．結論
3．才能
4．差
5．興味
6．鉄
7．日
8．くだもの／努力

B

1．作戦
2．危険
3．罪
4．的
5．勢力
6．うわさ
7．影響
8．神
9．頼み

Ⅵ

1．傷、義務、責任、荷物、借金
2．義務、責任、約束、役割
3．心、服装、列、ペース
4．ベルト、スピード、表情、規則
5．空気、空、水、目、心、声

Ⅶ

1．ねる
2．かかせない
3．おとる
4．ゆるんで
5．せっする
6．ふざけて
7．せまられ／せまられて
8．ためらって
9．かかさず
10．おどかす／ふざける
11．うけたまわりまし

12. ちょうだいします
13. およびません

991 ~ 1090
確認問題 (P.238)

Ⅰ

1. b
2. d

Ⅱ

1. a
2. d
3. b
4. c
5. a
6. d
7. c
8. b

Ⅲ

1. a
2. c
3. b
4. c
5. d

Ⅳ

1. d
2. a
3. b
4. d
5. c

Unit 13 副詞 B+ 連体詞

1091 ~ 1160
練習問題 (P.250)

Ⅰ

あっさり、いきいき、すっと、さっぱり、すっきり、しんと、なんとか、ぼんやり

Ⅱ

1. ついに
2. それほど
3. ぐうぜん
4. なんとか
5. ともかく
6. きちんと
7. もし
8. それぞれ
9. ほんとうに
10. まったく
11. こいに
12. 少なくとも

Ⅲ

A

1. g
2. f
3. d
4. c
5. e
6. a
7. b

B

1. f
2. a
3. c
4. b
5. g
6. d
7. e

Ⅳ

1. あっさり／さっぱり
2. わざと
3. 何とか
4. どうにも
5. あいにく
6. さすがに
7. せめて
8. こっそり
9. いっせいに
10. いちいち
11. むしろ
12. ついでに
13. たんに
14. すっきり
15. 実際
16. せっかく／わざわざ
17. ある、ふと

Ⅴ

1. じかに
2. どうせ
3. もともと
4. ちゃんと
5. 思い切り
6. あらゆる
7. はたして
8. さっぱり
9. いまだに
10. たいした
11. とりあえず

Unit06/13 副詞・接続詞・連体詞

511 ~ 580/ 1091 ~ 1160
確認問題 (P.252)

Ⅰ

1. d
2. a
3. c
4. a
5. b
6. d
7. c
8. a
9. b
10. b

Ⅱ

1. d
2. c
3. a
4. a
5. b

Ⅲ

1. a
2. d
3. b
4. d
5. c

改訂版　耳から覚える日本語能力試験　語彙トレーニング N2　　PC：7021015